135 | MONA | GÜNCEL | 4

Kıyam-et - İşaret I

DENİZ ERTEN

Kıyam-et - İşaret I

Yayıncı ve Genel Yayın Yönetmeni: M. Faruk Bayrak
Genel Müdür: Vedat Bayrak
Yayın Yönetmeni: Arzu Çağlan
Kapak Tasarımı: Emir Tali
Sayfa Tasarımı: Ayşe Ersoy Yılmaz

ISBN 978-605-2182-33-8
1-4. Baskı: Kasım 2018

Mona Kitap, Alfa Yayın Grubunun tescilli markasıdır.

Baskı ve Cilt
Melisa Matbaacılık
Çiftehavuzlar Yolu, Acar Sanayi Sitesi, No. 8, Bayrampaşa-İstanbul
Tel.: (0) 212 674 9723 Faks: (0) 212 674 9729
Sertifika No. 12088

Genel Dağıtım
Alfa Basım Yayım Dağıtım San. ve Tic. Ltd. Şti.
Alemdar Mahallesi, Ticarethane Sokak No. 15 34110 Cağaloğlu-İstanbul
Tel.: (0) 212 511 5303 Faks: (0) 212 519 3300
www.alfakitap.com info@alfakitap.com
Sertifika No. 10905

DENİZ ERTEN

KIYAM-ET

Ü

İŞARET I

MONA GÜNCEL

İÇİNDEKİLER

II. ZAMAN

III. KIYAMET

IV. İNSAN

V. İSLAMİYET

Benim canım Allah'ıma... Benim güzel Allah'ıma...

Bu yolda hepimize nuruyla ışık tutan canım peygamberim Hz. Muhammed (sav) en başta olmak üzere Hz. Ali, Hz. Ömer, Hz. Ebubekir, Hz. Osman, Hz. Hasan, Hz. Hüseyin ve tüm ehlibeyt halkına ve sahabemize... Abdülkadir Geylani Hazretleri, canım pirim İbnü'l Arabî Hazretleri, Mevlânâ ve Şems Hazretleri... Güzel Allah'ımın bütün güzel dostlarına...

Allah'ımın bana verdiği canım ailem; başta annem Tülay, teyzem Şenay, ablam Mira Şeniz ve canım Mehmet Ali Hocama. Dursun ağabeyim, Neslihan'ıma... Bu kitapların yazımı esnasında Hakk'a yürümüş canım anneannem Servet'ime...

Bu kitapları yazmamda vesile olan kıymetlim dostum Azra'ma... Benden emeğini esirgemeyen sevgili yayın yönetmenim ve dostum Arzu Çağlan'a... Gece gündüz demeden benimle beraber çabalayan Kezban'ıma...

İşaret 1'den beri bu yolda beraber yürüdüğümüz canım kardeşlerime, tüm İşaret okurlarına...

Kalbi Allah için çarpan ve iyiliğin elçisi olmak isteyen herkese...

Tüm kalbimle teşekkür ederim. Hakkınızı ödeyemem.

Canım Allah'ım... Biz senden razıyız... Ne olur bize lütfunla, merhametinle muamele eyle... Sen bize kolaylaştır...

Ve...

Canım Allah'ım, ne olur...

Hiç hak etmesek de... Sen de bizden razı ol...

Bilirim ki...
İşaret Serisi kitaplarında geçen tüm sözlerimin,
tefekkürlerimin başı ve sonu
"Her şeyin doğrusunu yalnız Allahım bilir"dir...
Allahualem bi muradihi bihi...

En sevdiklerimizin bize verdikleri sözleri unutması, belki de bizim Allah'a verdiğimiz sözü unutmamızın bedelidir.

ASLA VAZGEÇME

Ablamın bir arkadaşıydı... Onunla bir gece stüdyodan yorgun argın eve geldiğimde tanıştım. Eve girdiğimde ablamla salonda yemek yerken sohbet ediyorlardı. Hararetli bir şekilde ona bir şeyler anlatıyordu. Ablam ben kapıdan girer girmez, "Hah... geldin mi nihayet Deniz? Bak seni kiminle tanıştıracağım? Gel gel..." diye seslendi. Gülümsedim. Eşyalarımı girişteki sehpanın üzerine bırakıp doğruca içeri girdim.

"Gülnur..." dedi ablam. "Bu da benim kardeşim Deniz."

"Merhaba..."

"Merhaba Deniz. Sizi çok merak ediyordum."

"Teşekkür ederim."

Sert bir mizacın tülü altında kırılgan ve acılı bir çocuk vardı onda... Sezmiştim. Küçükken karanlıkta korkmamak için gözünü kapatmış bir çocuk hissi vermişti bana... Aslında çoğumuz gibiydi. Büyüdüğünü ve güçlü olduğunu ispat etmeye çalışarak esasında kırılganlığını örtmeye çalışan naif bir çocuk...

Gece, o andan itibaren saatlerce süren bir sohbetle devam etti. O günden sonra zaman zaman beni aradı Gülnur. Aynı sektörde çalışıyorduk. Sıkıntıları vardı. Arardı dertleşirdik. O dünya ile ilgili sitemlerini, şikâyetlerini anlatırdı, bense zahirde yani görünürde olanı değil batında yani derinde gizlenmiş olanı görmeye çalışması gerektiğini ifade ederdim her seferinde. Ama o bu konudan bir şekilde kaçar, düşünmek istemediğini söyler, hayatının değişmesi için henüz hazır olmadığını ifade ederdi.

Bir gün beni aradı. Ağlıyor, konuşmakta zorluk çekiyordu Gülnur.

"Deniz... insanlar neden böyle?"

O an içim titredi, "Neyin var?" dedim. "Ne oldu, söyle neredesin? Geleyim mi?"

"Gerek yok... Arkadaşım aldı beni, anneanneme gidiyorum."

Zayıflıklarını ifade etmekten çekinirdi. Her insan gibi... Bunu bir türlü anlayamazdım insanlarda. Bu hayatı ve yaşadıklarını bu kadar şahsileştirmek her zaman büyük resmi kaçırmamız demekti oysa. Ve hayat sadece bir deneyimdi, hepimizin başına her şey gelebilirdi. Bunda utanacak, saklayacak, sıkılacak bir şey yoktu... Her şey insan içindi... Ancak Gülnur bir türlü bu konularda rahatça kendini ifade edememiş, içine ata ata doldurduğunu fark edememişti...

Küçük yaşta annesini kaybetmişti. Sonrasında ise anneannesi ona bakmıştı. Çok zor bir hayattan gelip şu anda kıymetlisi anneannesi ve erkek kardeşinin geçimini sağlıyordu. Hayat onun için hiç kolay olmamıştı.

O fark etmese de Allah hep onun yanında ve onunlaydı oysa. Hayatta insanlardan gördüğü haksızlıklar ve maruz kaldığı "hak etmediği" acılar onun Allah ve sistemini sorgulamasına ve Allah'tan uzak bir idrakte sadece kendi varlığına inanmasına sebep olmuştu, onun anlatımıyla...

Telefonda bana işinden ayağı kaydırılarak haksız yere çıkarıldığını ve maruz kaldığı tüm haksızlıkları saymaya başladı. Haklıydı... İçinde bulunduğu sektör aslında tüm diğer sektörler gibi haksızlık ve dolambaçlarla doluydu.

Aslında tüm dünyanın hali bu değil de neydi ki?

O günden itibaren dost bildiği insanların, yanından o makamındayken ayrılmayan insanların, onun güçlü pozisyonunu kaybetmesiyle âdeta toz olmasına akıl sır erdiremiyordu!

Her birkaç günde işsiz kaldığı bu dönemde beni aradı. Hayal kırıklığı içindeydi Gülnur. Saatlerce sohbet ettik. Allah'ın onun hayrı için ve ruhsal büyümesi ve idrakinin bu sayede kurtuluşu için hakikatleri göstermekte olduğunu anlamaya başlamıştı.

Her seferinde huzurla ayrıldığı sohbetlerimizden bir süre sonra, "Bugün dua etmeye başladım" "Bugün namaz kılmaya başladım" "Bugün oruç tutmaya başladım" diye aylar içinde bana yazdığı mesajlar ve yaptığımız sohbetlerle artık bambaşka bir idrak ve hakiki güce asıl şimdi kavuşmaya başladığını ve Allah'ın ona nefsinden ruhuna hicretinde eşlik ettiğini hissetmeye, hatta yaşamaya başlamıştı...

Gitmesi gerekenler gidip de o doğum sancısından sonra yeniden hakiki dirilişle doğmaya başladığında kaybettiği her şey yeniden ona dönmekteydi. Ama artık o değişmişti. Başka bir frekansta algıladığı "Kâinat Televizyonu" kaderindeki değişimle ona muazzam güzellikler ve yayınlar sunuyordu artık.

Her şeyi kaybetmeye başladığı günden tam bir sene sonra hayatı eskisinden de iyi hale gelmişti.

Bir gün telefonum çaldı. Ta bir sene sonra... Heyecanla sesi titreyerek doğrudan şunları söyledi:

"Sen beni dost sandıklarım bıraktığında bırakmadın, sen, ablan hatta annen... Sen bana herkes sırtını döndüğünde elimden tuttun. Şimdi eskisinden de iyi bir pozisyonda yepyeni bir şirketten iş teklifi aldım ve o işe girdim... Dile benden ne dilersen!"

Nasıl içim titredi anlatamam...

Ne isteyebilirdim ki? "Ben bir şey yapmadım ki! Yapan yaptıran Allah'ımdır... Bana dua et yeter. Allah'ım razı olsun bu güzel sözlerin için..." dedim.

Bir gün sonra yine beni aradı. "Deniz, dün sormak istedim ama soramadım. Bir sıkıntım var..."

"Ne oldu?"

"Bak, ben bu işi üniversite eğitimi almış, yıllarca bu sektörde emek vermiş biri olarak yapıyorum... Ama nasıl diyeyim, bu işte çok fazla haksızlık var. Çok fazla adaletsizlik ve çıkar ilişkisi görüyorum. Ben şimdi Allah'ımla böyle güzel bir ilişki kurmuş, hayatımda ilk kez huzur bulmuşken acaba bu sektörde kalmam doğru mu? Ya benden uzaklaşırsa Allah'ım ben bu işlerin içinde debelenirken?"

"Öyle düşünme! Senin gibi insanlar, doğru ve adil insanlar, haksızlığın bulaştığı her sektörde kalmalı ve savaşmalı ki sayımız çoğalsın. Artık haksızlık olmayan, kirlenmiş olmayan sektör mü var sanıyorsun? İnsanlık kavramı artık süresiz tatilde..."

"Ne bileyim...İçimde böyle bir korku var. Allah'ımdan uzak düşme korkusu."

"Gülnur... Ben kimim ki? Cüzi aklıyla kalbi arasında iletişim kurmaya çalışan âciz bir kul... Âlim ve hikmet sahibi olan Allah'tır. Bana sorma O'na sor. O sana yapman gerekeni ve sorunun cevabını gösterecektir. Ne yap biliyor musun?"

"Ne?"

"Yarın sabah işe gitmeden önce sabah namazında Allah'a sor ve de ki: 'Allah'ım... canım Allah'ım. Ben bu işten vaz mı geçmeliyim yoksa devam mı etmeliyim? Bana bir İŞARET ver, bir İŞARET göster ne olur!' Ve bana haber ver lütfen, Allah'ım sana ulaşacaktır..."

"Tamam..." dedi. "Sana haber vereceğim."

Bütün gün beni aramadı. Sonra akşam yedi gibi telefonum çaldı, arayan Gülnur'du.

"Deniz...Saatlerdir ağlamaktan, titremekten arayamadım."

"Ne oldu?"

"Ancak işten çıktım toparlandım ve seni arayabildim. Çünkü ağlamaktan konuşamayacaktım tüm gün..."

İyice meraklandım. " Ne oldu ya çabuk söyle?" dedim.

"Sabah namazımı kıldım..." dedi. "Sonra Allah'ıma durumu anlattım. O bilse de biz bilmiyor sanırız o yüzden annene, dostuna anlatır gibi anlat dersin ya aynen öyle... Namazım bitince elimi açtım ve dedim ki: Allah'ım... canım Allah'ım. Durumumu biliyorsun. Ne olur bana bir İŞARET ver, bu işten vaz mı geçmeliyim, yoksa devam mı etmeliyim? Ne olur Allah'ım ben çıkamıyorum işin içinden bana bir işaret yolla. Bu işten vaz mı geçmeliyim, devam mı etmeliyim? Sonra şirketin servisine hazırlanıp bindim Deniz. Gözlerim kapalı kalbimden Allah'a bir telefon hattı çeker gibi her an o ipe sarılarak, Allah'ım bu işten vaz mı geçmeliyim yoksa devam mı etmeliyim? diye sordum. Kendi kendime içimde şahdamarımdan yakın olan Allah'ıma sesleniyordum.

O sırada servise başka bir şirket çalışanı bindi. İçimde sorumu tekrar ederken, onu da göz ucuyla görmüştüm. Servise biner binmez, 'La la la la la yaşa Fenerbahçe!' diye bağırmaya başladı adam. O gün Fenerbahçe'nin maçı varmış meğer.

Geldi tam önümdeki koltuğa oturdu. Üzerindeki Fenerbahçe formasını çıkarıp o koltuğa giydirdi. Gözlerim yarı kapalı hayal meyal görüyordum olan biteni.

Son bir kez içimden Allah'ıma sordum: Allah'ım ne olur bir İŞARET ver. Ben bu işten vaz mı geçmeliyim yoksa buna devam mı etmeliyim? Sonra yavaş yavaş gözlerimi açmaya başladım. Önümdeki koltuğa giydirilmiş Fenerbahçe forması tam burnumun dibinde duruyordu. Gözlerimi açmaya başladıkça formayı net olarak görmeye başladım."

"Eee?" dedim. "Evet?"

"Formanın üzerinde 9 numara yazıyordu Deniz...

Ve rakamın tam üstündeyse: ASLA VAZGEÇME..."

GİRİŞ

Asıl yâr Yaradan'dır, gerisi yaralayandır...

– Mevlânâ

Kaybetmişlik hissiniz var değil mi? Şans mesela, hiç sizden yana olmadı bu hayatta. Elinizi attığınız her şey kurudu. Ya aileniz? Ailenizle problemleriniz hiç bitmiyor ki... Verdiniz verdiniz ama hep nankörlük gördünüz. Belki benim gibi babanız ve ailenizdeki bazı yakınlarınız siz çok küçükken öldü. Ne bileyim, belki yüzünüz hiç gülmedi. Sevdiğiniz, dayandığınız insanlar sizi aldattı. En çok güvendiğiniz evladınızla problem yaşıyorsunuz ya da kocanızla, karınızla... Bazı insanlara bakıyorsunuz hiç hak etmedikleri halde, hiçbir üstün başarı ya da çalışmaları olmadan hayatları nasıl da yolunda gidiyor değil mi? Ama ne kerametse, ne gelirse sizin başınıza geliyor. Hep parasal sorunlar ve imkânsızlıklar sizi buluyor değil mi?

Kime ne yaptım ki, bunları yaşadım?

Neden herkesin hayatı yolundayken ben bu durumdayım?

Eğer içinizde yankılanan bu sorular artık dışarı yansımaya başladıysa, artık dayanılmaz bir noktaya geldiyse size kötü bir haber de ben vereyim, demeyeceğim...

Tam tersi... rahatlayın...

Gece karanlığının en derin olduğu anın hemen arkasında güneş ışımaya başlar... Sizin de güneşiniz doğmak üzere...

Artık mühim olan bundan sonrası ve bundan sonra yaşayacaklarınız...

Yani size müjde: "Kıyametiniz" kopmak üzere ama bu sizin bildiğiniz tür bir kıyamet değil...

Bu rüya ki sizin için "kâbus" bitmek üzere. Yeter ki siz "uyanın" yani "kıyam" edin...

"Takdir edilen" kaderinizin size yine sizden dolayı gülümsemeye başlayacağı günler geliyor...

AN'ı yakalamak için geçmiş ve gelecekten bağımsızlaşacağınız... Ben de size diyorum ki ben de oradan geliyorum ve AN'ımı KUR'mak için çabalamaya başladığım günden beri bir de fark ettim ki o "yazılmış" denen kaderi yazma şansında büyük bir dilim bana verilmiş...

Ve o günden beri her şey değişti...

Kuran'la AN'ımı yeniden kurmaya başladım... Kadersiz misiniz?

Yoksa kader SİZ misiniz?

İşte daha daha fazla vakit kaybetmeden bunu anlayabilirsek her şey değişebilir...

Hz. Mevlânâ ne demiş:

"Suya düşen değil, sudan çıkamayan boğulur..."

Bunu kendinize yapmayın...

Şimdiye dek hakikatiyle kavrayamadığınız için kendinize zulmettiniz...

Artık nefsinize zulmetmeyin... Cennet de sizsiniz cehennem de...

Ve buradan hangisini götürürseniz ebediyen onunla yaşayacaksınız...

Çünkü kader SİZSİNİZ...

HERKES YETİMDİR

Ona ne zaman vurulduğumu bilseniz...

Babamı çok küçük yaşta kaybettim; nasıl biriydi, neleri severdi, hayatla ilgili ne düşünürdü hatırlayamayacak kadar küçük bir yaşta... Hayatta daimi bir his olarak kendimi yalnız hissettim. Kalabalık bir yalnızlık içinde... İnsanlarla beraber ama yine de yalnız... Yalnız Allah'ım vardı benimle. Okulda ya da arkadaşlarımla sıkıntılarım olduğunda bunlarla kendimce baş etmeye çalışırdım.

Hani birine dayanma ihtiyacı duyarsınız, hani birileri de keşke sizin için hayatı kolaylaştırsa diye düşünürsünüz; benim hayatımda böyle bir duygu hiç olmadı.

İlkokul ve ortaokuldaki arkadaşlarımdan sürekli dinlerdim; babam halleder, hani şu kişi bana şöyle demişti ya, babam ona haddini bildirdi Deniz, diyerek bana yaşadıklarını anlatırlardı...

En sevdiğim arkadaşımın babası ona o kadar düşkündü ki, kendimi bir kanadım kırık gibi hissetmemem "insani" olmazdı. Onlara kıskançlık diyemem, ama gerçekten gıptayla baktığımı kabul ediyorum. Özenirdim onların babalarıyla ilişkisine...

İnsan, Allah ve İslamiyet ile tanıştığında çektiği acılar için bile iyi ki diyebiliyor, ne tuhaf değil mi?

İyi ki yetim kalmışım mesela...

İyi ki babam ölmüş demek değil bu, hemen yanlış anlaşılmasın. Onun gitme vakti zaten onun hayrı, hepimizin ve tüm sistemin hayrı için gelmeseydi zaten gidemezdi. Ama işte İslam'da "hikmet" denilen kavram tam da burada yatıyor.

Babamın vefat ettiği geceydi... "Babamız öldü" dedi ablam. "Öldü ne demek?" dedim.

Dedi ki: "Yani bir daha gelemeyecek..."

Ne yalan söyleyeyim, o gün ve sonraki günlerde kapı her çalındığında, onun "Ben geldim!" diyeceğine inanıyordum. Bu yüzden de o gün itibariyle kapı her çaldığında ben açmaya başladım.

Ama gelmedi...

Ablam bana, babamın vefat ettiği akşam aynen şunları söyledi: "Ağlama Deniz. Ağlama. Hadi gel babam için bir şey yapalım."

Onun için bir şey yapmak mı?

"Ne yapacağız?" dedim.

"Ölen insanlar Allah'a gider ablacım. Onlara dua okumak gerekir, hadi gel dua okuyalım babamıza" dedi. "Tamam" dedim gözlerimden yaşlar süzülerek.

"Bunu arkadaşım öğretti bugün" dedi. "Şimdi ben ne dersem peşimden tekrar et, babam bizi duyacak..."

"Gerçekten mi?"

"Evet, gerçekten" dedi.

"Tamam, peki" dedim.

Ve Fatiha Suresi'ni okumaya başladı... Nasıl okudu tam hatırlamıyorum.

O küçücük ellerini açtı, bana da açmam için işaret etti.

Ben de açtım ellerimi ve şu an nasıl bir telaffuzla söylediğimizi hatırlamadığım ilk Arapça duamızı beraber okuduk.

Hayat acımasız değil insanlar acımasız...

Öyle şeyler yaşayabiliyor veya yaşatılabiliyorsunuz ki pes etmek istiyorsunuz bazen.

Herkesin acısı kendisine göre çok büyük ve herkes başkasının acısına aynı büyüklükte duyarsız...

Babamın gelmeyeceğine artık her geçen gün inanmaya başlamıştım.

Bir gün anneannem, Allah'ın hepimizin babası olduğunu ve babası ölmüş çocukları daha da çok koruyup kolladığını söyledi bana... O günler, ablam ve anneannemin söyledikleriyle Allah'ımla ilk kez konuşmaya başladığım günlerdi... Size anlatamam.

Beni hiç kırmıyordu biliyor musunuz?

Ne konuşsak onunla ilgili, bir işaret yolluyordu bana... "Ben seninleyim merak etme" der gibiydi...

Bir gün aşağı inmiştim. Arkadaşlarım dalgakıranın oraya gidip oynayalım demişlerdi...

Ama ben onları yolda kaybettim, kayboldum... Akşam çökmeye başlamıştı...

İçime bir ürperti doldu o an. Korkmaya başlamıştım...

Sonra yürüdükçe kaybolduğumu fark edince, bir bankın üzerine oturup beklemenin daha doğru olabileceğini düşündüm...

Yol kenarındaki bir banka oturdum. Ve yıldızlara bakmaya başladım. Onları ilk seyrim o gün başladı...

"Ben seninleyim korkma" dedi içimden bir ses. "Allah'ım..." dedim.

O benimleydi...

"Hadi" dedi. "Annen çok merak etmiştir, geri dönelim." "Peki" dedim...

"Korkma, ben sana yolu göstereceğim" dedi.

Evime giden yolu ben değil, emir almış gibi yürüyen ayaklarım bulmuştu...

Eve geldim. Kapıyı çaldım. İçeriden sesler geliyordu. Anladım herkes panik durumdaydı...

Kapıyı karşı komşumuz Nermin Teyze açtı. "Deniz!" diye bağırdı.

Ağlamaya başladı.

Annem koşarak geldi. "Kızım" dedi ve ağlamaktan şişmiş gözleriyle bana sımsıcak baktı.

Bana sarıldı. "Neredeydin, ne oldu? Perişan olduk aramaktan" dedi. "Kayboldum anne" dedim.

Başka şartlarda olsaydı bu durum, dudaklarımı büker ve ağlardım. Ama "O" benimleydi.

"Korkmadın mı kızım, yavrum?" dedi.

"Korkmadım anne, üzülme. Yalnız değildim ki, Allah da benimleydi."

Nermin Teyze, annem ve evdeki herkes bana baktı. Gülümsüyordum. "Beraber döndük, korkmayın" dedim. Benim Allah'ı "hatırlamam" babamı kaybetmemle olmuştu. Bunu asla inkâr edemem.

İnsanlar acı çekmeden sorgulamıyor, zayıf hissetmeden sığınma ihtiyacı duymuyor, âcizliğini fark etmeden de O'na dönmüyor.

Aslında Allah sevdiği kullarına sıkıntı verir sözü, insanın acı çekmedikçe, canı yanmadıkça, hakikati arama zahmetine girmemesinden kaynaklanıyor. Oysaki hakikat, insanın bu dünyasını cennete çevirirken mutluluğunun da tek gerçek anahtarı oluyor.

İnsanları mutlulukların değil, acıların birbirine bağlaması gibi, insanı da Allah'a acılar bağlıyor.

Maalesef insanın unutmaya ve nankörlüğe meyilli yapısından kaynaklanıyor bu durum.

Allah sevdiği kullarını dünyadan soğuturmuş derler. Hatta Firavun hikâyesini anlatırlar.

Firavunun eşek dişi gibi sımsıkı birbirine âdeta kilitli dişleri varmış. O derece ki o dişlerin arasına bir şey girse acıdan kıvrandıracak kadar.

Ama Allah değil ona en ufak kırıntı acısı, baş ağrısı bile vermemiş.

Bizler bazen bakarız, yahu deriz, şu adam bunca insana şu kadar kötülük yaptı, ama yine de ona hiçbir şey olmuyor.

Aslında burada aklımıza gelmesi gereken, Âdem'e boyun eğmeyen şeytana, Allah'ın mühlet verme hikâyesidir.

Sistemde yaptığınız hatanın karşılığını hemen almanız, aslında Allah'ın sizi kaybetmek istememesindendir. Hatta buna tasavvufta "şefkat tokadı" denir.

Mühlet verilmesi, "Oh be, yap yap yat. Nasılsa kötülere bir şey olmuyor" denilmesi sizi yanıltmasın.

Ne kadar çabuk uyarılıyorsanız, o kadar çok seviliyorsunuzdur. Bunu unutmayın...

Babamın vefatından yıllar sonra, hâlâ acımı içimde taşırken onunla tanıştım.

O muhteşem insanla.

Onunla ilgili en çok dikkatimi çeken şeyse, sevgisi ve şefkati oldu. Neden ona vuruldum biliyor musunuz?

Bir gün sokakta çocuklar oynarken, kendi çocukları da o çocukların arasındaymış. Görenler dediler ki, diğer çocuklardan yetim olan vardır diye düşünerek kendi çocuklarına sarılmamış onların yanında. Olur ya bir çocuğun kalbi burulur diye.

O kalp burukluğunu benden daha iyi hiç kimse bilemezdi bana göre.

Sonra bir de mahalledeki bir çocuğun beslediği kuş ölünce ona taziye ziyaretine gittiğini duyduğum gün ne çok ağlamıştım.

Ne güzel bir insandı. Onu bulmalıydım. Onun da sevdiği yetimlerden biri olmak istedim.

O nurlu insan Hz. Muhammed'di (sav)... O da yetimdi...

Ve hatta Araplar Allah Resulü'ne (sav) "Durri Yetim" (inci, eşsiz yetim) diyorlardı... İncinin çok değerli olarak kıymet bulmasından sebep ona tek ve eşsiz inci anlamına gelen Durri Yetim ismi verilmişti...

Hakikat ilminin de bir sembolü olan incinin, bir de çok derin içeriği vardır... İnci, takan kişinin rengini alan, şifa veren, üreyen, kişiyle uyum sağlamazsa kendini karartan "canlı" bir taştır...

İşte yetim de inci gibidir... İnci, denizler altında bir kum tanesi ve hatta rivayetlere göre istridyenin gözyaşı ya da yağmur damlasından doğar... Sabırla saklar onu istiridye, olgunlaşmasını bekler... Ve bir gün o kum tanesi ve gözyaşları inci olup da kıymetiyle buluştuğunda paha biçilmez olur ve ölümsüzleşir... Gün gelip de istiridye kabuğunu açtığında içindeki incinin sedefi öyle bir parlar ki onu gören balıklar bu güzelliğe tutulur ve ona doğru yüzmeye, âdeta çekilmeye başlar...

Aynı Allah'ın denizinde yüzen ve peygamberimizin nuruna çekilen bizler gibi...

O eşsizliğiyle gönülleri, sineleri nice özelliğiyle süsler, güzelleştirir... Eşsiz bir inci gibi...

Bu benzetmelerdeki sanatı, zarafeti düşünmek bile sizi Allah'ın ve resulünün yoluna çeker...

Yıllar yıllar sonra, "Yetimi koru!" ayetine çalışırken şunu fark etmiştim...

Bizler asıl yuvamız olan Allah'ın yanından bambaşka bir âleme gelmiştik. Yuvamızı özlüyorduk, Allah'ı özlüyorduk.

Cennetten koparılmıştık...

Aslında hepimiz sadece geldiğimiz yere dönmeye çalışıyorduk. Bilsek de bilmesek de... Hatırlasak da hatırlamasak da...

Ve hepimiz sıladaydık. Hepimiz yetimdik...

O gün ise şekli manada babasız olmaktan kaynaklanan yetimliğin ötesinde bir yetimliğin olduğunu, asıl yetimliğin Allah'ın "himayesinin" manasıyla ilgili olduğunu fark ettim.

Çünkü aksi halde sadece babası olmayan yetimler torpilli olacaktı... Gerçek yetim şuydu ve bizlerin bunu unutmaması gerekiyordu: Gerçek yetim ister sülalesi, ister aşireti, isterse dağlar kadar malı mülkü olsun aslında Allah'tan başka kimsesi olmadığını idrak etmiş, buna vâkıf olmuş ve bu yüzden de sadece ve sadece Allah'a dayanan ve ona teslim olan demekti...

Kim ki yalnız Allah'a dayanır, Allah'a güvenir, Allah'a teslim olur ve her ne ihtiyacı ve arzuhali olursa yalnız Allah'tan ister, işte o gerçek manadaki yetimdir. İşte o her daim Allah'ın himayesindedir ve olacaktır. İster babası olsun, ister çok kalabalık bir soyu, sülalesi...

Allah'ın adaleti ve merhameti böyle bir şeydi işte.

Babasız ya da kimsesiz manasında yetim olan insanlar gibi; aslında kendisinin ÖZ'de yetim olduğunu Allah'ın idrak ettirdiği, nice büyük ailelerden gelen özde yetimler de vardı.

Kendinizi yalnız hissettiyseniz hayat boyu, kimseye tam dayanamadınız, ya da dayandınız ve güvendiğiniz dağlara karlar yağdıysa, hep dişiniz tırnağınızla zorluklarla çabalayıp başardıysanız, hayatınız kolay olmadıysa eğer, "Her zorlukta bir kolaylık vardır..." ayetini yaşıyorsunuzdur.

Çünkü siz yalnız olduğunuzu sanırken aslında Allah hep sizinleydi, sizinledir...

Siz anlaşılmadığınızı sanırken Allah hep sizinledir.

Kim yalnız Allah'a dayanırsa, Allah onu başkasına muhtaç etmez. Bazen insan sadece önüne baktığı için etrafında, yanında olan biteni görmez.

Aceleden anlamaz, fark etmez ama bir kez yavaşlayınca, hakkıyla düşününce hakikati anlamaya başlar...

Hem yetim hem öksüz büyümüş, tüm ailesini o daha beş yaşındayken gözleri önünde öldürdüklerine şahit olmuş ve ülkesinden alınıp Türkiye'de bir yetimhanede büyümüş, tanıdığım en merhametli insanlardan biri olan dedem biz küçükken derdi ki:

"Duvara dayanma yıkılır, insana dayanma ölür. Yalnız Allah'a dayanın canlarım."

İnsan, dünya üzerindeki "sanal" değerlerle olaylara baktığı için bazen ne kadar şanssız olduğunu düşünür...

Oysaki dünya üzerindeki değerler dünya dışına çıktığında hükmünü kaybeder.

Gece ve gündüz kavramı bile atmosferin dışına çıkınca kaybolur, geriye sonsuz karanlık ve boşluk kalır...

Bu insan yapımı dünya sisteminde zengin olmak, güçlü olmak, ünlü olmak gibi değerler, üstün olma halini yaşatıyor sanırken, hakikat kanunlarının işlediği bir düzene geçişten sonra her şey apaçık ortaya konduğunda, keşke ben de fakir olsaydım, keşke ben de daha mütevazı bir hayattan gelseydim diye düşünecek olmamız muhtemel...

Paranın işlemediği bir dünyaya gitsek ve orada "bilgi ve ahlak" sahibi insanlar daha üstün bir sınıfsa ciplerle hava atan, bizler belki de aşağılanacağız...

Olayları ve insanları şanslı-şanssız diye değerlendirirken, dünyadaki adalet sisteminin görünen zahiri algısına göre karar verme hatasına düşmeyin.

Mesela derler ki, küçük yaştaki bir çocuğunu kaybetmiş bir anneye cennet yolu açılır...

Bu o anneye nasıl bir acı verir değil mi?

Ama şu bir an kadar kısa hayatında yaşadığı bu büyük acının, onun ve evladını ebedi hayatında herkesin gıptayla bakacağı bir mükâfatla karşılık bulacağını bilse belki de bu tersinden yaşanan dünya bambaşka bir hal alırdı.

Dünya bizim aynamızdır...

Aynaya baktığımızda sağ kolumuzu kaldırırız ama aynada sol kolumuzu kaldırdığımızı görürüz...

Yaşlılarımızı sokağa atar çocuklarımıza taparız. Oysaki Allah'ın sevgili bir kulu anne duasıyla cennette Musa'ya nasıl komşu olmuşsa; aynı şekilde kötü bir evlat yetiştirmesi yüzünden cehenneme mahkûm olmuştur bir başka kul...

Egosal bir sahibiyet duygusu ve sevgisinde aşırılık yaşadığımız evlatlarımız imtihan olurlar bizlere. Biz onlara aşırı düşkün olmaya devam ettikçe onlar bizi kendi cehennemimize götürürler. Gönüllü olarak kabul ederiz ama bunu fark etmeyiz bile...

Tersinden görüyor ve tersinden yaşıyoruz bu dünyayı...

Ölüme yaklaşınca Allah'ı arıyor ibadete başlıyoruz...

Oysaki yaşamaya başlamak için ibadet gerekir; hakikaten "yaşamadan" yaşanmaz ki...

Onlar, YAŞAYAN ÖLÜLER'dir...[1]

---

1 Huzeyfet'übnü Yeman'a sordular: "Hayatta olduğu halde ölü sayılan kişiler kimlerdir?" Huzeyfet'übnü Yeman, "Gördüğü kötülüğe eli ve dili ile mâni olmayan veya kalbi ile buğuz etmeyen kimselerdir" buyurdu.

BAŞLARKEN

Gerçeği insanların ölçüleri ile değil,
insanları gerçeğin ölçüsü ile tanı.
– Hz. Ali

Ve kendi nefislerinizde de (ayetler) vardır.
Hâlâ görmüyor musunuz?
– Zariyat 21[2]

Hayat öyle zekice yaratılmıştır ki aynı madde sadece ölçüsü yüzünden ya can alır ya da can verir... Başka bir şey değil... Aynı madde... Zehirle panzehirin hikâyesi ise hayatın özetidir...

Bu dünyaya, sonradan gideceğimiz hakiki dünyanın "aynası" derler...

Bunu çok düşündüm. Ve bir gün hakikati Yaradanım fark ettirdiğinde çok ağladım...

---

2 Zariyat: Savuran, tozu dumana katan rüzgârların durumu anlatılmaktadır. "Rüzgârın savurduğu" (Kehf 18:45) ayeti bunu destekler. Hz. Ali bu ayetin açıklaması babında "volkanları püskürten, mahlukatı kırıp geçiren" anlamını da vermiştir. Patlayıcı maddeleri bu kategoride değerlendirmek mümkündür

Bu dünya hakiki dünyanın aynasıydı evet ve bunun sonucu neydi biliyor musunuz?

Bu dünyada her şeyin ama her şeyin aslına göre tersten görünüp yaşanması... Allah'ın, önüne kâinatı serdiği, "Habibim" diye nitelendirdiği peygamberi Hz. Muhammed (sav) bile bir sözüyle Allah'ın ona zarar vermeye çalışanları yerle bir edebileceğini bilirken olan bitenlere rıza göstermeyi, onca acıya, hakarete katlanmayı ve kâinatın saltanatı kendisine sunulmuşken "fakr" fakir olmayı, yok yere mi seçmişti yani? O ki Allah'ın ona verdiği derin ilmin sahibiydi, yok yere mi yaşamıştı onca sıkıntıyı?

Hayır... Tüm bunların altında yatan büyük bir hikmet ve ilim vardı... Çoğumuzun bu dünya gözüyle baktığımızda göremediği bir hikmet... Ve işte bu dünyanın hakikati ve yansıması o hikmetin temelindeki sırdı...

Aynada yansımana "aksin" demişler tevekkeli değil... Aksin senin tersindir...

Tersten görürsün hakikatini...

İşte her kaybolduğunda, her canın her yandığında... Sadece aynaya bak...

Ve sağ elini kaldır... Karşındaki "aksinde" görüntüde havaya kaldırdığının sağ değil sol elin olduğunu gördüğünde ise mesajı yanlış anladığını fark et... GÜLÜMSE...

Sana gösterilenin "acı" değil "lütuf" olduğunu fark edip GÜLÜMSE...

Ve TEŞEKKÜR ET...

Kaybettiğin her şey kazancındır... Unutma ilaç acı tatta sanılır ama insanı iyileştirir...

Bu hikâye DÜN'e ait...

Ve bu yüzden bu hikâyenin yaşandığı yere "DÜN-YA" demişler... O'nun katında her şey çoktan olmuş bitmiş...

Tersler düzmüş... Düzler tersmiş... "Nefis" nefis bir riya...

"Yaşıyorum" sanırsın ne yaparsın sen söyle bunu anladığın gün ya? Anlarsın her şeyin aslı sadece bir RÜYA...

Hem varmış... hem yokmuş... Dün ya...

Her şey DÜN'de yaşandı ve bitti... İşte bu yüzden hayata ilişkin tek yorum "izli" yorum...

İzle...

Bu kitabı eline aldıysan ve başına gelen onca şeye rağmen hâlâ İŞARETLER'i anlamamışsan artık "uyanma" vakti...

Sana verilmiş hazineyi bulmak için dışarıda aramayı bırak... Hazine sende gömülü... Toprağını kaz yüreğine doğru...

Oraya indiğinde arşa çıktığını fark edeceksin... Gönlüne indikçe yükseleceksin...

Seni annenin sevgisinin sınırsız katıyla seven Allah'ın her evladının, her birimizin ayırt edilmeksizin deha ile, mutluluk ile, sanat ile donatıldığını ve bu dünya beşiğinde tıngır mıngır sallanırken büyütüldüğünü göreceksin...

Her tırtıl kozadan çıkınca kelebek olur ve uçmaya başlar...

Ve o içindeki hazineyi bulup da kozadan çıkmadıkça kimse onu oradan çıkartamaz...

Herkesin eksiği bir başkasının fazlası... Bunu gördüğün o an sınırsız adaleti göreceksin...

Geçmişini değiştiren, geleceğini değiştirir...

Deniz Erten

* * *

Dünya bir oyun
Hayat bir oyuncak
Anlayan kurtulacak
Anlamayan yanacak...

– Deniz Erten

"Âlemlerin Rabbi'ne hamd olsun..."

Çokça söylediğimiz ama yeterince düşünmediğimiz sözlerden biri daha...

Âlem, âlim ve alamet kelimeleriyle aynı kökten türemiş bir kelime...

Peki alamet? Alamet ne demektir?

Alamet: "İnsanlara çöllerde yönlerini gösteren İŞARET." (belirti, im, iz...)

Anlatımın güzelliğine bakın...

Bir kelime içinde, gelmiş geçmiş tüm hayatı ve her birimizin yaşadıklarını özetleyen güzel Allah'ım...

"İnsanlara çöllerde yönlerini gösteren işaret..."

Biz İslam'ın kayıp çocukları, bu çöl hükmündeki dünyada kaybolduk...

Bize Allah'ın gösterdiği işaretleri OKU'yamaz olduk... Biz kor gibi yanan bir çölde, kör gibi kaybolduk...

Gözlerin görmesi yetmez kalbin görmesi gerekir... Ve Kuran da buna işaret eder... Kuran işaretler verir yol gösterir ama onun kullanılır hale gelmesi için insan düşünmelidir... İdrak etmelidir ve uygulamalıdır...

İzleri, işaretleri takip eden anayola er geç varır... Kurtuluş yoluna... Oysa biz her yanımız Allah ve işaretleri, her yanımız peygamberimizin nuruyla çevriliyken O'nun ışığını göremez olduk... Biz kalabalık yalnızlıkların çocuklarıyız...

Zahiri bilginin yanılgısındaki çocuklar... Ve âlemlerde kaybolmuşuz...

Âlem "Simge, işaret, belirti, sancak, bayrak ve dağ" anlamını taşır... Dağ... Evet bu âlem bir dağ gibidir... Neyi söylersen o yankılanır sana geri döner...

Ve bu âlem ve içinde ayrı birer âlem olan her birimiz de birer işaretiz... Her birimiz Ayet-el Kürsi olarak Allah'ın isim ve sıfatlarının manalarını taşıyan en yüksek işaretlerdeniz...

Ve o Allah, o âlemlerin, yani "işaretlerin" de Rabbidir...

Âlem, alamet tüm bu kelimeler ve işaretler İLİM kelimesi ile akrabadır... Bu bize neyi İşaret eder?

İlim "bilgi, bilim, bildi, anladı, İZ VE İŞARETLERİ yorumlayarak bilgiye ulaştı" demektir...

Her birimiz Allah'ın isim ve sıfatlarının manalarını taşırız... Herbirimiz O'nun Âlim ismini de taşırız belirli nispetlerde...

Ve her birimiz ancak O'nun ayet, yani işaret ve izlerini OKU'yarak bilgiye ulaşmaya çalışırsak, hakikatimize doğru yol alırız. Bu O'nun ihtiyacı değildir. Bu, eksik geldiğimiz bu sanal dünyadan hakiki dünyaya göç ederken, tamlığımıza yol almamız için bizim ihtiyacımızdır...

Allah, ilmi isteyene veririm der... Burada bahsettiğimiz Allah ilmidir... Yani tüm ilimleri kuşatan tek ilim...

Ve ilme sahip olan her şeye sahip olur... Ve başka bir şey olmadığını anlar...

Herkesin kitabı birbirinden farklı ama aynıdır...

Herkesin O'nunla iletişimi kendi kalbinin ve beyninin "kablosuz ağ" gücüne göre değişir... Bu iletişim her birimiz ama her birimizle farklıdır...

Yeter ki iletişim kurmak isteyelim... Yeter ki, "Allah'ım orada mısın?" diyelim...

O'nun orada, kendimizde ve her yerde bizi sarıp sarmalamış olduğunu görürüz o an...

İşte o an fark ederiz ki aslında bu hep böyleymiş ama, "biz" bunu görmemişiz ya da görmek için çaba sarf etmemişiz...

Ne acı değil mi? Hayattaki tek gerçek dost, tek gerçek sevda, tek gerçek dayanaktan; O her an her şekilde seninleyken, her an seni kollarken, her an seninle konuşurken yıllarca bihaber yaşamak...

Ve dışarıda aradığımız çözümlerin değil içerimizdeki bu hakikatleri fark ettiğimiz günün her şeyi nasıl da güzelleştireceğini, nasıl da değiştireceğini görememek...

Bitmiyorsa sıkıntıların, karşına çıkan "aynı tür" dersler bitmiyorsa öğrenmemişsin demektir... Tutulduğun sınavlara doğru cevapları verememişsin demektir... Öğretmeninle aranda bir iletişim sorunu var demektir...

Artık zamanı gelmiş demektir...

İşte o an bu an...

Allah'la "anlamını bilmeden ezberlenmiş" değil kalbinle tamamen hissederek "hakiki" bir diyalog kurmanın, O'nunla konuşmaya dertleşmeye başlamanın, sadece O'ndan istemeye başlamanın anı...

Temelde O'nun bize tavsiyesi budur... O'nu kendimizde ve her yerde görmek... O'nun her an bizimle diyalogda olduğunu fark etmek... Bize neyi neden gösterdiğini kendi içimizdeki eksiklikler yönünden görmeye çalışmak ve O'na ulaşmak, O'na kavuşmak...

Ondan "başka" diye dayandığımız her şey bize sırt çevirecek ve imtihanımız olacaktır.

Her an bizimle olan gölgemizin bile, karanlıkta bizi terk ettiği gibi... Çünkü karanlık O'ndan uzak olmaktır...

Bir toplantıya gidiyordum, ama hayırlı mı değil mi içim bir tuhaftı. "Allah'ım" dedim. "Ben bilemem ancak sen bilirsin. Eğer bu iş benim için hayırlı değilse, yoldaki tüm kırmızı ışıklar bana yansın ve eğer hayırlıysa da yolumu aç..."

Biliyor musunuz? Yollardaki tüm trafik ışıkları kırmızıydı bana o gün... Nefsim için, dünyevi hayatım için getirileri olabilecek, ama ticaretle adalet arasındaki çizgiyi tam bulamadığım bu iş toplantısına baktığımda, içerik olarak asla sıkıntılı değildi. Aklen öyle, ama hissen: I ıh, bir şey vardı beni iten... Ve kendi kendime, "Ne yapıyorsun Deniz? Hakikati göremez ve bilemezsin ki... Allah'ına sor," dedim içimden. Ve sordum...

O kuluna Kâfi'ydi... Yanıtımı almıştım ve kısa bir süre sonra o yanıtın, nefsim değil ruhum için hayırlısı olduğunu gösterdi bana...

Allah ilmini anlamaya başlamak size hayatı altüst eden bir şey gibi gelir önce... Dünyevi bakışla anlaşılmaz ve ters görünen manalar vardır... Dünyada para kıymetlidir, madde kıymetlidir... Allah yolundaysa ilim ve dua... Kimi dua kimiyse para kazanmak isterken, hakikat dünyasında hangisinin cepte kaldığı bize işaretlerle anlatılır...

İşte bize sunulan işaretleri OKU'mamıza rehberlik eden âlim ve arifler, yol levhaları gibi hatta âdeta pusulalar gibi insanlara yönlerini gösterirler... Mana alanlarına âdeta bayrak gibi işaretler koyar, sınırlar çizerler... Kuran'da mürşidi kâmiller için kullanılan "dağ" kavramı teşbihen bu ilme sahip âlimleri de içerir... Kara parçalarını âdeta yeryüzüne dağlarla çivi gibi çakan âlimler Allah yolundaki kayıp çocukların gidecekleri yere, artık kaybolmadan, korunaklı şekilde varmalarına, onlara yol göstermeye çalışarak vesile olur...

Bizler Allah'tan uzak yaşayanlarla, Allah'la konuşmanın yalnız bir çeşidi olduğunu, ona uymayanınsa O'nunla irtibat kuramayacağını iddia edenler arasında sıkışıp kalmış, oysaki Allah'tan başka kimsesi olmadığını yüreğinde bilen varlıklarız...

O kadar çok konuda yalan öğretilerin doğruluğuna inandırılmışız ki bir "garip" gibi nereye sığınacağımızı bilemeyecek bir hale gelip sahipsiziz hissine düşürülmüşüz...

Ne kadar canlı varsa o kadar âlem vardır ve Allah her birimizle bizim anladığımız lisanda konuşur...

Yeter ki biz dünya derdinde kapattığımız "erişim ağlarımızı" açalım...

Biz fark etsek de etmesek de görünen dünya sisteminin arkasında başka şeyler oluyor...

Allah, din, peygamberimizle ilgili konuşmaya başladığımızda bu konudan uzak insanlar hemen bin bir türlü hikâye anlatmaya başlıyor... Anlatılanlar "yorum ve yönlendirme katılmış yazılanlara" ya da "oradan buradan duyduklarına" dayanıyor, oysaki yazılıp da orijinali tahrif edilmemiş tek kitap Kuran'ken ve sen bunu onu eline aldığın an itibariyle anlayabilecekken bunun dışında neye dayanabilir ki insan?

Bunu çok sık yaşıyorum ve enteresan olan Allah, din, Peygamber konusunu inkâr edenlerin neyi inkâr ettiklerini bile bilmediklerini, sadece ZAN'nettikleri şeylerle kendi kavramlarına sıkışmış olduklarını fark ediyorum... Verilen birkaç cevapla ve sorulan birkaç soru ile insanların neyi inkâr ettiğini dahi bilmediğini fark etmek gerçekten insana üzüntü veriyor...

Aldığın bir nefesin bile kendi kontrolünde olmadığını "unutup", "muhtaciyetini bilmenin kudretini" yaşayamamanın ya da bunun "nasip olmamasının" acısını fark etmek insanın içini yakıyor...

Bu konuda da istedikleri noktaya gelmediğinizde, bu sefer, yanlış dini yorumlar yüzünden dinden soğudukları iddialarıyla ve bunun gibi başka başka anlatımlarla, bu kez de mağduriyet kılıfına sığınmaya çalışıldığını görmek yangınına yangın katıyor...

Bizlerin mağduriyet gibi bir anlayışa sığınmamız kendi tembelliğimizden öte bir şey değil... Çünkü Kuran'ı kendi başına temiz bir kalp ve idrakle eline alan ya da oturduğu yerde dahi "Allah'ım, ilmini bana öğret..." diyen bir kimseye Allah'ın sırt çevirdiği görülmemiş... Kuran öyle bir kitap ki kelimelerin köklerine inmeye ve kelimelerin asıl manalarını anlamaya çalışmanızla sizi fethediyor ve öyle bir cezbe kapılıyorsunuz ki, her şey tanımsız kalıyor. Size bir taraftan geçmişi, insanlığın tüm tarihini, bir taraftan yarını, geleceği ve olacakları anlatırken bir taraftan da bugünü aynı satır hatta aynı kelime içinde dahi anlatabiliyor...

Kullanılan kelimelerin olağanüstü şiirsel ve sanatsallık içinde gizlediği sonsuz ilim, katman katman, sen ona yöneldikçe seni içine çekerken; kullanılan sayıların gizeminden, gezegenlere ve seçilmiş kelimelere biraz daha yakından baktığınızda "sırlanmış hakikatler" size perde perde açılmaya başlıyor... Ve bazı hakikatleri anlamaya başladığınızda Allah'ın kendine dost ettiklerinin her sözünde, bilimsel bir tespit ya da tespitlerin "şiirsel" bir anlatımıyla karşı karşıya olduğunuzu da fark ediyor ve hayrete düşüyorsunuz...

Bu kitabın "insan sözü" olmaması her kim okursa okusun, onu okuyanla interaktif olarak iletişime geçmesinden anlaşılabiliyor...

Tüm yapılması gerekense "dünyevi akıl ve şartlanmışlıklardan temizlenmiş", Allah'a yönelmiş bir kalple iletişim kurmaya çalışmak... Yani buradaki durum "dünya" düzenindeki gibi değil... Vali yardımcısına ulaşmaya kalksan kimbilir ne zamanda ulaşırsın ya da tanıdık lazım, bilmem ne bankasındaki üst düzey yöneticisine danışmak için tanıdık lazım, yoksa olmazlarla alakası yok bu kitabın...

Sonsuz kudretin sahibiyle konuşmak için aracıya gerek yok. O yüce kapı sana sonsuz cömertlik ve merhametle hep açık... Yeter ki sen o kapıyı çalmasını ve sana gönderilen işaretleri OKU'masını bil...

Bu kitap Allah'a yönelen her kulun anlayabilmesi için yazılmış... Dili ise Arapça değil a-RAB'cadır (Terzibaba/Necdet Ardıç'tan duyduğum bir tabir.)

Ben okumayı bilmem diyorsan Peygamber'i hatırla... Ve öyleyse "Rabbinin adıyla oku..." Bu ayeti yani "işareti" anlamaya çalış...

Bu dünyanın sanal seslerine kalbini dilsiz ve sağır yaparsan Allah'ın "işaret dili" ile sana her şeyi anlattığını işte o zaman görürsün... İşte o zaman işaretler sese dönüşür ve Allah'ın sesi kalbinde yankılanmaya başlar ve sen artık dünyevi kandırmacalara sağır ve dilsiz olursun...

Ancak işte o zaman "görünende" değil "hakikatte", kimin aslen cahil kimin âlim, kimin yüce kimin aşağı, kimin zengin kimin fakir ve kimin şanslı kimin şanssız olduğunu anlarsın...

Ve aslen kimin efendi, kiminse köle olduğunu...

***

TÖRE

Her şey elinde zannediyorsun
Sen kurdun oyunu
Hayat oynayacak…
Bilirim sanıp ne çok yanılırken sen yaktığın ateşte ruhun yanacak…
Benden çok mu sevdin aşkla Doldun taştın aştın mı…
Sahibim sandıklarına Kira için yanaştın mı…
Değişsen de dünya aynı değişmez ebedi töre
Kimse bilemez gerçekte
Kim efendi
Kim köle…
Yaşadığını sen istedin…
Bedeller ödüllere göre…
Kimse bilemez gerçekte
Kim efendi…
Kim köle…

– Deniz Erten

***

Tersinden yaşıyoruz…

Cenneti bile köşkle, huriyle ölçer olmuşuz.

Cinsiyeti olmayan bir ruhumuz olmasına rağmen, "huri" kavramının anlamında "muhteşem güzellikler" ve muhteşem bir güzelliğe dönüşmüş nefis anlamını da içermekte olmasına rağmen, huriyi "kızlar" algısı adı altında, gördüğümüzü sandığımız ama aslında "olduğu gibi dahi görmediğimiz" sanal bir dünyaya ilişkin kıstas ve kavramlar içinde ve madde anlayışının bambaşka bir hal alacağı bir âleme naklolacağımız halde HÂLÂ şu anki madde anlayışına indirgediğimiz bir cennet anlayışında hapsedilmişiz...

Biz her şeyi MADDİ yönüyle ölçüyoruz ki hâlâ Cennet'te köşk ve huri kızlar arıyoruz! Biz niyetlerimizde ve anlayışlarımızda Allah'ın sevgisinin derdinde değiliz! Biz hâlâ maddenin manaya döndüğü cennette "yer satın alma" derdindeyiz!

Evet Allah o kadar yüce ki biz bunu böyle algılıyorsak "Ben kulumun zannı üzereyim..." dediği için bunu böyle algılayıp köşk peşinde koşanlara onu da vereceğini söylüyor ama bu bizim cehaletimizle asıl hazineyi bırakıp mal mülk peşinde koşmamızdan başka bir şey değil...

Aman Allah'ım! Bu nasıl bir materyalizm kandırılmışlığı? Sınırsız bir güce ait bir ruhla donatılmışken toprak olup çürüyen bir bedene nasıl bir bağımlılıktır bu!

Adalet kavramımızı yitirmişiz. Haksız ama güçlü olana biat ediyoruz. Olmayan bir dünya için olan diğer dünyayı kendi elimizle ateşe atıyoruz!

Şu bir AN'lık dünyada ebediyetimizi yakıyoruz kendi ellerimizle. Birine iyilik yaptım diye övünüyoruz. Bilmiyoruz ki asıl o kişi sayesinde kendimize iyilik yapıyoruz. Teşekkür eden biz olmalıyız... bilmiyoruz.

Tersinden yaşıyoruz âlemi tersinden...

Çünkü bu âlem aslının aksinden...

Bir yansıma olan bu âlem eksi, aslı ise artıdır... Bu yüzden de burada kıymet sandığınız madde aslına rücu ile manaya yerini bırakacaktır...

Burada fakirsen sonsuz zenginlik, burada mazlumsan sonsuz mutluluk seni beklemekte...

Bazı insanlar dünyevi değerlere göre bir diğerini "şanssız" olarak niteler. Oysa bu dünyada hak etmediği halde "şanslı" görünen, yaptığı zulümlere rağmen hep "güçlü" görünen, diğer dünyada tam tersi konumda yaşayacaktır...

Burada madde orada mana, burada kötülük orada iyilik egemendir...

İkizinin yansımasında kaybolan insanlığımız ve aynadaki aksinde tersinden gören insan...

Kuran gibi sağdan sola okusak âlemi belki de doğru okuyuş istikametini fark ederiz...

Tavaftaki gibi sağdan sola aksak dünya ile dünyanın da, güneşin de, var olan her şeyin de Allah yolunda tavafta olduğunu anlarız...

Bizi kandıran ve tersine işleyen zaman gibi soldan sağa değil...

Hepimiz acılıyız.
Sıladanız sıladan.
Düşünmeyiz hatalıyız.
Sıradanız sıradan.

– Deniz Erten

I.
KADER

Bütün dünya bir oyun sahnesidir.
Kadın erkek bütün insanlar da sadece oyuncular.
Her birinin giriş ve çıkış zamanları vardır.
– William Shakespeare

Her insanın amelini (veya kaderini) boynuna bağladık.
–İsra 13

Bilsin ki insan için kendi çalışmasından başka bir şey yoktur.
–Necm 39

Size ne bela isabet etmişse, elleriniz ile yaptıklarınızın sonucudur! (Allah) birçoğunu da affediyor.
–Şûra 30

Zaman-An Mefhumu ve Kader

Bu ayetleri hiç gördünüz mü?

Belki de gördünüz ama öyle ezbere, anlamını anlamadan okuduğumuz ayetlerin içerisinde kendi kendimize mırıldanırken büyük ihtimalle arada kaynadı gittiler...

İnsanın kendini tanıması için önce Allah'ı tanımaya çalışması gerekir. Evet hiçbirimiz tümüyle O'nu tanıma kapasitesinde değilizdir çünkü "sınırlı bir akılla sınırsız bir akıl" anlaşılamaz, ancak işte en önemli anlam ve felsefesi "teslimiyet" olan İslam'ın rolü burada başlar. Sınırlı bir akılla sınırsız bir akıl anlaşılamıyorsa öncelikle kendi aklından ve kalıplarından "soyunman", "vazgeçmen" gerekir...

İnsanlar katman katman şart ve yargılar giyinmiştir. Bu da onların karşılarındaki "büyük resmi", "parçasal, birimsel" olarak değerlendirmesine ve "hakikati" farklı farklı yorumlayarak özü es geçmesine sebep olur...

Aslında İslami öğretiler, nafile (faydalı) dediğimiz ibadetlerimizle bir tür kıyaslama yaparak bizleri asıl mühim kavram olan "tefekküre" davet eder. Bir anlık tefekkür yetmiş bin nafile namazından eftaldir denir.

Hemen hemen her üç ayetten biri, "Hiç mi tefekkür etmezsiniz? İnsan neden aklını kullanmaz?" anlatımındadır... Peki tefekkür nedir?

Tefekkür fiili "fekere" fiilinden türemiştir. Bir konu hakkında fikir üretmek, düşünmek ve o meselenin şuuruna varmak anlamındadır... Biliyorsunuz ki bu insanlara mahsus bir özelliktir ve onu diğer varlıklardan ayıran da budur...

Allah'ın sorgulamasız itaat beklediği gibi kandırmacalarla, Allah'ın hakiki sistemini "örterek" insanı, din adı altında görünür gibi, temelde dinin aslından uzak, farklı bir sistemin dünyevi çıkarlarına hizmet edebilmesi için bir tür korku sistemine çevirmeye çalışanları aslında bu ayet yalancı çıkarır. Hatta kâfir diye tabir edilen kelime pek çoğumuzun düşündüğü gibi günahkâr, dinsiz vs. anlamında değildir. Kâfir, küfür kelimesinden gelir ve bizim dilimizde genellikle yanlış kullanılmakta ve yanlış anlaşılmaktadır...

Küfür kelimesi "gerçeği örtmek, perdelemek, gizlemek, nimete nankörlük etmek" anlamındadır. Hatta Arapçada karanlığı ile her şeyi "örttüğü" için geceye kâfir denir. Yani meselenin aslında, bir gerçeği "bilme" ama "örtme ve inkâr etme" durumu var.

Allah aklı kullanmamızı ister ama hangi "aklı" diye düşünmek gerekir... Kendimiz ve çevremizin oluşturduğu "yapay, göreceli aklımızı" mı, Tek'e ait aklı mı?

Bu konuya daha ileriki etapta gireceğiz ve hepimizin kendimizce övündüğümüz "şahsi aklımızın" aslında nasıl da yapay bir akıl olduğunu ve asıl ulaşılması gerekenin "Allah'ın aklıyla akıllanmak" ve böylece büyük resme vâkıf olanın aklıyla bakmaya çalışmak olduğunu anlatmaya çalışacağız.

Şimdi konuya geri dönelim.

Yukarıdaki kader içerikli ayetlerin manasını "anlamadan ve anlamaya zahmet etmeden" bir bir okuduğumuz onlarca ayetin içinde es geçmiş olmamız, bizi hayatımızın ve kaderimizin öznesi değil ancak nesnesi yapar.

Etken bir yapıdan edilgen bir yapıya hep "mağdur edilen" ve "kurban edilen" bir insan anlayışıyla düşünmek ve yaşamak, bu son derece önemli ebediyete geçiş aracımız olan "dünya hayatımızı" da, boyut değiştirdikten sonraki "ebedi hayatımızı" da çekilmez kılar...

Ve bunu yapan da bizizdir...

Herkesin faili de mağduru da kendisidir...

Bu durum ise Kuran'da pek çok ayette üstüne basa basa tekrarlanmıştır.

****

"Sana iyilik olarak ne erişirse Allah'tandır. Sana kötülük olarak ne dokunursa o da kendi nefsindendir." (Nisa 79)

"İyiliğin cezası (karşılığı) iyilik, kötülüğün cezası kötülüktür..." (Rahman 60)

"Kim bir iyilikle gelirse, ona getirdiğinin on misli vardır. Kim de bir kötülükle gelirse, ancak onun aynısıyla, dengiyle karşılığını yaşar. Onlar zulme uğratılmazlar." (Enam 160)

"Artık kim zerre ağırlığınca hayır işlerse onu görür. Ve kim zerre ağırlığınca şer işlerse onu görür." (Zilzal 7-8)

Kendi fiilinin kurbanı olduğunu kabullenmek nefsini terbiye edememiş[3] insan için dayanılmaz bir özeleştiridir. Çünkü nefis için hep başkaları suçludur. Birileri veya biri öyle yapmıştır ve işte biz de o yüzden o hatayı işlediğimize kendimizi inandırmak isteriz...

Eğer yaşadığı acıyı veren bir "karşı taraf" yoksa da o zaman "kaderdir" suçlu.

Kaderin bizi acıttığını düşünsek de temelde, kendi hatalarımızdan, eksik anlayışlarımızdan ve zayıflıklarımızdan dolayı kaderin nam salmış bir "günah keçisi" olması, aslında bizim kendi kendimizi sevmeye devam edebilmemizin de tek çaresidir...

Başta kendimizi; sonra kabul etmesek de sevmeyi aşıp taptıklarımızı ve egomuzu dokunulmaz kıldığımızdan ötürüdür ki her birimiz her zaman haklı ve masumuzdur...

İşin enteresan yanı "masum" olduğunu düşünen ve iddia eden bunca insanın olduğu bu suç kaynayan dünyada, her birimiz bize göre masumsak o zaman bunca suçu kimin işlediğidir! Değil mi?

Bir tasavvuf sohbetindeydim, hakikat ilmi anlatılıyordu.

3 Kendini sevmeyen bir insanın kendiyle yaşamak zorunda olması kadar büyük mahkûmiyet yoktur bu dünyada... Her gün idam edilen bir müebbet...

Orada dinleyiciler arasında oturan bir hanım, hepimizin aklında olan ve bir türlü anlayamadığımız, belki de anlamaktan kaçındığımız o malum soruyu sordu:

"Hocam ben 55 yaşındayım, iki evladım var. Hayatım normal giden bir hayattı. Ta ki bir gün, oğlumla eşim hiç yoktan bir kavgaya tutuşuncaya kadar..."

Herkes nefesini tutmuş devamını bekliyordu. Gözleri doldu. Sesi titremeye başladı.

Nefes almakta zorluk çekerek konuşmaya çalışıyordu...

"Eşim bir anlık öfkeyle elinin altındaki kristal sigara tablasını oğluma fırlattı. Tabla oğlumun kafasına isabet etti ve oğlum sırtüstü yere düştü. Ancak düşerken hem alnındaki darbe ve hem de kafatasının arkasını çok sert bir şekilde mermer sehpaya çarpması sebebiyle bir beyin kanaması geçirdi."

Herkesin gözleri dolmuştu. Mutsuz bir ifadeyle ve merhametle ona bakıyorlardı. Herkes onda aslında kendi acılarını görüyordu, kimseyle göz kontağı kurmamak için yere doğru bakarak konuşmaya devam etti.

Artık titreyerek zar zor konuşuyordu...

"Oğlumu maalesef kaybettik. Eşimse oğlumuzun ölümüne sebebiyet vermekten hüküm giydi..."

Ağlamaya başladı. Salondaki herkes gibi. Sonra burnunu sildi ve nefesini içine çekti...

"Ama..." dedi. "Eğer Allah istemeseydi bu olmazdı hocam değil mi? Sonuçta Allah istemese bu olmaz..."

Kesik kesik hıçkırıkları arasında soruları soruyordu...

"O zaman bu da kaderdir değil mi? Değil mi hocam? Yani olması kaçınılmaz olan..."

Bu hikâyenin özündeki mukadderat sorusu, bizlerin hayatlarına kendimizle veya sevdiklerimizle ilgili bu derece trajik sonuçlar taşımış olsun olmasın hepimizin aklında, başımıza gelen ve yaşadığımız şeylere ilişkin hep var olan bir sorudur...

"Sonuçta Allah İSTEMESEYDİ bu olmazdı değil mi?" "O zaman bu kader işte..."

"Demek ki Allah istedi..."

İşte maalesef, biz bunu bilmesek de insanla, yani âdemoğluyla şeytan arasındaki en büyük fark da tam burada yatar...

Şeytan hataya düştüğü için cennetten kovulurken Allah'a, "Beni sen azdırdın, istemeseydin azmazdım!" demiştir...

Âdem ise kendisi hataya düştüğü için "Allahım ben nefsime zulmettim!" diyerek hatanın aslında kendisinde olduğunu fark etmiş ve Allah'ın affı ve lütfuna yeniden mazhar olmuştur...

Bizler Kuran'da anlatılan bu hikâyeden hayatımızın özüne ve kadere ilişkin en önemli mesajı almalıydık aslında... Ama Kuran'ı geçmiş yüzyıllarda yaşanmış, geçmişte yaşamış insanları ilgilendiren bir "hikâye kitabı" gibi okuduğumuz için bu düşünme şeklimizle Âdem vasfına değil de daha ziyade "aldatan" gibi manaları olan şeytan vasfına girdiğimizi anlayamamışız. Bu yüzden de bizler şeytan gibi cennet diye tabir edilen mekândan, Allah'ın zatından kovulmuş, mutsuzluğa sürgün olmuşuz...

Kendi yaptıklarımızla kendimizin sürgününü daha da zorlaştırmak yerine cennete geri dönmenin, kaderimizi cennete çevirmenin yollarını arasaydık, belki tarih ve tarihteki acılar tekerrür etmezdi.

Ama maalesef kader suçlu değil. Keşke bu kadar kolay sıyrılabilsek değil mi?

Bu kadar kolaya kaçabilsek...

"Nasılsa Allah cehenneme gönderecekmiş beni. Ee? Ben niye uğraşayım ki? Nasılsa cehenneme gideceğim..."

"Nasılsa Allah nasip etmeyecek. Eee? Ben deli miyim deli gibi çalışıp savaşayım..."

"Kader kader. Oturayım bekleyeyim, sabır bu değil mi? Artık hayırlısı..."

Tüm bu soruların cevapları için öncelikle kendinizle yüzleşmeye hazır olmanız gerekir. Dışarıya değil kendinize dönüp bakmaya.

Çünkü dışarıda olan biten her şey, aslında sizin içinizde olan bitenin aynaya yansımış halinden başka bir şey değildir...

Kaderin ne olduğunu anlatamam dedi Şems ama ne olmadığını anlatabilirim...

Kader hayatımızın önceden çizilmiş olması demek değildir. Bu sebepten, "Ne yapalım, kaderimiz böyle..." deyip boyun bükmek cehalet göstergesidir. Kader yolun tamamını değil, sadece yol ayrımlarını verir. Güzergâh bellidir ama tüm dönemeç ve sapaklar yolcuya aittir. Öyleyse ne hayatının hâkimisin, ne de hayat karşısında çaresizsin.

– Şems-i Tebrizi

"Hayat bir okuldu ama insan ta ki gün gelip de bir acıya düşene dek "öğrenmek" istemiyordu... İşte bu yüzden de "acı" her hayat müfredatına "zorunlu ders" olarak konuldu..."

– Deniz Erten

Kader Nedir?

"Kader" kelimesi ne demek hiç merak ettiniz mi?

Bizler yol göstermeye çalıştıklarımızla, evlatlarımızla bile "rasgele" kelimelerle konuşmazken, elbette ki Allah bu derece sevdiği, merhamet ettiği kuluna yol göstermek ve her iki dünyadaki hayatını da kolaylaştırmak için gönderdiği kılavuz kitabında kuluyla konuşurken rasgele kelimeler seçmemiştir...

Evet Kuran'da biz idrak etsek de etmesek de her kelime özenle seçilmiştir. Bunu ileri bölümlerde daha fazla detaylandıracağım ama şimdilik daha günlük bir dille anlatmaya çalışacağım...

Kader kelimesi KDR kelimesi kökünden gelen bir kelime olup, "takdir edilen" ve "ölçü, mizan-tartı, ölçüsü tayin edilmiş" gibi anlamlar ihtiva eder. Mukadderat da bu aynı kökten türemiştir...

Biz okula giderken çok çalıştığımız dönemlerde teşekkür veya takdir alırdık değil mi?

İşte bunun gibi düşünün, aslında temelde aynı şeydir kader de. Dünya yaşantımız, bizim bu dünyaya gelme misyonlarımızın diplomasını aldığımız bir okul mahiyetindedir. Burada kazandığımız her öğretiyle, buradan naklolacağımız diğer yaşamsal etaplara geçeriz. Ancak işin acı yanı idrakimiz ve aldığımız öğretiler burada kazandıklarımızla sınırlı kalacaktır. Yani ölümü tadınca nefsimizin ve diğer sonsuz yaşama geçtiğinde ruhumuzun, burada kazandığımız ilmin üstünde bir açılımımız maalesef olamayacaktır...

Hadi biraz örneklerle derinleşelim ve iki tür kader anlatımını idrak etmeye çalışalım...

Veba olan yere gidilmesin diye emir veren Hz. Ömer, "Ya Ömer! Allah'ın kaderinden mi kaçıyorsun?" diye soran arkadaşına, "Evet, öyle, ama Allah'ın bir kaderinden kaçarken biz öbür kaderine doğru gitmekteyiz..." diye cevap vermiştir.

Ne muhteşem değil mi?

İslami yani bana sorarsanız "hayati" kavramlara (çünkü İslami felsefe temelde teslimiyettir ve her insanın hayatı kavrama metodudur ama "İslami" kavramı da kalıplara kurban edilmektedir) halihazırda süregelen "kalıp"lı bakış açısını aşamamışlık "ilmi işaretleri" gözden kaçırmaya ve insanın kendi hayatını kendi elleriyle kâbusa çevirmesine sebep olur.

Hz. Musa'nın Rabb'ine sormasına ve "olmayacak" cevabını almasına rağmen çocuğu olsun diye Rabb'inden ümit kesmeyen, O'nun her an yeni bir şanda olduğunu ve her şeye kadir olduğunu içselleştirmiş, bu yüzden Allah'tan çocuğu olmasını dilemeye ve dua etmeye devam eden kadının, Musa'nın şaşkınlığında bir evlat sahibi olmasını anlatan hikâye gibi.

İşte ilmimiz olsa da hikmetimiz yoksa Allah'ın her şeye kadir olduğunu unutup nasıl da "sınırlı insan aklımızla" "olmazlara" endeksliyoruz kendimizi...

Değişmeyen ve cüzi iradeyle değişebilen kader anlatımlarında insan, düşünme yapısı gereği de olumsuz düşünmeye ve benliğini kusursuz görmeye meyilli olduğundan hep "kader mağduru" olduğu yönünde kendini telkin eder.

Evet kadere rıza çok önemlidir ama başına o sıkıntının gelmemesi için aynı oranda çaba göstermen de Allah tarafından sana verilmiş ilahi bir emirdir ve biz burada irade ile değişebilen kader olasılıkları üzerinde duracağız.

Şimdi bu anlatımlara dayanarak insanların en çok "karıştırdığı" şu iki mefhumu birbirinden ayıralım:

"Allah'ın istemesi" ve "Allah'ın razı olması"... Tüm bunlara geçmeden önce şunu açıklayalım: "Tüm filler Allah'ındır..."

"Halbuki sizi de yaptıklarınızı da Allah yaratmıştır..." (Saffat 96) Yani fiilleri yaratan Allah'tır. Ancak karşılaştığımız olaylarda hangi yolu seçeceğimizi tayin etme iradesi Allah tarafından (imtihanımız için) bize verilmiştir...

Yani lisedeysen "fizik" dersi alacağın tayin edilmiştir ama çalışıp çalışmamak sana kalmıştır... Sen çalışma niyetindeysen gayretindeysen de Allah o yöndeki fiilleri yaratır...

Biz gerçekleştirdiğimiz iyi ve kötü fiillerde hep şöyle düşünürüz: "Allah istedi de yaptım, sonuçta Allah istemeseydi yapamazdım değil mi? Hah, demek ki bu kaderde varmış..."

Ah ah! Keşke bu kadar kolay olsa...

Olayları değerlendirirken ve fiillerimize karar verirken bundan sonra şöyle düşünebiliriz: "Oysaki Allah'ın İSTEMESİ ayrı bir mefhumdur, Allah'ın RAZI olması ise apayrı bir mefhumdur."

Yani...

Ben yanlış bir fiil yapmaya niyetlendim ve yaptım diyelim... Bu fiili yapmama Allah'ın müdahale edip engel olmaması yani bu fiili yaratması ve bu niyeti irademle seçmeme izin verilmesi, Allah'ın bu hatalı fiili yapmamı "istediği, murat ettiği" anlamına gelmez. Hele ki bu durumdan RAZI olduğu anlamına hiç gelmez...

Benim tüm sayılı olasılıklar içinden iradi seçimim, benim kaderimi oluşturur. Yani "kader (takdir edilen)" yine benim iradi seçimimden dolayı doğmuş olacaktır. Bu o an itibariyle, o sonucun doğması sebebiyle, yazılmış kaderim (kaza) haline gelecektir ancak bu, bu olayı Allah'ın bizim irademizi bağlayarak "yazmasından" ötürü değil, tam tersi bana verdiği irade özgürlüğünde benim o fiili yapmayı "seçmemden" ötürüdür. Cüzi irademle yaptığım benim tercihimdir. Çalışırsam takdir alırım. Bu da bana yazılı bir plaketle dönem sonu verilir. Çalışmaya niyet etmiş, o yönde fiiller uygulamışımdır ve bu yüzden bu takdiri almışımdır. İşte o yazılı olan benim iradi seçimim, dolayısıyla takdir edilen sonuçtur. İşte buna da kader denir...

Birer kukla olmamız istenseydi bizlere özgür irade de verilmezdi... Eğer zaten iradesizsek fiillerimizden dolayı "sorumlu" tutulur ve hesaba çekilir miydik?

Allah sınırsız adildir.

Bu anlayış şuna benzemez mi? Yukarı da kısaca bahsettiğim, Kuran'da anlatılan Âdem ile Havva kıssasında, şeytanın kendi hatalı fiili sonrasında Allah'a söylediği "Beni sen azdırdın!" anlayışıyla kaderi algılamak, aslında bize, bu şekilde düşünen ve yapanın şeytanlaşmış bir anlayış sahibi olduğunu ve bu şekilde düşünmenin yanıltıcılığını ortaya koymaktadır...

Konuya tekrar dönelim. Hatalı fiili işledim ve fiilimin evrensel mekanizmada bir "karşılığı" var. Çünkü bu kuantum evrende, her bir hareket bir zincir reaksiyonu (domino etkisi) oluşturur ve evrensel düzenekte yapılan her amel "karşı bir amelle" dengelenir...

Yani şöyle düşünün, her şey basit bir fizik kanunu gibidir.

Madde ve mana bizlere yansıtılmaya çalışıldığı gibi birbirinden ayrı kavramlar değildir!

Bir fiilin maddi (fiziki) etkisi muhakkak varsa maddi tepkisi vardır. Suya taş attığınızda suda yayılan dalgaları durduramayacağınız gibi madde ve mana açısından "etki tepki ve dönme" üzerine kurulmuş bu evrensel düzenekte de yaptığınız bir fiilin karşılıksız kalmasını sağlayamazsınız. Beş duyumuzla mana âlemindeki bu tepkileri biz göremesek bile bu, mana âleminde bir tepki olmadığı anlamına gelmez.

Âmâ olmamız güneşin yokluğu anlamına gelir mi?

Evrende "sünnetullah" adı altında, Allah'ın kanunları olarak izah edilen kurallar bütünü budur. Ve anlaşılması da bu derece kolaydır aslında, aynı fizik gibi...

Bu yaratılışın ve işleyiş kurallarının da anlatıldığı Rahman Suresi'nde çok kısa ve öz bir şekilde anlatılıyor:

"İyilik yapanın CEZASI iyiliktir. Kötülük yapanın CEZASI kötülüktür..."

Burada yine anlam karmaşasının sebebi CEZA kelimesinin kullanım dilinde gereği gibi ve doğru anlaşılmamasındandır: CEZA kelimesi "karşılık" demektir...

Yani ceza kavramı dilimizdeki kullanma biçimiyle ifade edilmez Kuran'da. Ceza kavramı, Kuran'da kullanılma şekliyle bizdeki gibi menfi, olumsuz bir anlam içermez... Ceza kısa ve öz "karşılık" demektir. Bir fiilin hemen ertesinde o fiile bağlı otomatik olarak oluşan bir fiildir...

"Yaptıklarının evrensel mekanizmanın otomatik işleyişindeki karşılığı" anlamındadır...

"İyilik ederseniz, kendinize iyilik etmiş olursunuz. Kötülük ederseniz, kendinize kötülük etmiş olursunuz." (İsra 7)

"Size bir musibet isabet ettiği zaman işte o, ellerinizin kazandığı (yaptıklarınız) sebebiyledir. Allah birçoğunu da affediyor." (Şûra 30)

Söylemek istediklerimizi bu ayetler özetliyor.

Yani, zaten "dönme" üzerine kurulu bu evren otomatik olarak fiilinle aktive olur ve fiilinin etkisi senin tahmin edemeyeceğin bir karşı tepkiyle sana geri dönecektir.

Aynı bir "yankı" gibi... Aynı bir "ayna" gibi...

Karşındakinde kendi yaptığın fiilin yansımasını göreceksin... Neden mi?

Çünkü evrensel düzenek bu şekilde kurulmuş. Tek kurtuluşun Allah'ın o fiili affetmesi ve iptal etmesi (örtmesi), bunun haricinde bu karşı tepkiden kaçış yoktur. Ama temel anlayışta açığa çıkardığın her enerji gibi onu nötralize edecek bir karşı tepki enerjisiyle muhatap olman kaçınılmazdır ve fizik kurallarına aksi bir durum ne kadar aykırıysa evren kurallarına da o kadar aykırıdır...

Tabii ki tövbe, sadaka gibi mekanizmalara ve bu fiillerin örtülme ve sonuçlarının Allah'ın affına uğramasına "Peki ne yapmalıyız?" konusunda değineceğiz, bunlar da peygamber efendimizin ifade ettiği, "Kaderin değişmesi de kaderdir!" başlığına düşer...

Şimdi...

Allah'ın İSTEMESİ konusuna geri dönelim...

Allah eğer hepimizin üzerinde hidayeti üzere olmasını istese, yani murat etseydi zaten buradaki varlığımız anlamsızlaşırdı...

Hatta hadiste geçer: "Eğer siz günah işlemeseydiniz, Allah sizi helak eder ve yerinize, günah işleyip, peşinden tövbe eden kullar yaratırdı." (Müslim hadisleri tevbe bölümü /9-10-11)

Bu konu derin bir konudur ve ileride RAB kavramında bunun ne demek olduğunu izah edeceğiz, o yüzden izahı oraya bırakıyorum...

Bizler imtihanlarımız gereği, irade özgürlüğü verildiği için yanlış fiilleri seçebilme iradesi verilmiş varlıklarız... Burada bir konuyu tekrar izah edip bu noktadan sonra anlatımı o şekilde değerlendirmenizi rica edeceğim... Bizlere fiili seçme iradesi verilmiştir... Seçtiğimizi ise Allah yaratır... Ve işte bu yüzden İslamiyet niyeti esas alır, biz "Ben yaptım!" desek de fiillerin yaratımı sadece Allah'a aittir... Ama günlük dilde bu şekilde düşündüğümüz için işin hakikatini belirtip "anlaşılsın diye" günlük dilde devam edeceğiz...

Ayet-el Kürsi'de dediği gibi, "illa bi izni-hi" yani "O'nun izni olmadan hiçbir şey olmaz..." Tartışmasız...

Demek ki Allah, bizim irademizle hatalı fiiller işlememize, imtihanlarımızın yerini bulabilmesi adına "izin" verir... Aksi halde irademize müdahale etmiş olurdu. O zaman imtihanın amacı yerini bulmazdı. Çünkü herkesin fiiline müdahale eder ve iyi şeyler yapmalarını sağlardı, o zaman doğru-yanlış ayrımı yapmamıza gerek kalmazdı...

Hatta burada bir şey belirtmek isterim... Büyünün dinimizde bu derece büyük günah olması, insanın "iradesine müdahale" içerdiği içindir... Allah dahi kuluna cüzi irade vermişken bir başkası hangi hadle buna müdahale etmeye çalışabilir ki?

Devam edersek, Allah'ın seçtiğimiz yanlış fiillerin olmasına izin vermesi O'nun bu fiillerden "razı" olduğu anlamına gelmez... Hem kendimize hem başka bir kula veya kullara verilen zarardan dolayı Allah'ın razı olmasından bahsedilemez...

Bir şeyin olmasına, evrensel düzenekteki imtihanımız gereği "izin verilmesi" ayrı şeydir, Allah'ın o şeyden "razı olması" ayrı şeydir, Allah'ın bir şeyi "istemesi" yani "murat etmesi" ise apayrı şeydir...

Biz bu kavramları birbirinden ayırt edemediğimiz müddetçe neyin "kader" olduğunu anlamamız mümkün değildir...

Şöyle düşünelim, teşbihte hata olmaz...

Anneniz sizi büyütürken gece vakti sizin dışarı çıkmanıza izin veriyor. Şimdi buradaki izin yanlış bir davranış yapmanıza verilen bir izin midir? Hayır... Ama siz hatalı bir fiil yapıyorsunuz. Çünkü iradeniz o yönde. Eve geldiğinizde anneniz bunu öğreniyor ve size birkaç gün evde oturma cezası veriliyor mesela. Neden? Çünkü size verilen izin içinde siz iradenizle yanlış olan bir fiili seçtiniz ve bu bir sonuç, ceza, karşılık doğuruyor. İşte evde oturma yaptırımı da sizin için "takdir edilen" oluyor.

Bilirsiniz ki anneniz işlediğiniz hatalı fiilden razı değil. Bir başkasına zarar verdiniz diyelim. Evet bu annenizin sizi sevmesini engellemez, çünkü ondan bir parçasınız. Ama bu yaptığınız fiilden razı da olmaz. Ki zaten o fiili işlerken O sizinledir. Yaptıklarınızdan haberdardır. Görür ve işitir. Fiilinizin evrensel karşılığı olan bedeli ödememek için nasıl ve nereye kaçacaksınız ki?

Özetle, bizler imtihanlarımız gereği irademizle doğru ya da yanlış seçimler yapmaya izin verilmiş varlıklarız. Fiillerimizin sonuçları olacaktır, aynen toplum halinde yaşadığımızda birinden çalarsak karşılığının hukuk önünde ödeneceği sonucunu doğurması gibi. Bir yerde kurulu bir düzen varsa orada o sistemin doğru işlemesi için takdir edilmiş bir hukuk da vardır. Bu bir ülke için geçerli olduğu gibi Allah'ın kurduğu kâinat düzeni için de geçerlidir. Ülkede (görünen/zahir) kanun koyucu Allah'ın kulu insanken, kâinatta kanun koyucu ve hükümdar Allah'tır. Kaderimizi yapmayı seçtiğimiz fiilin evren tarafından kesilmiş "karşılık tepkisi-cezası" olarak görürsek kaderin merkezinde kendimiz, idrakimiz ve fiillerimizin olduğunu daha iyi kavrarız...

Allah'ın bir fiilin olmasına izin vermesi o fiili murat ettiği ve o fiilden razı olduğu anlamında değildir. "O istemeseydi bunu yaşamazdım! Bu olmazdı!" tezi işte bu yüzden çürüktür...

O, bu duruma rıza göstermez, murat etmez, ama senin imtihanında iradeni ve seçimini görmen için bunun olmasına sistem için "izin verir", bütün mesele budur. Çünkü senin her bir fiilinle tüm sistem yeniden yapılanır. O'nun için söylenen "O her an yeni bir şandadır!" ifadesi bir açılımıyla bu anlamdadır.

Ve bir günahından veya sevabından denizler dibindeki midyelerin bile sende hakkı olduğu ve seni sorumlu tutacağı anlatımı da bu yüzdendir. Çünkü her bir fiil tüm sistemi etkiler. Bir fiil yüzünden tüm sistemde bir zincir reaksiyon oluşur... Çünkü temelde herkes Bir'dir ve ayrı olmak "birimsellik, parçasallık", sadece bir "illüzyon", bir "algı yanılgısıdır". Her bir fiil bir parmağınıza saplanan kıymığın tüm vücudunuzu etkilediği gibi her birimizin yaşadığı bu tek vücut olan kâinatı, yani her birimizi, bir vücudun hücreleri gibi olan bizleri, aynı oranda etkiler.

İyi veya kötü fiillerin karşılıklarının belirli bir zaman sonra görülmesi de o döngüde her bir parçanın bu etkiden etkilenip bir sonraki fiili tetiklemesi yüzündendir.

Vücudunuzda bir yerinize bir şey olduğunda ya da bir operasyon geçirdiğinizde bir bakarsınız başka yerlerinizde başka oluşumlara sebep olmuştur... Bu tek vücut kâinat için de farklı değildir...

İşte bu durum da, aslında kurbanı olduğunu düşündüğün şeyin failinin de sen olduğunu, gördüğün mükâfatların da yine senin doğru adımlarından ötürü, sana (evrensel döngünün zamanlamasıyla) döndürüldüğünü ya da döndürüleceğini anlamanla neticelenir... Ezelde sana verilen ismin "katil" bile olsa, iradenle nefsinin olumsuzluklarını katletmeyi seçersen hidayete eren, saparak başka bir canı katletmeyi seçersen de dalalete düşen olursun. Allah'ın 99 esmasından birinin El Adl yani ADİL olduğunu unutmak, kendi kusurunu O'na yüklemeye çalışmak hatanı fark edip tövbe etmekten alıkoyduğu gibi, kayboldukça kaybolmana sebep olacaktır...

Allah kulunu kulu aracılığıyla ödüllendirir ve cezalandırır denir. Yaptığımız bir hata sonucu hatayı yaptığımız kişiden değil ama Allah'ın bambaşka bir kulundan gelen döngüsel "karşılık" bizim hatalarımızla ya da hayırlı fiillerimizle "kader" adı altında yüzleşmemizden başka bir şey değildir...

Hep bahsedilen bu "kuantum evren" böyle işlemektedir. Son yıllarda her yerde duyduğumuz ama "Kuantum ne demek?" diye sorduğumda tam cevabını alamadığım bir soru...

Kuantumun sözlükteki anlamı "bir dalganın olası değer kümelerinden biri" olarak geçer. Atom düzeyi veya atom altı parçacıkların fizik kurallarını tanımlamakta kullanılmaktadır...

Teorisi ise, dünyanın cevabını bulabilmek için yıllardır uğraştığı "atomik olaylardaki enerjiyi açıklamaya yarayan bir fizik teorisidir".

Kuantum düşünce teorisi bedenimizin "bir enerji denizi" olduğunu söyler ve bir bilinç seviyesi yerleştirmek için kurgulanmış sözel ve imgesel oluşumlar içerir...

Sözlük anlamına gelince, olayın en muhteşem noktası buradadır: "Bir dalganın olası değerlerinin alt değer kümelerinden biri." Kelime anlamı olaraksa "miktar" demektir...

İleride aslında, insanın bir "dalga boyu", yaptığı seçimlerinin "olasılıklar zinciri" ve anlamı "miktar, ölçü" anlamına gelen KADER'inse bu olasılıklardan iradeyle seçilmiş "bir" tanesi ve zincir reaksiyonları olduğunu hep beraber anlayacağız. Kuantum gibi kader de kelime anlamı olarak "ölçü, miktar" demektir...

Ne tesadüf! Değil mi?

Şems-i Tebrizi

Şems-i Tebrizi'ye bir gün kendini çok bilgi sahibi sanan bir şahıs gelir. Bakar ki Şems kerpiçlerle bir şeyler yapmaktadır. Ev gibi, küçük bir kulübe gibi bir şeyler yapmaktadır. Bir müddet hazreti seyreder,

Şems hazretleri geldiğinin farkında değildir gelenin. Çünkü işine ibadet aşkıyla sarılmış, hem zikri harfiyle meşgul olmaktadır.

Gelen, aksırarak geldiğini haber verir. Hazret kolunun altından şöyle bir bakar, gelenin halinden ne olduğunu az çok çıkarır ve der ki:

"Efendi, öksürükten sonra hamd et ki, verene şükrünü eda etmiş olasın."

"İnanmıyorum ki!" der adam.

Şems hazretleri şaşırır ve "Nasıl yani?" der.

"Ne var ya canım? Yani inanmıyorum ki!" der. "Ben sana sormaya geldim" diye ısrar eder gelen.

Şems hazretleri şaşırır, elindeki işi bırakır, "Hayırdır, ne sorusu?" der.

"Benim sana üç sorum olacak. Bu soruları cevaplamanı istiyorum. Beni sana gönderenler, senin bu konuda ehil olduğunu söylediler. Bakalım cevaplayabilecek misin?"

Şems-i Tebrizi hazretleri şaşırmıştır ama hazırlıklıdır da. Çünkü hep böyle şeyler olur, her dönemde. "İyi sor bakalım" der.

"Yahu Allah var, var, var diyorsunuz. Hani? Bir gösterin de inanalım?"

Hazreti Şems hafifçe tebessüm eder ve "Diğer sorunu sor bakalım" der.

"Madem ahiret var, madem herkes yaptığının cezasını ahirette çekecek, e o zaman bırakın dünyada herkes istediği gibi yaşasın efendim. Niye müdahale ediyorsunuz, niye?" deyince, Hazreti Şems-i Tebrizi tekrar susar bir müddet ve "Diğer sorunu sor bakalım" der.

Gelen, şöyle biraz durulur, düşünür ve üçüncü soruyu şöyle sorar: "Şeytanın ateşten yaratıldığını söylüyorsunuz. Peki onun cehennemlik olduğunu da söylüyorsunuz siz. Ateş ateşi yakar mı? Nasıl? Bak nasıl şaşırdın. Hadi cevap ver bakalım?" diye de ısrar eder.

Hazreti Şems, karşısındakinin koyu, katı bir inkârcı olduğunu fark etmiştir. Yine tebessüm eder ve az önce uğraştığı kerpiçlerden birini alır ve adamın kafasına yallah boca eder. Adam, "Anam, anam, kafam, ne yaptın? Başım, başım, imdat! Cankurtaran yok mu? Adama kastediyorlar, cana kastediyorlar..." diye feryat figan bağırmaya başlar.

Hemen etraftan yetişirler. Apar topar adamı alırlar. Hadi bakalım devrin kadısına. Kadının huzuruna çıkınca, bir tarafta Şems-i Tebrizi hazretleri, diğer tarafta bizim inkârcı...

Adam, "Efendim, bu benim başıma kerpiçle vurdu. Başımı yardı. Başım çatlayacak gibi ağrıyor. Ah ah ah!" diye şikâyetini belirtir.

Kadı, Şems hazretlerine döner, "Niye vurdun bunun başına durup dururken?" diye sorgular.

Tebessüm eder üstat, "Ben sorularına cevap verdim, vurmadım ki" der.

"Ne? Anlamadım. Nasıl sorularıma cevap verdin canım? Böyle mi cevap verilir?"

Kadı müdahale eder, "Dur bakalım, dur. Ne sordu ve nasıl cevap verdin?" diye sorar.

Hazreti Şems der ki: "Bu diyor ki –hâşâ– Allah yoktur. Şimdi başının ağrıdığını söylüyor."

"Evet, başım ağrıyor" diye müdahale eder bizimki.

"E o zaman başının ağrısını bana göstersin, ben de ona Allah'ı göstereceğim."

"?!"

"Efendim, ikinci soru olarak; madem herkes ahirette cezasını çekecek, bırakın canı istediği gibi yaşasın dedi. Benim de canım bunun kafasına kerpiç vurmak istedi. Kalkıp vurdum kafasına. Madem ahirette ceza çekeceğiz, şimdi beni niye sorguluyorsunuz da benden şikâyetçi oluyor?" der.

Kadı tebessüm etmeye başlar, bizimki iyice zıvanadan çıkmıştır. Hazreti Şems, "Üçüncü kez de dedi ki, şeytan ateşten yaratılmıştır. Ateş, ateşi yakar mı? Ben de o sorusuna cevap verdim: İnsan da topraktan yaratılmıştır. Toprak, toprağa zarar verir mi? Vurduğum şey kerpiçti. Madem öyle niye canının yandığını söylüyor?"

Kadı, Hazreti Şems'teki bu kıvrak zekâya ve göstermiş olduğu bu güzel âlicenap harekete bahtiyar olur. Çünkü bir sergerdeye verilebilecek en güzel cevapları vermiştir. Adama dönerek, "Sorduğun sorulara hem zahirde uygulamalı olarak, hem de batında teorik olarak cevap vermiş. Bunda şikâyetçi olacak bir şey yok!" deyiverir.

Bizimki, "Ama benim başım ağrıyor, canım yandı..." demeye devam ederken, "Atın bunu dışarıya!" der kadı.

"Ezber edilmiş" değil "öğrenilmiş" sevgiler yaşayın... Böyle doğan "hakiki sevgi" sizi önce kendinizle buluşturur...

II.
ZAMAN

Evrenin genişleme hızı o kadar kritik bir orandadır ki, Big Bang'den sonra birinci saniyede bu oran eğer, yüz bin milyon kere milyonda bir daha küçük olsaydı, evren şimdiki durumuna gelmeden kendi içine kapanarak çökerdi.

–Stephen Hawking

Başarımın tarifini
Yitirdiklerim mi yapmış
Hiç mi iyi şey yapmamışım
Ben bu hayatta
Geçen yıllar beni mi
Aynaları mı yıpratmış...
Nasıl kalmışım söyle
Bunca zaman ayakta...
Aklım yalancıymış...
Kalbim hırsız...
Ruhum yalnız...
Bütün bu kalabalıkta...
Nereye sığarım ben Koskoca âlemde
Madem iki dünyada da
Bana yer vermiyorlar...
Zamansızım...
Zaman...sızım...

– Deniz Erten

Zaman ve An Kavramı

Zaman geçiyor deriz... Yanılırız... Aslında zaman geçmez... Biz zamanın içinden geçeriz...

Zaman nedir biliyor musunuz?

Zaman bence ZANNEDİLEN AN'dır...

Zemzem suyunu muhakkak bilirsiniz, belki de eskiler Farsçadan gelen "zeman" kelimesini "dur" anlamına gelen ZEM ile AN'ı ifade etmiş olmak için böyle kullanmıştır. Kimbilir...

Biz kendi hayat kesitimizdeki "durmuş" AN'lara zaman diyoruz aslında.

Aynı bir fotoğraf albümü gibi kare kare "durmuş" AN'larımızın fotoğraflarına bütün sayfaları hızla çevirerek baktığımızda bir film gibi aslında "durmuş" AN'ların hızla aktığı bir kavram ortaya çıkıyor...

Zaman kelimesi, zemanken ve "eskime, bir nesne üzerinden sürenin geçmesi, eskiye karışan süre" gibi somut anlamlarda kullanılırken halihazırda soyutlaşarak "zaman" adı altında "vakit" kelimesi karşılığı olarak kullanılmaktadır...

Zaman konusunun bu derece önemli olması ve aslında tam olarak neyi ifade ettiğinin idraki, hayatımızı anlamamız için bir mecburiyettir. Aksi halde akan fotoğraflar arasında nerede durduğumuzu bulamayacağımızdan kaybolup eskiriz...

Zaman "kader" konusunun anlaşılması için şarttır. Kader konusunda yüzyıllardır sıkışıp kaldığımız ve bu yüzden de hayatımızı bu yönde hakiki bir anlayışla yapılandıramadığımız içindir aslında kayıplar yaşamamız...

"İnsanın iradesi var mı?" "Allah'ın bir şeyi istemesi yani murat etmesi..." "Allah'ın bir şeyden razı olması..." gibi konuların bilincimizde bir raya oturamamasının temelinde ZAMAN kavramının tam anlamıyla anlaşılmaması yatar aslında...

Neden mi?

Kader YAZILMIŞTIR dendiğinde:

"Yahu yazılmış bu kader, zaten cehenneme gideceğim belli ne diye uğraşayım? Yan gelir yatarım..." anlayışı işte tam da burada devreye girer...

Aslında bu vesveseyi veren aldatıcı şeytandır. Şeytan insanları yine "fikirlerle" yollarından saptırır...

"Nasılsa yazılmış. Ne yapsan boş. Kadermiş onu öldüreceği, boş ver. Otur bekle zaten belli her şey..."

Şimdi bu durumu detaylandıralım...

Zaman Nedir?

(Bu konuya da başlamadan evvel zaman derken zaman ve mekânın birliği sebebiyle "uzay-zaman" kavramı kastedildiği ancak güncel dile "teknik" kalan bu ifadeyi özellikle kullanmadığımı belirtmek isterim.)

Zaman, esasında olayları algıladığımız bir tür SIRALAMA'dır... Biz insanların, içinde yaşadığımız boyut gereği "dün, bugün ve yarın, geçmiş ve gelecek" vb. ayrımlar vardır... Ve bunlar bir sıralama içinde akar...

Şimdi daha derinleşelim...

Bizlerin bir cismi görebilmemiz için o cisimden "ışık sayesinde" gelen görüntünün gözümüze ulaşması gerekir... Cisim bize ne kadar uzaktaysa onu o kadar geç görürüz...

Daha enteresanı şu anda derinine detaylandırmayacağım ama, göz retinamız cisimleri "tersinden" algılar. Yani diyelim karşımızda ayakta duran bir insanın görüntüsü retinamıza "ters dönmüş" olarak yansır esasında, ancak gözümüz tarafından beynimize nakledilen bu görüntüyü beynimiz düz hale çevirir... Neyse bunları şimdilik geçelim ve asıl meseleye dönelim...

Kader Siz misiniz?

Kozmos... Kaosun tam tersi anlamında kâinattaki düzen, kanun, sistem anlamına gelen ilginç kelime... Kısaca buna ne ad koyarsanız koyun kozmos, Allah'ın varlık âleminin düzeni için koyduğu kurallar yani Sünnetullah'tır... İşte kader kavramını, kozmosla ilgili birkaç kitabı ve Einstein ile Stephen Hawking'in bu konudaki yorumlarını ve tespitlerini okurken idrak etmeye başladım... Nasıl mı?

Yıldızlara baktığımızda ışıkları bize milyonlarca yıl öteden ulaşmaktadır ve o ışıkların bize ulaşma sürecinde çoğu çoktan yok olmuştur bile... Yani biz onları görüyor ve var sanıyoruz. Oysaki gördüğümüz sadece ışıkları olabilir. Yıldızların, yaydıkları ışık sayesinde görüntülerinin bize ulaştığı bu süreçte, belki de milyonlarca yıl önce çoktan kara deliğe dönüşmüş ve yok olmuş bir yıldızı "var gibi" görmekteyizdir... Daha da güncel bir örnek verirsem daha çok şaşıracaksınız. Aslında aynaya baktığımızda bile kendi görüntümüzün gözümüze ulaşması ışığın kırılması neticesinde bir süreç içinde gerçekleştiği için saniyenin belirli bir kesiti derecesinde olsa da, o görüntü bize bir gecikmeyle yansır... Yani, kısaca, aslında biz aynaya baktığımızda tam o anki halimizi değil bir süre önceki halimizi görürüz. Kısacası aynaya baktığımızda biz aslında kendi GEÇMİŞİMİZİ görürüz...

Hatta bilimadamlarının, kâinatın, gözlemci olan insanın kendine baktığı anda yaşadığı bir anlık bir gecikme olduğuna ilişkin anlatımı hakikaten düşünmeye değerdir...

Kaderi anlamak için zamanı araştırmaya başladığımda etkilendiğim konulardan biri, güneş ışınlarıyla ilgiliydi. Güneş ışınları, dünya ile arasındaki mesafeden dolayı dünyamıza tam 8 dakika geç geliyordu. Ay'ın ışınlarıysa aşağı yukarı 1,2 saniye kadar sonra ulaşıyordu bize.

Demem o ki güneş ışınları dünyaya yani bize 8 dakika sonra ulaşıyordu, yani Allah korusun, güneş az sonra yok olacak olsa biz hâlâ 8 dakika daha önceki güneş ışınlarını görmeye devam edecektik. Evet, güneşin yok olduğundan onun yok olmasından ancak 8 dakika sonra haberdar olacaktık...

İşte tüm bunlar içinde "Allah katındaki zaman anlatımı" anlaşılmadan kader gerçekten anlaşılamayabilir.

Hatta "insanın katındaki" zaman ile "Allah'ın katında" bulunan ve AN diye adlandırılan zaman ötesi hakkındaki ayette şunlar geçer: "Ve azabı senden acele istiyorlar. Ve Allah, asla vaadinden dönmez. Ve Rabbinin katındaki bir gün, sizin saydığınız bin sene gibidir." (Hac 47)

Allah katında zaman ötesi AN denilen bir boyutta, her şey bir AN'da olup bitmiştir. Bizim boyutumuzdaki zamanı "sıralamayla" algılamamız sadece "bizim" üzerimizde bağlayıcıdır. Allah bizim kendi iradi seçimlerimizle ne yapacağımızı, seçeceğimiz her ihtimalde evvel ve ahirin de sahibi olması sebebiyle zaten bilir... "Gelecek" dediğimiz zaman dilimine ait her bilgi de O'nun katında halihazırda mevcuttur, çünkü zaman sadece biz mahlukatı kayıt altına alan bir mefhumdur. Ancak âciz varlıklar olan bizler, o sıralamaya tabi boyutta yaşayan kişiler olarak, neyle karşılaştığımızda ne yapacağımızı henüz bilmemekteyiz. Çünkü bedensel sınırlamalarımız neticesiyle kendi zaman dilimlerimizin kısıtlamasına, kayıtlarına tabiyiz...

Size tuhaf gelebilir belki ama şöyle bir örnek de verebilirim...

Biz kulların katında canlı yayında olan evren, Allah katında çoktan olup bittiği için bir anlamda " banttan yayındadır".

Tüm iradeler seçimlerini yapmışlardır, yayın bitmiştir. Biz kullarsa neyle karşılaşacağımızı, neyi seçeceğimizi henüz bilmeden canlı yayına katılırız ve her şeyi sanki halihazırda o anda oluyor, ya da olmakta gibi algılarız...

Arşive çoktan girmiş kaydımız, bizim bu dünyadan götürdüğümüz hafıza kaydımızda yeniden yayınlanacak ve yaptığımız her şey bize yeniden sunulacaktır.

Başka bir örnek daha verelim. Diyelim ki başka bir yıldıza gittik. Oradan dünyaya baktığımda mesela Fransız Devrimi[4] dönemini görüyoruz. Fransız Devrimi'nde kimin nasıl yol aldığı kendi zaman dilimimizde yazılıydı. Biz kimseye müdahale filan etmedik. Ama içinde bulunduğumuz zaman diliminde dünyadaki o zaman dilimini ve sonrasını da bildiğimizden ötürü olacak bitecekleri önceden biliyoruz. Biliyoruz ama, o zaman diliminde yaşayacaklar ne yaşayacaklarını

4 *Bir Solukta Evren'in Resimli Tarihi*, Hamza Yardımcıoğlu'na teşekkürler.

bilmiyor, bizim olduğumuz zaman diliminden göremiyorlar çünkü... Dolayısıyla iradeleriyle doğruyu ya da yanlışı seçip seçmeyecekleri hâlâ kendi iradelerine bağlı ve her iki halde de seçimlerinin sonuçlarıysa halihazırda bizim bilgimiz dahilinde.

Bu durumda irademiz var mı? Elbette ki var! Seçim hakkı var mıydı benim gördüğüm bu insanların? Vardı. Peki fark ne? Biz onların kendi seçimleriyle hangi durumda ne yapacaklarını önceden "biliyorduk" çünkü içinde bulunduğumuz zaman ölçüsü gereği onların geçmişini, bugününü ve yarınını görebilmekte ve bilmekteydik. İşte Allah katındaki ZAMAN, yani AN denilen mefhum da bunun gibidir... Parçalı, sıralı zaman dilimlerinin BÜTÜNÜN sadece O'nun katında olması... Dünün, bugünün, yarının, yüzyıllar sonrası ve öncesinin...

Ama bu bilgiye ve her bilgiye sahip olan Allah'ın sınırsız ilmi kullarının her haline vâkıf, zaten "her an onlarla beraber" ama Allah'ın "irade sıfatından" verdiği kullarının, kendi seçimlerini yapmalarına da o hep bahsedilen "imtihan gereği" izin vermiş durumda...

Hatta Kuran'da belirli ayetler vardır ki, ayetin içinde geniş zaman ve geçmiş zaman aynı anda kullanılmıştır...

Mesela, "Allah onların kalbini mühürlemiştir..." "Siz şunu yapamazsanız Allah böyle yapmıştır..." gibi. Aslında geniş zamanda kullanılan bir zaman kipinin hemen arkasında Allah böyle yapacaktır..." diye geniş zaman kullanılması bizim zaman boyutumuza göre doğru olan olsa da, Allah katında tüm zamanlar AN denilen zaman biriminde dürüldüğünden ve hepsi (dün, bugün, yarın) olup bitmiş olduğundan bu anlatım geçmiş zaman kipiyle kullanılmıştır...

İnsanların doğuştan kalbi mühürlenmiş anlayışı bizi "zaman" kavramını anlamadığımız müddetçe, "Ama hani irade?" sorgusuyla karşılaştırır...

Burada yine pek çok mana açılımı vardır. Bunlarda bir tanesi de şöyledir:

Allah, kulunun, ona her fırsat verilmesine rağmen yine de doğru yola dönmeyeceğini kendi katında bulundurduğu "zaman ötesi an" gereği bilir... Ve kulunun, önüne serilmiş tüm doğruya dönme fırsatlarını yanlış yönde kullanacağıyla beraber onun gelecekteki her halini kendi katındaki zaman gereği halihazırda bildiği için, bu durumda "miştir" geçmiş zaman kipi kullanılmaktadır diye açıklanır bu durum bir açılımında...

Ancak bu durumda geçmiş zaman kipi kullanılması bizlerce tefekkür edilmeden, o kişiye irade verilmediği ve haksızlığa maruz kaldığı anlamında yorumlanır ki bu da gerçekten çok yanlış bir anlayıştır. Bu ayete ilişkin İbnü'l Arabî Hazretleri'nin getirdiği tam tersi yöndeki açılımsa nefes kesicidir... Pir, bu mühürlenmenin sadece günahkârlıkla değil Allah aşkıyla da olabileceğini ve bazı kulların, kul ne kadar hataya düşse de Allah'ın onun kalbini aşkıyla mühürlemiş olması gereği er geç Allah'a döneceği çünkü "aşkın mührünü" taşıdığını belirtir... Bu ne muhteşem bir açılımdır... Her ayetin Celali ve Cemali açılımı olduğunu unutmadan hem olumlu hem olumsuz manası olan ayetlerin belki de siz kendinizi küfre düşmüş ve bitmiş sanırken Allah'ın sizi bir anda kendine çevireceği işareti taşıması nasıl da olağanüstü bir sevgidir Allah'ta kuluna.

Ancak geçmiş zaman kipi kullanılması o kişiye irade verilmediği ve haksızlığa maruz kaldığı anlamında yorumlanır ki bu da gerçekten çok yanlış bir anlayıştır...

Allah bize her fırsatta O'na dönüş fırsatı, doğru yola dönüş fırsatı tanır. Ama zaman ötesi olan AN boyutu, AN kavramı, O'nun katında olduğu için, bize sunulan tüm olasılıklar içinde o fırsatları nasıl kullanacağımızı da bilir... Her şeyin olup bittiği AN'a vâkıf olması, O'nun katındaki zaman ötesi kavrama göre bizim katımızdaki geleceği dahi geçmiş yapar... Ve aslında gelecekte olacak bu konu O'nun bunu önceden bilmesi gereği ve bizlere birer işaret olarak "geçmiş zamanla" belirtilir...

Şunu bilmezsek çok büyük kayba gireriz...

Bizler Kuran'ın yüzlerce yıl önce indirildiğine inanırız. Oysaki herkesin Kuran'ı her an, yeniden kendisine defalarca indirilmektedir...

Üstelik her insan idrak ettiği kadar Kuran'dan nasiplidir. Yani, "Kuran'ın tümü indirilmiş, inzal edilmiş..." dediğimizde, bu anlatım Kuran'ın "evrene" indirildiğinin ifadesidir. Oysa biz ne anlamışsak, bir ayet mi beş ayet mi işte bize indirilen kısmı sadece o kadardır.

İsterseniz defalarca hatmetmiş olun, anlamadığınız Kuran manaları henüz idrakinize hele ki aslen amelinize indirilmemiştir... Bu yüzden o "Oku!" emri öyle derindir ki...

İleride kendi idrakimizce değineceğiz...

Bizler kendimizi Kuran'ın o kadar dışına atmışızdır ki, bir hikâye kitabında bizi ilgilendirmeyen ve yüzlerce yıl önce olup biten bir hikâyeyi bizimle ilişkisi olmadığını düşündüğümüz peygamberler ve şahıslar üzerinden okur ve Kuran'dan "ayrı" sandığımız hayatımıza başka bir anlayışta devam ederiz...

Oysaki herkesin kendi Kadir Gecesi, herkesin kendi miracı, herkesin kendi idraki kadar Kuran'ı vardır... Herkes kendi AN'ını kendi KUR'ar...

Kuran

KUR...AN...

AN'ı KURAN...

Kuran o kadar mucizevi bir kitaptır ki, O'nu idrak etmek için uğraşan herkese her an inmektedir... Ve herkes onunla yaptığı seçimlerle, kendi AN'ını KUR'mak suretiyle kendi gerçeklikleriyle buluşur...

Şekli kalıplarla örülü beynimizdeki "inmek, inzal" gibi kelimelerin göklerden düşen kâğıtlar olduğunu düşünmemiz zaten bizim en büyük kısıtlamamızdır...

"Ayet" dediğimizde ayetin işaret demek olduğunu ve anlamını dahi anlamadan, onun sadece "Kuran sayfalarında yazan satırlar" olarak anlamamız bile bizim Kuran'ı "yaşanacak bir hayat şekli" ve "tek gerçek hazine", "hakiki kurtuluşun metodu, kılavuzu, hatta adres defteri" olarak değil, hikâyeler anlatılan sayfalar bütünü olarak algılama hatamız için kâfidir...

Allah satırlarla değil sadırlarla ilgilenir.

Şuna emin olun ki, Kuran hem gelmiş ve gelecek milyarlarca insanla ve hem de bireysel olarak tek tek sizinle konuşur... Sizin hayatınızda ihtiyacınız olan şeye direkt sizinle muhatap olarak cevap verir...

Nasıl mı?

Çok sevdiğim bir arkadaşım bir gün beni aradı. Onunla Allah ve Kuran üzerine çok sohbetlerimiz olur. Bana aynen şöyle dedi:

"Deniz, bazen insanlar beni anlamıyorlar. Hatta en yakınımdakiler bile..."

Gülümsedim. Yaşamıştım, taşlanmıştım. Ama bu bir süreçti. Zaten peygamberimizin yaşadığı ve bize gösterdiği her olay gibi aslında bize yaşayacaklarımızı ve bu durumda ne yapmamız gerektiğini göstermek için bize sunulmuştu her şey...

Dedi ki bana: "Bir gün erkek arkadaşım o kadar daraltı ki beni bu hususta, yüzyıllar önce yazılmış bir kitabı bu kadar kurcalama. Normal ol. Çık hayatını yaşa. Sen delireceksin delirecek dedi..."

Kuran'ı, Allah'ı ve Peygamber'i anlamak için yola çıkmış herkes bunu yaşamıştır ve yaşayacaktır. İnsan nefsinin ve hakikatin farkına varmaya çalışmadıkça ve bu dünyevi sistemdeki "köleliğinden" kendini bu yolla azat etmedikçe olan biteni anlayamayacaktır...

Bu hep böyle olmuştur ve olacaktır... Yine gülümsedim. "Sonra?" dedim...

"Sonra..." dedi. "Senin dediğini yaptım. Hani dersin ya, sorunun cevabını bulamıyorsan bir abdest al ve Allah'a, bizzat O'na sor. Sonra al eline Kuran'ı ve gözlerini kapatıp bir sayfa aç. İşte orada Allah sen en temiz niyetinle ona yöneldiğin için, sana cevabı verecektir... O seninle kitaptan da ve tüm evren de Kuran'ın kitabı olduğundan da televizyondaki bir replikten, bir arabanın üzerindeki yazıdan konuşacaktır. Çünkü O her yerdedir...

Aldım elime Kuran'ı. İçim öyle karanlıktı ki. Allah'ım dedim, ben yanlışta mıyım? Bana doğru yolu göster. Yoksa ben deliriyor muyum?

Sonra gözlerimi kapatıp, "Bbismillahirrahmanirrahim" deyip bir sayfa açtım. Gözlerim hâlâ kapalı, sayfa üzerinde parmağımı gezdirdim ve sayfanın bir yerinde durdum..."

"Evet?" dedim heyecanla. Ben de yaşamıştım bu gibi olaylar. O'na yönelen herkes yaşar belirli bir süre, özellikle bu yolun başındayken. "Evet... sonra?" dedim.

"Sonra..." dedi. Ve ağlamaya başladı. Sesi titriyordu. "Ona mecnun dediler ayetinin üzerinde olduğunu gördüm parmağımın."

Bunu şu an bile yazarken ayak parmaklarımdan saç diplerime kadar titriyorum ve içleniyorum.

İkimiz de sessizliğe gömüldük ve sessizce gözyaşı dökmeye başladık... Peygamberimiz Allah ilmine vâkıf edilince bu dünyayı tersinden yaşadığımızı fark etmişti... Tersinden yaşanan bir dünyaya tek yönden girersen insanlar üstüne üstüne gelir ve sana mecnun, deli derler...

O sınırsız ilmin şehri bizlerse neydik ki... Ama yine de işte "talip" olma "talebe", "talep eden" olma başlangıcı bile bir direnç görürdü çevrenden...

İşte Allah O'nu bulmaya ve anlamaya çalışan ve dünya düzenine hapsolmuş insanlarla ters düşen herkese, "normal" denilene aykırı olduğu iddiasıyla "deli" deneceğini Peygamber'in şahsından örnekle bize anlatmıştır...

Orada konuştuğu peygamberimiz nezdinde aslında Allah'a ulaşma, varma yolculuğuna çıkan bizlerin yaşayacaklarımızın anlatımıdır. Kuran'ı yalnız peygamberlerle, ne olduğunun pek çok anlamıyla anlaşılmadığı İsrailoğulları kavmiyle, şeytan melekler ve Peygamber'le konuşan bir kitap sanmak evin arka bahçesindeki hazineyi dünyanın dört bir yanını arayıp dolaştıktan ve bulamadıktan sonra evde bulmaya benzer...

Bu olayda Allah'ın kulunu nasıl da kendine yaklaştırıp, O'na sevgiyle yaklaşıp anında acısını dindiren bir cevap vermesinin üzerine söylenecek bir satır, bir söz bulamıyorum... O'nun merhamet ve sevgisinin büyüklüğünden başka bir sözüm yok...

Kader konumuza geri dönersek...

Allah'ın bizim katımızdaki, boyutumuzdaki geçmiş, gelecek, şimdi gibi zaman dilimlerini ayetlerde sözel olarak bir arada kullanması, kul katındaki zamanla, Allah katındaki AN'ın farkında yatar...

Kul her zaman cüzi dediğimiz parçalı-sıralı, birimsel akılla bakar, bu her şeyde böyledir. Mesela bir elbise gördünüz, sağ tarafından vitrine konmuş. Sol yanını göremiyorsunuz ama sağ yanı o kadar muhteşem ki onu istiyorsunuz, o sizin olmalı...

Sonra onu bir alırsınız, bir de ne göresiniz? Elbisenin sol yanı paramparça ve bambaşka renkler ve desenlerle dolu... Bir süre önce deliler gibi istediğiniz şey bir işkenceye dönmüştür...

İşte o elbisenin tümünü ancak yukarıdan bakarsanız görebilirsiniz...

Hayatta her şey gibi zaman da böyledir. Bizler hep kendi tarafımızdan, kendi yanımızdan bakarız olaylara. Oysa "bütünsel resim" bambaşkadır...

Her konuya bütünden vâkıf olmaya çalışmadıkça karmaşamız bitmez. Hatta dileklerimiz de bitmez.

İnsan bazı şeylere bütünden bakabilse aslında kolay kolay bir şey dileyemez...

Her şeyin bedeli o elbisenin baktığımız taraftan önceden görünmemiş sol yanı gibidir. Biz sağ yanına tav oluruz ve sol yanı bize sonradan faturayı keser...

İşte zaman da böyledir...

Ve biz olaylara Allah katındaki zaman ötesi boyut bakışıyla bakmaya çalışmadıkça acılarımız sınırsız, anlayışlarımız sınırlı kalır...

Öngöremesek de "teslim olmak", işte İslami felsefe de burada devreye girer... Sen göremiyorsun çünkü kudretin bu taraftan bakmaya yetiyor. O zaman vazgeç o yanıltıcı cüzi kudretinden ve bütünün kudretine sahip olan, bütün resme sahip olanın "bakışına teslim ol ve bırak kendini".

İşte pek çok insana durumun ne olduğunun aslına vâkıf olmadan "onların kalbi mühürlenmiş" deriz. Herkese göre bir diğeri mühürlenmiştir... Oysa herkesin durumunu kimse değil yalnız Allah'ımız bilir. Belki o şekilde hitap edilen insanlar bizlerden daha sevgilidir Allah katında. Kimin mühürlü olduğunu yalnızca Allah bilir çünkü gelecek bilgisi yalnız O'ndadır veya O'nun bildirmek istediklerinde...

Peygamber efendimize sormuşlar:

"Ya Resulullah (sav), kader değişir mi?"

"Değişir..." demiş. "Ama değişmesi de kaderdir..."

İşte bu açıklama aslında muhteşem bir özettir anlattıklarımıza. Ancak, cehaletimiz ve anlamak için uğraşmamamızdan dolayı, aldatıcı şeytan sisteminin bizi yanıltmaya ve "kurban" olduğumuz hissini vermeye fırsat olarak kullandığı durumlardan biri haline gelmiştir...

Kuran'da ve kutsal metinlerde Allah'ın eleştirdiği gibi "söz gezdiren" ya da "bir göğüste iki kalp taşıyanlardan" olmadan, "lafzen" değil "kalben", samimiyetle Allah'a yönelin... Hatta burada size büyük bir sır ve hayatınızda değişim vasıtalarından en güçlülerinden birinin ipucunu veriyorum... Hayatınızda hiç oruç tutmamış, ibadet etmemiş olsanız bile,

İşaret'in devamında açılımlarda göreceğiniz, bir ilme binaen verilmiş ramazan ve ramazanın son 10 gününü, peygamberimizin o günlerde neler yaptığını araştırın... Ve işaretleri takip edin... Hayatınız için uygulayın... Sonra da bana yazın... Hayretler içinde... bekleyeceğim...

Peygamberimiz ki, ilmin anasıdır, burada yine Allah katındaki zaman ötesi kavram olan AN'da bunların kayıtlı olduğunu bildirmiştir aslında. Ama irademizle bizim katımızdaki zaman içinde değişiklik yapabileceğimiz ve geleceği de bilen Allah tarafından bunun "geçmiş" olarak bilinmesinden ibaret bir durumdur...

Yani irademizle yaptığımız değişiklikler bizim zaman dilimimizdeki ifademizle "gelecek zamanda" olsa da, Allah katındaki tüm zaman dilimlerinin dürüldüğü AN'da hepsi bir anda toplanmıştır...

İşte bu yüzden iradenle gidişatını değiştireceğinin bilgisi de, zaman ötesi bir boyutta olan Allah'ın zaten bilgisi dahilindedir. Ne olacağını cennet veya cehenneme gidip gitmeyeceğini bilmeyen SENSİN... Belki de öyle doğru bir davranış sergileyeceksin, öyle bir sevap işleyeceksin ki hayatın tamamen değişecek ve belki de öyle bir doğru yapacaksın ki kendini kötülüğe yol almaya hapis sanırken aslında İbnü'l Arabî Hazretleri'nin "mühürlenmiş" kalp açılımlarından birini yaşadığını anlayacaksın... Sen "Artık ne yapsam boş, kâfirlerdenim" derken, bir anda bir olayla aslında "aşkla mühürlenmiş" olanlardan olduğunu anlayıp kahrolacak, vicdan azabına düşecek, annesini üzdüğü için acı çeken bir çocuk gibi Allah'tan af dileyeceksin... Canım Allah'ım... Ah canım Allah'ım... Ben seni yanlış anladım... Ben onca kusurum yanında, senin tüm çağrılarına ve sonsuz merhametine rağmen, seni hiç tanımamış ve anlamamışım... Affet...

Ne muhteşem bir hayat... Bir sonraki seçimimizle her şey değişebilir...

İşte bu bilgi yalnız Allah'ın bilgisi dahilinde, çünkü O bu evrene ve dünyaya "her zaman" diliminden bakıyor ve yalnız O her şeye vâkıf...

Sense insansın, zaman ve mekâna tabisin, kısıtlısın... İster şu yıldızdan bak ister bu yıldızdan ancak belli bir zaman dilimine vâkıf olabiliyorsun. Oysa O her zaman dilimine vâkıf. Bu seni iradesiz yapar mı? Asla! Tam tersi bu senin çabalamanı artıracak bir bilgidir. Ne biliyorsun belki de istediğin her şeye kavuşacaksın ama sen o kadar şartlanmışsın ki, vesvese veren şeytan (güvensizlik ve ego sistemi) yüzünden hep "Zaten öyleyse ben bitmişim!" diye düşünmen için o iraden üzerinde negatif, saptırıcı fikirleriyle oyun oynamaya çalışıyor ve sen de bu tuzağa düşüyorsun...

Kaderi suçlayan temelde maalesef Allah'ı suçlar. İşte bu da şeytanın yaptığı "Beni sen azdırdın!" yorumuyla aynıdır. Ebedi mutsuzluğun, cennet anlayışından kendini kovdurmanın yolunu yine kendin seçmişsindir...

Kaza-kader ayrımı ve detaylarına girmeden önce bunu belirtmek istiyorum...

Kader, sonsuz ihtimaller ve olasılıklar arasından kul tarafından seçilen herhangi birine uygulanan değişmez ölçü ve formüllerdir. Kazaysa onların gerçekleşip gerçekleşmediği. Onların gerçekleşip gerçekleşmediği ya da gerçekleşme şiddeti yine senin seçimlerinle etkilenir...

Her seçim, her dua, her sadaka, her adım size kaderinizi değiştirme şansı verir. Ve siz o şansları doğru kullanırsanız kaza yani "hüküm" haline geldiklerinde her an yeni bir şanda, yani yeni bir yaratışta olan Allah; sizin (yine O'nun önceden bildiği) seçimlerinize fırsat tanır... Allah'ın tüm bilgileri nezdinde bulundurması başka bir şeydir, size irade vermediğini düşünmeniz başka bir şeydir. O sizin kukla olmanızı istiyorsa, kendi sıfatlarından biri olan İRADE sıfatını ne diye size versin? O zaman imtihanın sebebi nedir? Allah'ın en önemli isimlerinden el Adl-adalet ismiyle bu anlayış örtüşür mü?

Sınırsız bir ilme sahip olan Allah'ı böyle sığ bir mantıkla anlamaya çalışmak doğru mudur?

"Başınıza gelen herhangi bir musibet, kendi ellerinizle işledikleriniz yüzündendir. (Bununla beraber) Allah çoğunu affeder (Şura 30) derken bu ayan beyan aslında Allah tarafından zikredilmekte, hatırlatılmaktadır..."

Amme Suresi 29. ayette aynen şöyle söyler:

"Ve külle şey'in ahsaynahu kitaba (kitaben)..."

"Biz her şeyi kitapta SAYDIK (yani sayarak yazdık)..."

Nasıl mı? İhtimallere ve olasılıklara göre senin seçiminle hangi yöne gittiğini yazdık. Senin "İRADİ" seçimini de içinde bulunduğumuz zaman gereği "ÖNCEDEN" görebilme kapasitemiz olduğu için "SEN BİLE BİLMEDEN ÖNCE" hangi durumda ne yapacağını bildiğimizden hepsini çok önce yazdık...

Örneklemek gerekirse...

Kader bölümünde örnek olarak verilen baba oğul kavgası:

1. Evden erken çıkabilir.

2. Kızmamayı tercih eder ve özür dileyip babasından ayrılır.

3. Babası nefsine uymaz, öfkesini bastırır ve konuyu büyütmez.

4. Babası kül tablasına uzanır, son anda vazgeçer.

5. Kül tablasını babası dışarı fırlatır ve o anda geçmekte olan başka birini yaralar ve o başka kişi eve gelir... vs. gibi.

Sınırsız sayıda olasılığı "saydık" biz... Ve içinde bulunduğumuz zaman gereği senin bu olasılıklardan hangisini iradenle seçeceğini de bildiğimiz için o seçimini de saydığımız o olasılıklar sonucunda yazdık...

İşte insanlar kaderi anlayabilmek için ZAMAN ve AN mevzuunu ve farkını anlamalıdır önce...

Biz zaman dediğimizde kendi katımızdaki zaman diliminden, sıralamadan bahsediyoruz... Oysaki Allah'ın yanında AN vardır ve AN denilen zaman dilimi gelmiş, geçmiş, gelecek tüm zaman dilimlerinin birleştiği, olacakların halihazırda yazıldığı O'nun önünde serili olan zaman ötesi zaman dilimidir diye özetlersek yanlış olmaz...

Bir film çekiyorum...

Kast var. Çeşitli roller var. Ve yönetmen diyor ki: Filmi kuralları çerçevesinde doğaçlama çekiyoruz. Herkes kendi iradesiyle ne yapmak istiyorsa yapsın. Ben çekeceğim bu filmi sadece...

Filmde esas oğlan kızı sevmektedir ama ne olursa olur kızın babası karşı çıkar, ayrılırlar ve ikisi de başkasıyla evlenir.

Başka bir versiyon çekerler, orada ise babaları karşı çıkmaz ve evlenirler...

Bunun gibi binlerce versiyon çekilir iradelerin seçimleri itibariyle. Ve bu çekilen filmleri izleriz...

Bu film yumağındaki gibi her şeyin başı, ortası ve sonu aynı film yumağında halihazırda mevcuttur...

Bizler olasılıklardan "seçeriz" (ve O da seçtiğimiz fiili yaratır; bu da ileride RAB konusunda detaylandıracağımız başka bir mesele)... Seçimlerimiz her şey gibi bir anlamında "hafaza melekleri" açılımı da olan "hafızamız" tarafından kayıt altına alınır ve bizim ebedi yolculuğumuzda bizimle beraber yol alır...

Son yıllarda Batı öğretilerinde sıkça duyduğumuz AN'da kalma meselesi aslında özünü Kuran'dan alır... Orada bahsedilen AN'ın aslında Allah katındaki AN olduğunun farkında bile değiliz...

Kuran'da bu konuyla ilgili aslında muhteşem bir örnekleme vardır. Kuran'da "kıssa" adı altında verilen hikâyeler de her biri aslında bizle konuşur ve bize her durumda ne yapmamız gerektiğini anlatır...

Zaman ve AN hususu ve bu konuda doğruyu görebilmek için nasıl düşünmemiz gerektiği Kehf Suresi (Mağara) adı altında geçen ve Eshabı Kehft'en ve Hızır ve Musa'nın arkadaşlığının anlatıldığı içinde milyonlarca işaret olan surede de anlatılır...

Bu surede Musa cüzi, birimsel, parçasal aklıyla olayları değerlendiren ÂLİM'i temsil eder ve ZAMAN'da yaşar. HIZIR ise Allah'ın bütünsel aklıyla yönlendirdiği AN'dan ve Allah'ın yanındaki ilim olan ilm-i ledün yani hakikat ilminden haberdar şahsı temsil eder...

Kuran'daki her kelime gibi HIZIR kelimesi de boş yere seçilmemiştir... Biliyorum ateşler üzerinden atlamak ve dileklerimizi yazıp eş, para, pul dilediğimiz Hıdırellez anlatımındaki Hızır dışında bizler bu simgesel kimlik üzerine çok kafa yormamışızdır...

Hızır Ne Demektir?

Hızır, "hadr" kökünden gelme bir kelime... Yeşil manasındadır. Düşüncelerimizi yeşertir ve geldiği her yere hayat, canlılık verir...

Hızır = Hıdır = Hazır demektir...

Kuran'da bir şahsa verilmiş bir lakaptır, bu yüzden her birimiz için geçerli olabilecek bir mertebenin ve anlayışın ifadesidir...

Hızır, HER ÇAĞDA HAZIR OLAN'dır...

Hatta "hazreti" kelimesi de aynı anlamdadır... Her daim hazır olan, daimi diri olan...

Ya peki "din" kelimesi? Ne demektir biliyor muyuz?

Bu soruyu sorduğum çoğu kimseden gerçek yanıtı alamadım biliyor musunuz? İster Müslüman olduğunu, ister ateist olduğunu, ister Yaradan'a inanan ama dine inanmayan olduğunu (deist) canla başla iddia eden yüzlerce kişinin birinden bile ben bu sorunun direkt cevabını alamadım... Ne ilginç değil mi?

İnsan inandığını veya inanmadığını iddia ettiği şeyin tanımını bilmez mi?

Varlığını ya da yokluğunu savunduğumuz şeylerin bize ezberletilmiş "kalıplar" dışında hakikatte ne olduğunu anlamaya dahi çalışmıyoruz! Ama sorsanız hepimiz her şeyi biliyoruz...

"Bir zamanlar her şeyi bilirdim. O zamanlar çok cahildim" der bir söz.

Şimdiyse tek bildiğim hiçbir şey bilmediğimdir... "Dine inanmıyorum" diyen arkadaşlarıma sordum... "Din ne demek ki?"

Cevap yok...

"Sen din[5] derken YOL demektesin. Ve dine inanmıyorum derken aslında yola inanmıyorum demektesin, biliyor musun?"

"Aa!" dedi çoğu. Ve öylece baktı... Yaradan'a inanıyorum ya da inanmıyorum "benim kendi yolum" var derken sen zaten benim kendi "dinim" var diyorsun. O zaman ben de sana derim ki, "Senin yolun sana benim yolum bana..." Sonuçta bu bir ANAYOL. Başlangıç ve varışı belli, bir tek nereden gideceğin sana kalmış. Kestirmeden ve anayoldan sapmadan

5 Köken itibariyle "deyn" (borç) kelimesi ile akraba olan din kelimesi metod, yol, "sistem" de demektir...

mı (ki o anlamını bilmediğimiz "sırat-ı müstakim istikamet üzere olan yol") ya da acılı, sancılı tali yollardan mı?

Hangi yolu tercih edersen et çıkışın ve varışın aynı yerse eğer, Amerika'yı yeniden keşfetmekle neden kendini yoruyorsun? Ben de kendimi yordum o yollarda, şu anki aklımla "boş yere" olarak gördüğüm kendi "el yapımım" acılar çektim... Sonunda akışa bıraktım, teslim oldum çünkü fark ettim ki savaşmaya çalıştığım yine kendi gölgemdi. İnsanın savaştığının kendisi olduğunu fark etmemesi çok acı. Ne zaman ki insan kendini buluyor işte o zaman hayatının hakiki "medeni" bölümü yani "Medine'si" başlıyor. Medine ve gerçek anlamı konusuna, Hicret konusuna geldiğimizde değineceğim...

Şimdi tekrar konumuza dönelim. Din "takip edilen, gidilen yol" demektir. Kavram kalıplarımızı kırmazsak, her şey AN'da olup biterken bizler zamana hapsolacağız...

"Din; insanları ebedi saadete götürmek için, Allahü Teâlâ tarafından gösterilen yol demektir." (Hazreti Ali)

Şimdi "din" ve "Hızır" kelimelerinin tanımlarını vermemizin asıl sebebine geri dönelim...

Zaman ve An konusuna...

Kuran, Âli İmran Suresi, 19. ayette, "İnneddine indallahil İslam..." der.

Yani şunu söyler: "Allah'ın yanındaki tek din teslim olmaktır." Bu konunun İslam boyutunu daha sonraki bölümlerde anlatacağız. Şu an öncelikle burada Zaman ve An bağlantılı konumuza ilişkin açıklama vereceğim...

Bu satırda şunu söylüyor: "Muhakkak ki Allah'ın yanındaki (O'nun indindeki) din İslam'dır (teslim olmaktır)."

Demek ki bir de Allah'ın yanında olmayan din-yol anlayışı var... Ve maalesef çoğumuz "kendi parçalı, cüzi aklımızla tayin edip yorumladığımız, kulun yanındaki dinde-yolda takılı kalmışız". Aşağıdaki Hızır ve Musa hikâyesi de bizim Musa olduğumuz, her şeyi bildiğimizi zannettiğimiz için Hızır'ı temsil eden "bütünsel aklı" kaybederek kendi mutsuzluğumuza kendimizin yol açtığı gerçeğini anlatıyor...

İşte buradaki fark, parçalı bakışlı yol ve tümel bakışlı yol farkı... Bizler maalesef YOL'u kendi bakışımızla değerlendirdiğimiz müddetçe "Allah'ın bakışıyla anlattığı" yolu anlayamayacağız.

Allah'ın bakışıyla anlattığı yolu anlamak için önce "Allah'a kavuşmak" gerekir. Allah'ın yanına varmadan, yani O'na kavuşmadan o manzarayı nasıl göreceksiniz?

Burada şimdi birden acayip bir şey söylemişim gibi tepkiler vermeyin...

"Vuslat" diye tabir edilen Allah dostlarının "kavuşmaları" nasıl oluyor? Miraç nasıl oldu ve oluyor? ERENLER'e neden eren denmiş? Nereye ermişler?

Tabii ki Allah'a... Hakk'a...

Nefis mertebelerinden başlayarak rububiyetten uluhiyete yolculukta Allah velisi olmak, Allah ehli olmak, fenafillah, bekabillah ve daha neler neler... Hakk'a seferden Hak'ta sefere, bunlar anlatılmaları ancak Allah dostlarına ait meseleler...

Allah'a kavuşmak, Allah'ta yok olup Allah'la var olmak gibi tüm bu meseleler tasavvufi anlamda uzun ve derinlikli anlamları, kademeleri, mertebeleri olan inanılmaz bir yolculuğa aittir...

Cemal Nur Sargut "Ene'l Hakk" ifadesine ilişkin bir anlatımında bizi bu yönde çok güzel bir şekilde aydınlatmıştır... İsmi cami yani tüm isimlerin toplamı olan "Allah" isminin, Allah'ın "İstedim ki bilineyim..." dediği vasıflarının mana mevkiinde açığa çıkmasının sözkonusu olduğunu yani Allah isminin dünyaya gelmediğini ve mana mevkiinde olduğunu anlatır... Hatta dünyevi kullanımda bile Samed, Cemal, Celal gibi Allah'ın esmalarının ismi insanlara verilirken hâşâ Allah ismi için bu kullanım mümkün değildir...

Hatırlamamız gereken Allah isminin dünyaya tecelli ettiğinde HAK ismiyle ortaya çıktığıdır... Ve Sargut bunu şöyle ifade eder: "Ancak ALLAH ismi dünyaya tecelli ettiğinde HAK ismiyle ortaya çıkar ve Hak ismi bütün isim ve sıfatların bu âlemde ortaya çıkışıdır, Peygamber'in hakikatidir, Hz. Muhammed (sav) demektir. Dolayısıyla Peygamber'deki Hak hepimizde, halkta birer Hak olarak tecelli eder, bende de o Hak'tan, yani o isimlerden bir veya birkaç tane var, sizde de bir veya birkaç tane var. İşte ben, kendi varlığım içerisinde bu isimleri ortaya çıkarıp da nefsani arzu ve isteklerimden geçersem, bende Allah'ın Hakk'ından başka hiçbir şey kalmayacağı için ENE'L HAKK deme hakkına sahip olurum ama edebimden diyemem o da başka."[6]

İşte bu yolculuğu yapan Allah dostlarının bir yerden sonra artık "kendi" (izafi benliği) kalmamıştır. Buraya geldiği haline geri dönmüştür... İçleri boşaltılmış ney gibidir onlar, sadece üfleyenin sesini yansıtırlar... Onlara Allah'ın HUZURUNDA her daim HAZIR olan manasında HAZRET denir... Onlar artık Allah'la var olduğundan, zaman ve mekândan azade olurlar... Onların ruhu bedensel kayıtlarına galip gelmiş, "imkânsız" zincirini kırmıştır çünkü yaşarken Allah'a kavuşmuştur...

Ne zaman tanırlar ne de mekân, isimleri söylendiğinde yanınızda hazır olurlar...

İşte HIZIR da "daimi huzurda" olduğu için Allah'ın "bütünsel" bilgisinden nasiplendirilmiştir ve bu yüzden Musa'nın parçasal bakışıyla göremediği geleceğe ilişkin bilgi sahibidir...

İşte Allah'ın yanındaki dine erişmeden ya da o dine erişmiş Allah dostlarına yönelmeden bizim anladığımız tek "yol", kendi kısıtlı bakışımızla bulduğumuz yol olur. Bu da

6 Serpil Çavuşoğlu, Cemal Nur Sargut, "Her Şeyin Allah Olduğunu Görmek", "http://www.indigo.com/"

herkesin farklı açılardan baktığı, temelde tepeden bakınca tüm açıların toplamı olan tek YOL'dur...

İşte, bizlerin ZAMAN ve AN kavramında bu derece sıkışmamız da bu yüzdendir...

Biz ilim sahibi olduğumuzu iddia etsek de, bütünsel ilme sahip olan Allah'ın bakışıyla bakmaya çabalamadıkça, zaman boyutuna sıkışıp kalırız ve olayları o boyuttan değerlendiririz...

Allah'a, Resul'e (sav) ve insan-ı kâmillere teslim olmamız gerekir... Hızır'la Musa bu yüzden arkadaşlığını uzun süre yürütememiştir...

Musa "zaman" boyutu içine, "parçalı ilme ve akla" hapsolmuş bakış açısıyla Hızır'ın yaptıklarını sorgulamıştır. Oysaki gelecek Hızır'ın yaptıklarının hakiki yüzünü gösterecektir ama Musa buna sabır, sebat ve teslimiyet gösterememiş, bu davranışları da Hızır'ı kaybetme hatasıyla sonuçlanmıştır bile...

Sadece zahiri ilim sahibi âlim olmak yetmez... "Allah ilmi" ile donatılmış arif olmak gerekir... İlmi ledün gerekir...

Kuran ilmiyle amel etmeyen, bilgisini hal etmeyen bazı âlimleri, "üzeri kitap yüklü eşeğe" benzetir. Hatta dualarımızda "faydasız ilimden Allah'a sığınırız"... Çünkü ilim ancak onu yaşayınca anlam ifade eder... Böyle insanınsa "hal" dediğimiz duruşu bile bir "ders" bütünü gibidir insan için...

Hakikat ilmi bütünseldir. Zahiri ilimlerse parçasal ve cüzidir ve değişen verilerle değişebilirler...

Dünün, bugünün, yarının, ezelin, ebedin ve tüm bilgilerin dürüldüğü, buluştuğu yerdir AN... Ve AN yalnızca ALLAH'ın yanındadır... AN konusu yıllardır Batı öğretilerinin bahsettiği AN'da kalmak anlatımının yüzeyselliğinde örtüldüğü için gereği gibi anlaşılmamaktadır. "Anın tadını çıkar" denmesi bu mudur yoksa, sen Allah katındaki AN'da kal ki çözemediğin bir geçmişe, göremediğin bir geleceğe ve kavrayamadığın bir şimdi anlayışına kendini ve ebediyetini hapsetme...

Sen her an bilginin tek sahibinde kal... O'nun huzurunda hazır olan, huzuru bulur...

Hızır da olur hazret de...

Yeter ki sen ölüm gibi mecburiyetten değil, ölmeden evvel ihtiyaren Allah'a ulaş... Ruhunun bu dünyadayken cesedine galip gelmesini yaşa, onu keşfet...

Taşıdığın emaneti bu dünyadayken sahibine iade et...

Konunun temeli olan kader anlayışını kavramamız için şu an burada bırakıyorum...

Ve diyorum ki Kuran işte bunun içindir... Yani AN'ımızı, şimdimizi ve ebediyetimizi doğru KUR'mak için... Artık AN'ınızı biiznillah KUR'ma vakti...

İyi ve Kötü, *Son Akşam Yemeği*

Beni derinden etkileyen *Simyacı*'nın yazarı Paulo Coelho'dan: Leonardo da Vinci *Son Akşam Yemeği* isimli resmi yapmayı düşündüğünde büyük bir güçlükle karşılaştı... İyi'yi İsa'nın bedeninde, Kötü'yü de İsa'nın arkadaşı olan ve son akşam yemeğinde ona ihanet etmeye karar veren Yahuda'nın bedeninde tasvir etmek zorundaydı... Resmi yarım bırakarak bu iki kişi için model olarak kullanabileceği birilerini aramaya başladı. Bir gün bir koronun verdiği konser esnasında, korodakilerden birinin İsa tasvirine çok uyduğunu fark etti. Onu poz vermesi için atölyesine davet etti, sayısız taslak ve eskiz çizdi.

Aradan üç yıl geçti, *Son Akşam Yemeği* neredeyse tamamlanmıştı, ancak Leonardo da Vinci henüz Yahuda için kullanacağı modeli bulamamıştı... Leonardo'nun çalıştığı kilisenin kardinali, resmi bir an önce bitirmesi için ressamı sıkıştırmaya başladı. Günlerce aradıktan sonra Leonardo vaktinden önce yaşlanmış genç bir adam buldu. Paçavralar içindeki bu yığılmış adamı Leonardo yardımcılarına güçlükle de olsa kiliseye taşımalarını söyledi çünkü artık taslak çizecek zamanı kalmamıştı.

Kiliseye varınca yardımcılar adamı ayağa kaldırdılar. Zavallı, başına gelenleri anlamamıştı.

Leonardo adamın yüzünde görülen inançsızlığı, günahı, bencilliği resme geçiriyordu...

İşini bitirdiğinde, o zamana kadar sarhoşluğun etkisinden kurtulmuş olan berduş gözlerini açtı ve bu harika duvar resmini gördü.

Şaşkınlık ve hüzün dolu bir sesle şöyle dedi: "Ben bu resmi daha önce gördüm..."

"Ne zaman?" diye sordu Leonardo da Vinci, o da şaşırmıştı.

"Üç yıl önce" dedi adam. "Elimde avucumda olanı kaybetmeden önce. O sıralarda bir koroda şarkı söylüyordum, pek çok hayalim vardı, bir ressam beni İsa'nın yüzü için modellik yapmak üzere davet etmişti..."

İşte İyi ve Kötü'nün yüzü aynıdır...

Her şey insanın yoluna ne zaman çıktıklarına bağlıdır...

– Paulo Coelho, *Şeytan ve Genç Kadın*'dan

Aradığımız Hazineler Arka Bahçemizde...

Allah'ın yanında her şey mümkündür... Allah dostlarına ilişkin anlatılan tayyi mekân ve zaman anlatımında; o filmlere konu olan, üstünde kafa yorulan meşhur "zaman makinesi" kavramının hakikatini görebilirsiniz... Milyonlarca yıl öteden yıldızların ışıklarını size şu ana taşıyan Allah, dostlarına mı yaşatmayacaktır zamanda yolculuğu?

Allah'ın üflediği ruhu taşıyan insan, nasıl bir kudretle teçhizatlandırıldığını fark etmesin diye şeytanın nasıl da çabaladığını göremez, fark edemez...

Oysa sana can veren ruh yani tek varlığın, Allah'a aitse zaten imkânsız yoktur... Tüm mesele kendine verilen hazineyi keşfetmendir... Buraya gelme sebebin de budur... Olma kapasitesiyle gönderildiğini OL'abilmen... Beden toprağına atılan ruh tohumunda var olan o kudret ve ilim ile sendekiyle sadece OL'abilmek ve o toprağı delerek açığa çıkabilmek öyle büyük bir varoluş hikâyesidir ki bu yolculukta kendi hakikatini keşfeden aynı anda kâinatı keşfeder...

Ne muhteşemdir... Ne kadar insan varsa o kadar hazine vardır... En büyük zaman makinesi insanın kendisidir... ruhudur... Teknoloji dediğimiz her şey aslında belki de ilkelleşmemizin ve Allah'tan ve O'nun bize verdiklerinden uzak düşmemizin bağımlılığıdır...

İlkel sandığımız bazı antik toplumların kalıntılarına baktığınızda bu teknolojiyle başaramadıklarımızı yapmış olduklarını görmek, belki de teknolojinin bizi özgürleştiren değil bizi en büyük hazine ve sır olan kendi doğamız ve kapasitemizden uzaklaştırarak sınırlayan ve ruhsal kudretlerimizi, sırlarımızı keşfetmemizi engelleyen bir köleleştirme vasıtası olduğunu da düşündürebilir...

Beynimizin bir noktası dahi olamayacak makinelerimiz telefon numaralarını kayıt yaparken bizlerin aslında müthiş kapasitedeki hafızalarımızın işlev yitirmesi, körelmesi gibi... Mesela eskiden bu kadar insan hafıza problemi yaşıyor muydu, yoksa artık kullanmadığımız ve makinelere yüklediğimiz işlevlerimiz "teknoloji" adı altında köreltildi mi bir bakmak lazım...

Hiç dikkat ettiniz mi bilmiyorum ama Allah ilminde insana, insanın ne kadar yücelebileceği öğretilirken, yaşadığımız sanal dünyevi sistemde insana doğduğu an itibariyle hep "olamayacağı, yapamayacağı", kısaca "gücün yetmez" denilenler öğretilir ve telkin edilir... Âdeta kendini beden denilen kabirle kısıtlı sanması için...

Birkaç gün önce bir arkadaşım sadece temiz bir kalple Allah'a yöneldiğini ve Allah'ın ona kaybettiği şeyin yerini birden duru görüyle gösterdiğini anlattı... "Bunu görmem imkânsızdı, nasıl olabilir?" dedi. "Hele orada olması imkânsız olan bir şeyi sadece gözlerimi kapayarak görmem?"

Sahip olduğumuz beden teçhizatı olağanüstü ancak kullanımı her yeni eşyada olduğu gibi kılavuz gerektirir... Aynı yeni aldığınız televizyonunuz gibi... Kendinizi keşfetmeniz ve size verilen bu muhteşem kudretin neye kadir olduğunu anlamanız hayatınızın değiştiği size ait Kadir Geceniz olacaktır... Allah'a yaklaşmaya çalıştıkça kendinize verilen hediyeler yanında bir de O'nun ordularıyla sarılı olduğunuzu fark etmeniz sizin her tür korku ve kayıptan azat edilmiş bir ruhaniyete kavuşmanıza ve "emin" hissini yaşamanıza sebep olacaktır...

Kuran'da Kehf Suresi başta olmak üzere, Hz. Süleyman'ın yanına Belkıs'ın tahtının göz kapayıp açıncaya kadar getirilmesine, rüya anlatımına, Miraç'a kadar zamana ilişkin pek çok atıf olmasına rağmen ve insan yaradılış ve tasarımının en yüksek sanılan teknolojinin üzerinde bir kudreti gizleyen âdeta bir "kutu" olmasına rağmen, bu özelliklerin insan algısını yanıltan kalıplar oluşturularak "örtülmesinin" amacını iyice düşünmemiz gerek...

Unutmayın kâfir "gerçeği örten" demektir... İnsan kendi başına âcizliği, Allah'la ise "mucize" tabir edebileceklerini yaşar... Hakikatlerin örtülmesi ve "Allah'ın sizinle olmasına rağmen" kendinizi âciz hissettiren her şey şeytan ve onun sistemindendir...

Şeytan dünyada sürgündedir... Mehmet Ali Bulut hocamız der ki: "Şeytan, İblis'in dünyaya indirilmiş haline verilen isimdir..."

Şeytanın başlıca amacı bize kadir olduğumuz güçleri unutturmak ve kıyametin gerçekleşmesine hizmet eden tüm hatalara düşmemizi sağlayarak geldiği yere, kendisine rakip olarak gördüğü Âdem'i yenmiş olarak, en kısa zamanda dönmektir...

Allah'ın işaretleriyle, sembolleriyle bizimle iletişim kurması, şeytanın da sembolizm üzerinden bizi yanıltmaya çalışmasını getirir...

İçindeki Allah'a ait kudreti, ruhunu keşfetmen şeytanın Âdem'e yenilmesi demektir... İşte bu yüzden, o, bunun olmasını engellemek için insanın içine değil dışına yönelmeni sağlamaya çalışır sistemiyle...

İnsanın yaradılışı itibariyle verilmiş olan ve hiçbir madde ya da teknolojinin yakalayamayacağı bir teçhizatı varken, şeytan insanın bunun farkına varmaması için, ona çılgınca "tüketmesi" ve kendini maddeyle bağımlı hissetmesi ve ancak başkalarında olana sahip olduğunda "değer" bulacağı vesveselerini dört bir yandan (ister medya ister dünyevi sistem, ister eş dost üzerinden) fısıldar durur...

Bu yaşatılan sistem Tevrat'taki anlatımı hatırlatır... Şeytan Âdem ve Havva'ya, "Şu ağacın meyvelerinden yerseniz tanrısallaşır ve sonsuz olursunuz" derken insanı değerli kılanın dışarıdaki bir eşya olduğu bilincini ona aşılar... Bedensel ve materyal kaygılarınla kendi hakikatinden yani Allah'tan uzaklaşmaya başlarsın... Tüketmek ve çeşitli eşyalara sahip olmanın seni değerli kılacağına inanır ve gönlünde gömülü hazinenin üzerine dünya toprağı atarsın... İlginç olansa bu durumu içten içe sezdiğinden sahip olduklarınla bir türlü "mutlu, huzurlu ve güçlü" olamazsın... Bir etrafınıza bakın onlarca örneğini görebilirsiniz...

İslamiyet'in tavsiye ettiği gibi herkes başkasında olanın değil kendinde olanın peşine düşse, sadece tek hazine değil tek hazineye bağlı sonsuz hazineler olduğunu anlardı... Ama işte şeytanın en sevdiği günahlardan olan açgözlülük duygusu böyle bir şeydir... Dışarıdakine gözünü açmaktan kendindeki hazineye kör ve kendindeki hazineden mahrum olursun...

Herkesin peşinde olduğu o nam salmış hazineyi bulmak için dünyayı dolaşıp da o büyük hazineyi kendi evinin arka bahçesinde bulan gezginin hikâyesidir bu hayat...

Artık kendinize dönün...

"Biz ona (insana) şahdamarından daha yakınız..." (Kaf 16)

"Öyleyse sen yalnızca Allah'a güven ve dayan..." (Neml 79)

III.
KIYAMET

Bu en muhteşem sistem ancak çok kudretli ve çok zeki bir varlığın yönetimi ile işleyişine devam edebilir.

–Isaac Newton

Ve kıyamet günü, gerçekten biz bundan gafildik (gafilleriz) dersiniz diye (dememeniz için), senin Rabbin, âdemoğullarının sırtlarından onların zürriyetlerini aldığı zaman onları, nefisleri üzerine şahit tuttu. (Allahü Teâlâ şöyle buyurdu): "Ben, sizin Rabbiniz değil miyim?" Dediler ki: "Evet (sen, bizim Rabbimizsin), biz şahit olduk."

– Araf Suresi 172. Ayet

Denir ki...

Bizler Allah tarafından var edildiğimiz ezel âleminde, Allah bize seslendi...

"Elestü bi Rabbiküm?"

Yani: "Ben sizin Rabbiniz değil miyim?"

Ve derler ki, insanlar Allah'ın bu muhteşem güzellikteki sesine öyle vuruldular ki, hep onu aradılar, hep onu özlediler, hep onu duymak istediler. Ve dünyaya geldiklerinden sonra güzel sesli insanlara meyilleri de bundandır...

Allah'ın o eşi benzeri olmayan güzel sesine duyulan özlemden...

İşte aşk yolcularının benimsediği "sema" da aslında duyulan o ilahi sese ruhen ve bedenen verilen cevaptır...

Allah'ın sesi her yeri kuşatmıştır ve her yeri titretmektedir. Evren "bir titreşim, frekans denizidir"... Aynı içimiz gibi.

Kıyamet konusuna girerken bununla başlamak istedim çünkü "Ses" konusu büyük bir anahtar.

"Sana saati (kıyamet) ne zaman olacağını (karar kılındığını) soruyorlar. De ki: Onun ilmi ancak Rabbimin katındadır. O'nun vaktini O'ndan başkası açıklayamaz. Yerlere ve göklere ağır geldi, o size ansızın gelir (ansızın olmaktan başka bir şekilde gelmez). Sen sanki ondan haberdarmışsın gibi soruyorlar. Onun ilmi yalnızca Allah'ın katındadır de. Ve lakin insanların çoğu bilmezler." (Araf 187)

İnsanların yüzlerce binlerce yıldır kafasını kurcalayan kıyamet kavramına bakış açımı ilk olarak bir gün karşıma çıkan şu anlatım geliştirmeye başladı...

Peygamber'e sormuşlar: "Kıyamet ne zaman kopacak ya Resulullah (sav)?"

O da şöyle cevap vermişti: "Üç türlü kıyamet vardır: Birincisi küçük kıyamet ki o sen öldüğünde senin için kopmuştur. Kim ölürse onun kıyameti kopmuş demektir.

İkincisi orta kıyamet, sen kabre konulunca başlar. Buna kabir azabı da denir.

Ve üçüncüsü büyük kıyamettir. Tüm canlıların ölüp tekrar dirileceği kıyamettir. İşte bu umumi bir kıyamettir."[7]

Peygamber efendimizin bu söylediklerini okuduktan sonra konuyla ilgili kalıplaşmış yargılarımın kırılmaya başladığını gördüm.

Kuran'ın her sayfasına, suresine, ayetine yöneldikçe kendini bana nazlı nazlı açmasında ilk anladığım şey, ruhumun derinliklerine kadar inen bir şeyler yaşamak üzere olduğumdu.

"Ve her insan ölürken ne hal üzere ise, büyük kıyamette o hal üzere haşrolunacaktır. Ölürken güzel amellerde bulunan güzel, kötü amellerde bulunan ve tövbe etmemiş olan da o şekilde haşrolunur..." Bütün bu hususlara işaret eden bir hadisinde peygamber efendimiz şöyle ifade etmişti:

"Hayatınızı hangi hal üzere geçirirseniz, o hal üzere ölürsünüz. Hangi hal üzere öldüyseniz o hal üzere de diriltilirsiniz."

Sonradan anladığım bir tabirle, "ölmeden önce ölme yolculuğum başlıyor" ve benim oluşturduğum rüyalardan oluşan, hakikatten uzak dünyam parça parça olmaya hazırlanıyordu...

---

7 Kıyamet kopmaya başlayınca dünya günü kalmadığı için bunu bir süre olarak düşünmek uygun düşer denilir... Dünya'nın, Güneş'in, Ay ve yıldızların teker teker dağıldığı, paramparça olacağı gibi anlatımlar mevcuttur... Peygamber'in sahabesi Ebu Hüreyre'den rivayetle:

"İki üfürme arası kırktır..."

Bunun üzerine Ebu Hüreyre'den sorulur:

"Kırk gün müdür?"

"Bilmiyorum." "Kırk yıl mıdır?" "Bilmiyorum." "Kırk ay mıdır?"

"Bilmiyorum. Artık insanın her yanı çürüyüp ufalanacak, ancak kuyruksokumundaki (küçücük bilyemsi) kemik çürümeyecektir. İnsanlar o kemikten oluşup meydana gelecek." (Müsned, II, 322; Buhari/tefsir: 3/39, 1/78, Müslim/fiten: 141)

Kıyametin kopacağı anda, imanlı insanların ruhları daha evvel alınacak ve bu yüzden kıyamet onlara hissettirilmeyecektir ve kıyamet "kâfir" tabir edilenlerin başına kopacaktır denir.

Kavramları belli kalıplara hapsederek hayalleri ve masalları "gerçek", gerçekleri ise hayal ve masal sanmamız sonucu yaşadığım derin uyku bitmek üzereydi.

ÖNCE MADDE

Maddenin en küçük parçasının atom olduğu düşünülürken, bunun bir yanılsama olduğu ve maddenin en küçük parçasının bir tür enerji olan atom altı parçacıklar olduğunun keşfi ile dünyanın maddeye bakışı tamamen değişti.

Tüm madde aslında, enerjinin daha yavaş bir titreşime sıkıştırılmış haliydi. Öteki enerjilere göre çok daha yoğun ve konsantre bir haldi bu (Einstein'a göre küçük bir kitle hacmiyle kıyaslanamayacak kadar çok enerjiye dönüşebilirdi).

Ortaya koyduğu "izafiyet teorisiyle" Einstein, maddeyle enerjinin eşdeğer olduğunu gösterdi. Enerjiye matematiksel yaklaşarak mekân olarak da adlandırdığımız zaman ve uzayın yanında, madde ve enerji varlığını ve temelde madde ve enerjinin aynı şeyler (eşdeğer) olduğunu gözler önüne serdi. Madde sadece enerjinin özel bir türüydü... Evet, evrende görebildiğimiz tüm güçler, her biri, "değişik dalga boyu ve frekans, yani titreşimde olan elektromanyetik dalgalardan" başka bir şey değildi...

Konuya öncelikle işin temelinde önem arz eden "rezonans" anlatımı ile girelim...

Maddenin temelinin o maddeye "görüntüsünü" veren manyetik enerjiyi oluşturan enerji alanları olduğunu artık anladık... Evet rezonans (manyetik rezonans) ise bu manyetik alanların titreşim sesi ya da melodisine verilen isimdir. Tüm uzay-zaman, kuantum anlamında bir enerji denizidir. Ve bu enerji denizindeki her şey ister bir masa olsun isterse yıldızlar, hepsi aynı yapıtaşından, farklı şekilde titreşimleri ve rezonansları olan atom altı enerjilerdir...

Bu bana hep Mevlânâ'nın şu sözünü hatırlatır:

"Biz denizden geldik, denize gideriz..."

Bilimadamları artık kâinatı bir "enerji denizi" olarak tasvir ediyor ve "madde" algısının değişmesi ve "her şeyin temelde enerji" olduğunun fark edilmesiyle bu "sınırsız frekans denizinde kendine özgü yüzen frekanslar" olduğumuzu söylüyorlar...

Bu da beni Allah dostlarının (örn. Mevlânâ) yüzyıllar önceki insan ve evren tanımına götürdü. İşte bizler bir bardak denizden alınmış su gibiydik. Ne denizin aynıydık ne de ondan ayrı...

Tüm bu bilgiler ayaklarımı yerden kesti diye düşünürken bir cuma günü, Cuma Suresi'ni okurken ilk ayeti gözüme başka bir şekilde takıldı.

İşte Kuran'ın güzelliği bu. Her seferinde okuduğunuzda her seferkinden farklı bir şey keşfedebiliyorsunuz. Mucizesi de burada yatıyor. İdrake göre algılanan şey her defasında idrak arttıkça büyüyor gelişiyor ve zamana uygun bir anlatımla örtüşüyor. Aynı ayet her okumada başka bir kapı açıyor idrakinizde, farkındalığınızda...

İçindeki kelimelerin her biri binlerce anlam barındırıyor ama işte hepimiz alabildiğimiz kadarıyla nasipleniyoruz. Tıpkı Mevlânâ'nın dediği gibi:

"Sen ne söylersen söyle, söylediğin karşıdakinin anladığı kadardır..."

Kuran da aynen böyleydi işte; gündüz güneşten dolayı görünmeyen ve yok sanılan yıldızlar kadar çok anlam barındırıyordu ama biz gördüğümüz kadarıyla sınırlamıştık idrakimizin gökyüzünü...

Cuma Suresi'ni okumaya başladım. İlk ayeti o ana dek defalarca karşıma farklı anlatımlarla çıkmış ama içerik olarak benzerlikler taşıyan bir başlangıca sahipti...

"Göklerde ve yerde olan her şey, Allah'ı tesbih' eder ki; (O) Malik'tir (mülkün sahibidir), Kuddüs'tür (mukaddestir), Aziz'dir (üstündür), Hâkim'dir (hüküm ve hikmet sahibidir)..."

Birkaç sure daha okuduktan sonra Haşr Suresi'ne geldim. İlk ayeti yabancı değildi bana:

"Göklerde ve yerde olan ne varsa Allah'ı tesbih etmektedir. Ve O; Aziz'dir, Hâkim'dir."

Peki "tesbih" denince ilk aklımıza gelen şey nedir? Şimdilerde geleneksel bir alışkanlık haline dönüşen bir aksesuvar. Ya da namazdan sonra çekilen 99'luk (101) tesbihler. İlk etapta bir eşya olarak gelir akla.

Peki "tesbih" aslında ne demekti? Namazlardan sonra 33 kez sübhanallah deriz mesela, sübhan kelimesi da tesbihle aynı kökenden geliyor...

Sözlükleri elime aldım. Tesbih, sübhan kelimelerini araştırmaya başladım...

Tesbih: Allah'ın noksan sıfatlardan uzaklığını ifade eden, O'nu tenzih eden ve O'nun mutlak üstünlüğünü anlatan bir övgü ifadesi.

Sübhan: Övme, tenzih etmek.

İşte tüm bu güzelliklerin üzerine o muhteşem sözle karşılaştım. Tüm parçaları birbirine bağlayan o kelimenin muhteşem anlamıyla...

"Sübhan kelimesi Arapça SBH kökünden türer. Kök anlamı (batmadan, üzerinde) YÜZMEK, ileriye yuvarlanmak, hızla uzaklaşmak, hızlı olmak anlamındadır."

Evet SÜBHAN, YÜZMEK demekti...

Kuran'ın yüzyıllar önce AYET denilen ve anlamı İŞARETLER demek olan anlatımlarında, Peygamber'in hadislerinde ve Allah dostlarının bizim şiirsel sandığımız ilim kaynağı sözlerinde, beyitlerinde nasıl bir İLİM saklıydı anlamaya ucundan da olsa başladım...

Özellikle bazı bilimadamları, maddenin artık temel yapısının madde parçacıklarından değil elektromanyetik alanlardan oluştuğu görüşünü savunuyorlar. Her şey tek bir enerji alanı altında birleşmiş durumda ve bu da pek çok şeyi artık "imkânsız" başlığı altından (ışınlanma, zaman yolculuğu) kaldırmaya yatkın hale gelmiş durumdaydı...

Daha yeni yeni keşfedilen bu bilimsel veriler hepimizin, aslında Allah'ın isim ve sıfatlarının (manalarının) sınırsız enerji denizinde yüzen enerjiler olduğumuzun ipuçlarını veriyordu bize...

Kuran sahifelerinde yazılı satırlar olduğunu düşündüğümüz "ayetler", "Allah'ın işaretleri" demekti. Bir yaprak da ayetti, bir insan da...

Biz dahil etrafımızdaki her şey Allah'ın "işaretlerinden" başka bir şey değildi. Yer ve gök arasındaki her şey Allah'ın işaretleriydi ve etrafımızı sarmışlardı. Şöyle bir etrafıma baktım, etrafım sarılıydı ayetlerle. Elimi hafifçe savurduğumda elime temas eden hava bile aslında su buharıydı. Ve ben hem o su buharının hem de etrafımdaki her varlığın içinde bu sonsuz denizde âdeta yüzüyordum.

"Ey gün yüksel! Zerreler raks ediyor. Ruhlar vecit içinde başsız ayaksız raks ediyor. Bu kâinattakiler hep onun için raks ediyor." (Mevlânâ)

Bir bardak su alınsa denizden ayrı olur muydu? Hayır. Peki o bardak su denizin kendi olur muydu? O da hayır. Biz Allah'ın isim ve sıfatlarının manalarının açığa çıkmasıyla oluşmuş bu sınırsız enerji denizinde "yüzmekte olan frekanslardık"...

Allah'ı tenzih ediyorduk, O'nun yüceliğini zikrediyorduk. Ve O'nun o sınırsız enerji denizinde kendi yolumuzu bulmaya çalışıyorduk...

"Ey Müslümanlar! Ben kendimi bilmiyorum, ben kendimi bilmiyorum. Ben ne Hıristiyan'ım, ne Yahudi, ne de Müslüman! Ne Şarklıyım, ne Garplı... Ne ulviyim ne süfli... Ne tabiatın rükünlerindenim, ne dönen feleklerden! Ne Hint'tenim, ne Çin'den... Ne Irak memleketindenim, ne Horasan toprağından... Benim nişanım nişansızlık, mekânım mekânsızlıktır!" (Mevlânâ)

"Biz şuradan, buradan değiliz. Biz yukarıdan geldik yukarıya gideriz! Biz denizden geldik denize gideriz; yersiz yerden geldik, yersiz yere gideriz!" (Mevlânâ)

Kıyamet konusuna girmeden evvel bazı bilgilerle donanmamız gereği olduğunu düşünüyorum...

ATMOSFER NEDİR?

Atmosfer büyük bir bilgisayardır...

Her insanın atmosferi vardır. Ve her insan küçük bir dünyadır... Ve her birimizin hem maddi hem de manevi uyanışlarımız için kendimize has bir kıyameti de olacaktır...

İlk ve ortaokulda mecburi ders olarak çalışmak haricinde, öğrenmek ihtiyacı hissetmediğimiz atmosfer –ki yaşamın oluşması atmosfere bağlıdır– nedir derinlemesine hiç düşündünüz mü?

Çocukluk ve ilk gençlik dönemimizde aklımız bir karış havadayken bize öğretilen bilgiler, o atmosferde uçup gideli çok uzun zaman olmuş. Ondan sonra; yaşanmış aşkların acısıydı, sevgiliydi, üniversiteydi, işti, evlilikti, çocuktu, geçim derdiydi derken, bunca hengâmenin arasında oturup da bu konuları araştıracak zaman mı var diye düşünüyor olmalısınız. Sonra bir de bakmışsınız ki koca ömür geçip gitmiş ve geriye bir tek yapılmayanların pişmanlığı kalmış...

Kendi maddi geleceğimize yatırım yaparız sanırız ama o sırada bizi sonsuzluğa ve her iki âlemdeki mutluluğa taşıyacak en kıymetli hazinemiz olan "özümüzü" kaybederiz. Ve madde geçicidir, aslında yoktur, özümüzse ebedi ve tek olandır...

Neyse bunca koşturmaca içinde madem birkaç saat bulduk, en azından gelin beraber bakalım, neymiş atmosfer...

Atmosfer: "Yerçekimi sayesinde tutulan, dünyanın etrafını saran gaz ve buhardan oluşan bir tabakadır. Oksijen, azot, su buharı başta olmak üzere hava adı verilen bir gaz karışımıdır. Dünyanın kendi ekseni etrafında dönmesinden dolayı kutuplarda daha ince bir örtü, ekvatorda ise geniş bir örtü halindedir."

Dünyamızı sarması, koruması, yaşam alanı haline getirmesi için bir örtü gibi dizayn edilmiş atmosfer, tüm bunların üstüne aslında büyük bir bilgisayar gibidir.[8]

Atmosfer morötesi denilen güneş radyasyonunu emer ve gece gündüz sıcak farkını dengeleyerek dünyanın yaşamsal bir alan olmasına sebebiyet verir.

Kuran'da defalarca ayetlerde zikredilen ve "gökyüzü" diye çevirdiğimiz Arapçadaki sema kelimesinin çoğulu semavattır. Bizim dilimizde gök kelimesinin kullanımı gibi hem en yakın gök hem de tüm dünyayı tabaka tabaka saran atmosfer katmanları da Kuran'da sema olarak nitelendirilir. "Gökteki bulutlar" derken hemen yakın gökyüzü, ama "gökteki yıldızlar" derken göğü, evrenin tümü gibi kullanırız. Bunun aynısı Arapçadaki "sema" kelimesi için de geçerlidir.[9]

Bunun dışında dünya ile ilgili sema ve arz tarifi aynı zamanda "batıni" yani "saklı, örtülü" anlamda dünya ile özdeşleştirilen ve her birimizin bir "âlem" olmamızdan kaynaklanan anlatım gereği, "arz" yani "yer" insan bedenini, "sema"[10] ise insan bilincini temsil eder...

---

8 Mehmet Ali Bulut hocamız gökyüzünün mavi olmasının sebebi olarak güneş ışığının kırılması yanında ciddi bir etkenin de, bir şekilde insanların beyinlerinden çıkan elektromanyetik radyasyon, yani ışıma olduğunu anlatır...

9 Kuran'ın göğün yedi kat olduğu izahı, tabakalar, boyutlar, çekim alanlarını da ifade ediyor olabilir.

10 SEMA-SEM'A

Her insan evrenin ve dünyanın bir numunesidir. Boyutsal olarak küçültülmüş dürülmüş. Oysaki içerik olarak daha da büyük halidir... Kısacası düşünürsek, dünyayı şöyle bir resmedin: Büyük dünyanın (gezegen dünyanın) üzerinde milyarlarca "küçük dünya" düşünün.

İşte her birimiz onlarız. Kendimize ait beden ve bilinçlerimiz ve enerji alanlarımız yani atmosferlerimiz de vardır... (Aura diye tarif edilen enerji alanı insana ait bir tür atmosferdir. Nazar gibi çeşitli elektromanyetik alanları süzmek suretiyle, kişinin bireysel alan gücüne göre insana hasar vermesini engelleyen bir tür örtüdür...)

"Âlemlerin Rabbi" vasfında hem dünyamız ve nice varlıkların âlemleri ve hem de aynı zamanda her biri, bir başka âlem yani dünya olan her bir insanın Rabbi anlamı da yatar...

Şimdi tekrar sema ve gök konumuza dönelim...

İşte bu anlatım içinde Kuran'ın çeşitli ayetlerde arz ve sema anlatımı içinde atıfta bulunduğu SEMA'nın çağrışım yaptığı bir anlama daha göz atalım.

Kuran'da veya kendi aramızdaki sohbetlerimizde bile "sema"[11] denince bizler "gökyüzünden" bahsedildiği anlayışıyla sınırlarız idraklerimizi. SEMA'nın bir anlamı gök, gökyüzü, felektir. Evet ama bunun yanında SEMA aynı zamanda "duymak, işitmek" demektir...

Allah'ın "her şeyi duyan" manasındaki SEMİ isminden kaynaklı SEMA kelimesi, semanın mahiyetini bize daha iyi açıklamış olmuyor mu...

SEMA, "işiten ve duyan" demek olup, bizleri kayıt altına alan bir hafıza ve bir bilgisayar gibidir.

Öte yandan "Müminin silahı duadır" hadisinde ne derece kuvvetli olduğuna ilişkin ipucu verilen "dua" kelimesi ise "çağırmak, davet etmek" demektir...

---

11 SEMA-SEM'A

Kısaca şunu söylemeye çalışıyorum: Biz her duamızda, "işiten ve duyana" bir çağrı yapıyor ve istediğimiz şeyi davet ediyoruz...

Temelde "dua" bilinciyle yapmasak bile "her sözümüzün" sema tarafından algılanması sebebiyle evrenle olumlu ve olumsuz çağrı ve iletişim halindeyiz...

Evrensel bilgisayar olan atmosfere, sözel anlamda yaptığımız her giriş o konuyla bağlantılı enerjileri harekete geçirecektir...

Bu anlatım size tuhaf gelmesin...

Teknolojiyle beraber hologramdan tutun sesle komut edilen akıllı evler dahi çıktı. Hatta bilgisayarlardaki yeni sürümlerde bir şeyi internette arama motorunda aramak istediğinizde, o kanalı açıp sözel olarak örnek olarak "Einstein" dediğinizde sesinizle komut alan bilgisayar size şöyle bir yazılım sunuyor: "Aramayla ilgili 150.000 sonuç bulundu." Birinin üzerine tıklıyorsunuz ve seçtiğiniz LİNK yani diğer adıyla BAĞLANTI ile çağırdığınız bilgi size döküm olarak veriliyor. Bunu nasıl kullandığınıza göre de aldığınız sonuçlar değişiyor elbette...

Bir Allah dostu Necdet Ardıç'ın (Terzi Baba) anlatımında şunu dinlemiştim: "Nuh'un gemisini tahtadan sanmayın. Nuh'un gemisi o kadar ileri teknolojideydi ki SES'le komut ediliyordu..."

Sonra Nuh kavmini incelemeye başladığımda, Nuh Suresi'nin 15. ayetinde şunları okudum:

"Görmüyor musunuz Allah yedi kat semayı nasıl yarattı?"

Yapılan ilmi incelemeler ve araştırmalar dünyanın etrafındaki göklerin 7 tabakadan oluştuğu yönünde.[12]

Buradaki "Görmüyor musunuz?" ifadesi ise dikkat çekicidir. Anlaşılan odur ki teknoloji o kadar ilerlemiş ki, gökyüzü

---

12 troposfer, stratosfer, mezosfer, termosfer, ekzosfer, iyonosfer ve manyetosfer

katmanları açıkça görülüyor anlamına gelebileceği gibi, bu bilgiye zaten önceden sahip olunduğu anlamına da gelebilir...

Demek istediğim, teknolojinin ilerleyeceğinin ipuçları önceden verilmiş bu dünyada, SES'le komuta edilen bilgisayarların ve bunlarla işletilen düzeneklerin olması çok da ihtimal dışı görünmüyordu...

İnsanlar teknolojide ilerlerken Allah'ın teknolojisinin her tür teknolojinin ötesinde olduğunu unutabiliyor...

Hatta arkadaşlarım HI-TECH, ileri teknoloji tabirini kullandığında onlara Ben "HAYY ve TEK olanın teknolojisini kullanıyorum" diyorum.

Çocukken Ali Baba ve Kırk Haramiler diye bir masal anlatırlardı bize...

Ali Baba hazineyi bir mağarada bulur ve o mağaranın sesle açıldığını öğrenir. Doğru sözü söylemek o mağaranın açılması ve hazineye kavuşmasına sebep olur...

"Açıl susam açıl!"

Evren ve dünya da böyle doğru sözlerle katman katman açılan ve barındırdığı hazineleri bizlere sunan bir mağara neden olmasın?

"Açıl yaşam açıl!"

Tabii şunu unutmamak lazım; hazineye kavuşan Ali Baba, haramilerin hedefi haline gelir. Ama burada ne istediğine iyi karar vermen lazım yoksa istediğinin gerçekleşmesinin sebep olacağı sıkıntı, getireceği zevk ve rahattan fazla olabilir.

Bu yüzden bizi işiten ve duyan semaya en güzeli, Allah'ın tavsiyesi olan Peygamber duaları, yani çağrılarıyla yaklaşmak değil midir?

Birisini aradığımızda "Sana ÇAĞRI attım. Sana mesaj attım..." deriz.

Bizlerin beyinleri birer radyo gibidir; hem alıcı hem de verici olabilmek için tasarlanmış muhteşem cihazlar...

Söylediklerimiz o kadar önemlidir ki tasavvuf ilminde kelimelerimizin "can" bulduğu söylenir... Peygamberimiz her yorumumuzda "hüsnü zan" yapmamızı tavsiye etmiştir. Biz baş gözüyle ve bu boyut algısı itibariyle sözlerimizin oluşturduğu enerjileri "şimdilik" göremesek de bu o enerjilerin olmadığını göstermez... Bizde yüzyıllardır var olan bu "hüsnü zan-pozitif (iyi) düşünmek" kavramı, Batılılar tarafından son yıllarda pozitif düşünce, düşünce gücü gibi akımlar adı altında âdeta yeni bir keşifmiş gibi bizlere sunulmakta.

Allah her an duyan ve işitendir. Evet O bizi her an her yerde duyuyor ve görüyor. Kendi isim ve sıfatlarından kurduğu muhteşem sistemle kayıt altına alıyor, bizi sarıp sarmalıyor.

Evrenle paylaştıklarımız, yani sözlerimizin, aslında "onların ürettiği enerjinin mahiyeti" o kadar önemli ki, çünkü önceden de belirttiğimiz gibi madde aslen enerjidir... Örnek olarak kötü bir rüya gördüğün zaman onu kimseye anlatmamanı tavsiye eden ve bu konuda belli bazı tavsiyeleri olan (sol tarafına üç kez üflemeni ya da tükürmeni ve bu rüyanın şerrinden şeytandan Allah'a sığınmanı ve Ayet-el Kürsi okumanı söyleyen Hz. Muhammed [sav]) acaba bu yüzden mi gördüğün ve negatif bir ÇAĞRI taşıyabilecek olan rüyanı "seni duyan semaya" yani seni her yerinle saran göksel bilgisayara söylememeni tavsiye etti?

Rüya yorumu ilminde rüyanı kötüye yoracak kimselere anlatma ve eğer ki anlatacaksan, "Rabbi yessir ve vela tuassir Rabbi temmim bi'l-hayr" yani "Ey Rabbim! İşimi kolaylaştır zorlaştırma ve hayırlı bir sonuca erdir..." de, uyarı ve öğretisi boş yere olmamalı.

Biz bilsek de bilmesek de, düşündüğümüz bir şeyi seslendirirken dahi o şeyin enerjisiyle bağlantılı bir mekanizmayı harekete geçirmekteyiz. Çünkü niyetimiz veya düşüncemiz, bir ÇAĞRI haline gelir ve "ses de bir ilmi taşıyan, bir bilgiyi taşıyan enerjidir" ve bizler bizde tezahür eden Allah isim ve sıfatlarının manalarını taşıyan tasarımımız gereği, enerjiyi gerçekleştirebilme mekanizması verilmiş cihazlar gibiyizdir...

Genel merkez de diyebileceğimiz DUYAN ve İŞİTEN ana bilgisayar olan sema da, kaybolmayan her enerji gibi, dolaşmaya ve oluşturduğu enerjinin karşılığını aramaya başlayacaktır. Google'a girdiğiniz bir kelime gibi sema, oluşturduğunuz enerjinin anlatımlarını sizin karşınıza döküm olarak indirecektir...

İster fiil ister söz temelde her şey bir bilgi ve enerji taşır. Bir şeyi dilediğinizde sadece sözel olarak değil fiilen de o istediğiniz şey yönünde hareketler icra etmeniz gerekir. Keza sadece tohumunu ekmekle kayısı yetiştirilmez. Gübresinin, suyunun ve doğal afetlerden korunması için gereken tedbirler alınması sonucu o kayısı tohumu ağaca dönüşecektir. Aksi halde çürüyüp gidecektir...

İşte bu yüzden her söz gibi her çağrıya ulaşmak yönünde yapılan fiil de bir çağrıdır. Çünkü "fiili dua" da denen, dileğini gerçekleştirmek yönünde yaptığın filler de aynı bir dua, çağrı niteliğindeki kelimeler gibi enerji açığa çıkaracaktır...

Mesela şöyle bir tavsiye vardır: Günah işlediyseniz hemen bir sevap işleyin. İşte buradaki mesele yukarıdaki gibidir. Biz bir fiil işlediğimizde -ki evren onu da bir çağrı olarak algılar– o da hedefe yönelik bir çağrıdır veya sözel bir çağrı/davet yaptığımızda (ah keşke bir arabam olsa gibi) evrene aslında bir dua etmiş olduğumuzun farkında değilizdir...

Yaptığımız hatalı fiili güzel bir fiille NÖTR haline getirmeye çalışmak, açığa çıkarttığımız negatif enerji paketinin bize dönmesini, onu ona karşılık gelebilecek başka bir pozitif enerjiyle dengeleme çalışmasından başka bir şey değildir. Ancak bu "kul hakkı" gibi bazı günahlar için o kişinin bizatihi kendisinin olumlu enerjisi alınmadan (o mahiyette çabalar sarf edilmeden) o yönde bir olumlu enerji oluşturmak mümkün değildir. Örnek; helalleşmek ve helalleşmenin şartlarını yerine getirmek...

Mesela, kıyamette mizan denilen bir terazide günahlar ve sevapların tartılacağı anlatılır.

"Zerre kadar hayır ve şer işleyen, karşılığını görür." (Zilzal 7, 8) Kıyamet günü terazisi olarak adlandırılan Mizan'da sevap ve günahların tartılacağına ilişkin ayetler vardır.

Dünyadaki sözlerden düşüncelere işlenen her şeyde "şekil alacak" iyiliklerin parlak, kötülüklerin karanlık olacağına ilişkin anlatımlar vardır.

Geçiş yapılacak boyutta farklı bir enerji tanıma veya okuma metodu olacaksa, bu durumda şu gün madde olarak gördüğümüz şeyleri başka formlarda ve mana olarak gördüğümüz şeyleri başka formlarda görmemiz muhtemeldir...

Kâinat ses ve ışıktan oluşmuştur... Bir bilgi ve enerjinin tanımlaması onu okuyan bilgisayarın algılamasıyla kısıtlıdır. Şöyle düşünün, bilgisayara media okuyucusu yüklenmemişse bilgisayar yüklenen bir youtube videosunu okuyamaz, değil mi?

Ancak o program yüklendikten sonra az önce "göremediğiniz" data olan bilgi "linki" yani "bağlantısı" size görünür hale gelir...

İmtihan gereği bu evren ve dünyaya belli limitlerle geldik ve bu yüzden bir sevabın, bir fakir doyurmanın bize, biz bu fiili işlediğimiz aynı anda göremediğimiz bir boyutta "bir cennet odası" hediye oluşumunu tetiklediğini göremiyoruzdur belki de.

Bizlerin beyinlerimizin, algılarımızın okuyamadığı, göremediği şeyleri yok saymak evreni küçümsemek olur. Bu sınırsız bir deha olan Allah'ın ilminden OL kelimesiyle OL'durulmuş evrende, bizim göremediğimiz ve duyamadığımız o kadar çok şey var ki, peygamberimiz "Gökler o kadar kalabalık ki gıcırdıyor" demiştir...

Zaten asıl meselenin temizlenmek ve İLİM peşinde koşmak olduğunu anlatan İslamiyet, algı sınırlarımızı olabildiğince zorlamak suretiyle, "Ben kulumun zannı üzereyim" diyen Allah'ımızı en yakın idrakte tanımaya çalışma tavsiyesindedir...

"Ben kulumun zannı üzereyim." Yani onun benimle ilgili idraki neyse ben ona öyle muamele ederim.

O zaman ne kadar tanırsak O'nu, idrakimiz o derece değişecek ve genişleyecektir.

"Bir amelin salih ve makbul olması, kalbin doğru olmasına bağlıdır. Kalbin salih olması ise niyetin salih olmasına bağlıdır." (Mutarrıf bin Abdullah)

Peygamberimizin her gün 70 tövbe çektiğini gören bazı kötü niyetliler, "Hani günahsızdı peygamberler? Hani günahsızdı Hz. Muhammed (sav)? O zaman neden tövbe çekiyor?" derlerdi.

İşte biz tövbeyi sadece "günahlardan" arınmak olarak algılarız. Her şeyi kategorize etmişizdir. Günah sevap, dinli dinsiz, şu ve bu gibi.

Oysaki dinde günah ve sevap gibi anlatımlar dahi aslen bir bilgi paketi, bir enerji olan insanın doğru enerjiye kavuşup evrenle doğru iletişimde olmasını sağlamak üzeredir.

Peygamberimiz kendi yapmak suretiyle bize de tövbe kavramını tavsiye etmiş olur ki bunun birçok sebebi vardır. Ama en önemli sebeplerinden biri, o günahı olmayan güzel zatın, bir evvelki gündeki İDRAKİNDEN temizlenmesi amacındadır.

"Dünle aynıysan ziyandasındır..." diyen peygamberimiz her gün kendimize yeni bir ilim ve idrak katmamız gerektiğini ifade eder. İslamiyet ilim dinidir. Peygamberimizin ÜMMİ vasfı bile tam anlamıyla anlaşılmamış bir vasıftır. Hikâye anlatır gibi peygamberimiz için, "O, ümmidir" deriz. Ümmi zahir, yani görünürdeki anlamıyla okuma yazma bilmeyen demektir ve muhakkak ki Allah çeşitli hikmetlerine binaen bunu böyle uygun görmüştür. Peygamberimizin ümmi olması, Kuran'dan önce gelmiş İncil ve Tevrat'ı okumuş da benzer bilgileri oradan alıntıyla aktarıyor suçlanmasına maruz kalması Allah tarafından istenmediği için böyle takdir edilmiştir diye ilk anlamda ifade edilir bu durum.

Oysa ümminin batın, yani idrak açıldıkça fark edilen, gözden kaçan çok başka bir anlamı daha vardır...

İMAM ne demek bilir misiniz? İmam, üm kökünden gelir ve üm = anne demektir. İşte bizlere zaman zaman Allah size ceza verir, ateşe atar, kâfir diyebilenleri olsa da "imam" Allah dininde, "İslam'ın kayıp çocuklarını bir anne şefkatiyle doğru yola çağıran kişi" demektir.

Bir anne şefkatiyle...

Şefkat dini merhamet dinini ceza ve azap dini gibi lanse etmek öyle büyük suçtur ki, âlimlerin çok büyük cezası olabileceği bu yüzden dini doğru aktarmaları uyarısı vardır üzerlerinde.

"Üm" gördüğümüz gibi "anne" demektir. İlmin anası bir bilinç sahibi anlamının gizlendiği bu anlatım aslında Hz. Muhammed'in (sav) derin ilmini kasteder...

Yani peygamberimiz ÜMMİ'ydi ama kalıplarla çizili, okuma yazma bilip Kuran'da "kitap taşıyan eşeğe" benzetilen âlimler gibi değildi. O ilmiyle "amel" edendi. O bilgiyi sadece nakledip taşıyarak bilgi hamalı olmakla sınırlı kalmış değil, o bilgiyi HAL'e çevirmişliğiyle bilgeliğe çevirmiş olandı...

İşte okuma yazması yok diye bildiğimiz ÜMMİ peygamberimiz aynı zamanda İLMİN ANASI vasfındaydı.

Keza o ona "Oku!" hitabı geldiğinde "Okuma yazma bilmem, ben okuyamamam..." demişti. Ve Cebrail (Cebrail, Allah'ın kuvveti, zorlaması, cebri demektir) ona demişti ki: "Rabbinin adıyla oku..." (Alak 1)

Rabbinin adıyla okuyan Peygamber ilmin anası olmuştu. Biz onun okuma yazma bilmemesine şekli anlamlar verip, bu mucizeyi atlamaktayız. Onun her hali bilsek ki mucizenin ta kendisidir... Biz peygamberimizin ardından yürümeliyiz, Ebu Cehil'in yani cehaletin babasının değil.

İşte bu yüzden OKU'malıyız, Rabbimizin adıyla. Çünkü O her şeyi bilen, isterse kudretinden kuluna bildirir de onu ilmim anası yapar. Göz açıp kapayıncaya kadar.

Anadolu'da yetişen büyük velilerden Terzi Baba'nın hayatı bu konuda derin bir mesaj içerir...

Terzi Baba temel din bilgilerini tahsil ettikten sonra, anne ve babasının isteği üzerine, bir sanat sahibi olmak için terzilik öğrenmeye başladı. "Terzi Baba" diye meşhur olması buradan gelmektedir. Dünyaya hiç rağbeti yoktu. Ahirete meyli çok fazla idi. Mesleği ile meşgul olurken, ibadeti terk etmez, nefsinin arzu ve isteklerini yapmama hususunda azami gayret gösterirdi. Mevlânâ Halid-i Bağdadi'nin halifelerinden Şeyh Abdullah Mekki Efendi ile görüştü ve ona talebe oldu. Bundan sonra Terzi Baba'nın manevi mertebesi günden güne ilerledi. Nefisle mücadele ve riyazette çok ileri derecelere ulaştı. Abdullah Mekki Efendi, ona icazet verdi.

Abdullah Mekki Efendi ile tanışmaları şöyle oldu: Terzi Baba, hem dikiş diker hem de dili ve kalbi ile Allahü Teâlâ'yı anardı. Dükkânında dikiş dikerken, her iğneyi kumaşa geçirip çıkarışta dili ve kalbi ile Allahü Teâlâ'nın ism-i şerifini söylerdi. Halim selim, mütevazı bir zat idi. Kimsenin halini bilmesini istemezdi. Fakirleri çok sever ve bu sevgisini açıkça belli ederdi.

Bir gün Erzincan'a seyyah fakirlerden birisi geldi. Üzerindeki palto çok eski olduğu gibi, ele alınmayacak kadar kirli idi. Bu zat paltosunu diktirmek için şehirdeki terzileri tek tek gezdi. Fakat müracaat ettiği bütün terziler onun elbisesini dikmek değil, el sürmekten bile çekindiler. Terziler o fakir zata alay yollu, "Şurada Terzi Baba var. Ona götür, o diker" dediler. Zavallı fakir zat, Terzi Baba'yı buldu. İstediğini anlattı. Terzi Baba'dan ret yerine hüsnükabul gördü. Terzi Baba ona, "Paltonu bırak, inşallah yarına hazırlarım" dedi. Terzi Baba paltoyu alıp, güzelce yıkadı, kuruttu ve dikti. Ertesi gün o fakire elbisesini teslim etti. Bütün bu yaptıklarının karşılığında ücret almadı. O fakir zat paltosunu temizlenmiş, dikilmiş görünce çok memnun oldu. Terzi Baba'ya nazar edip, Allahü Teâlâ'nın sevdiklerinin sohbetine kavuşması için kalben dua etti.

O günlerde Mevlânâ Halid-i Bağdadi Hazretleri, halifelerinden Abdullah Mekki Efendi'yi Anadolu'ya göndermişti. Abdullah Mekki Efendi, Erzurum'a uğramış, sonra Erzincan taraflarına yönelmişti. Erzincan'a yaklaşınca, yanındaki arkadaşlarına, "Hocamızın bize tarif eylediği memleket, Allah bilir ya burasıdır. Burada bir zatın bizde emaneti vardır" demişti. Abdullah Mekki Efendi, Erzincan'ı şereflendirince, insanlar akın akın ziyaretine geldiler. Gelenler arasında Terzi Baba da vardı. Abdullah Mekki Efendi, ilk defa gördüğü Terzi Baba girince ayağa kalktı. Davet edip yanında yer verdi. Hiç kimseye yapmadığı iltifatı Terzi Baba'ya yaptı. "Mevlânâ Halid-i Bağdadi Hazretleri'nden bizde bir emanet var. O emanete seni müstahak gördüm. Bu emanet sana çok menfaatler sağlar. Kabul edersen sana teslim edeyim" dedi. Terzi Baba da, "Siz bilirsiniz efendim, maddi menfaatse; dünya için Allah demem" cevabını verdi. Abdullah Mekki Efendi bu cevabı alınca, "Oğlum, sen bulacağını buldun. Teslim edeceğim emanet seni dünya sevgisinden kurtarmaktan başka bir şey değildi" buyurarak, Terzi Baba'ya himmetle nazar edip, emaneti tevdi etti. Şah-ı Nakşibend Behaeddin-i Buhari Hazretleri'nin yolunda terbiye edip, kemale ermesine vesile oldu. Terzi Baba'ya hilafet verip, Allahü Teâlâ'nın kullarına, Allahü Teâlâ'nın dinini öğretmek ve marifetullaha kavuşturmak vazifelerini verdi. Bunun üzerine, Terzi Baba'nın hali derhal değişti. Manevi feyizler deryasına daldı.

Bu hadiselerden sonra, Terzi Baba'nın yüksek derecesi halk arasında duyulup, yayıldı. Herkes istifade etmek için ona geldi. Zamanla Terzi Baba'ya bağlı talebelerin sayısı günden güne arttı. Bu hali çekemeyenler, onun hakkında dedikodu etmeye başladılar. "Ümmi bir cahilin başına bu kadar insan toplanmış" diyorlardı. Hatta ilimden biraz nasibi olanlar da, bu gibi sözleri söylemeye başlamıştı. Bunun üzerine beldenin müftüsü, Terzi Baba'yı imtihan için davet etti. Maksadı ise, Terzi Baba sorulan suallere cevap veremeyince, cehaletini anlayıp, insanlara irşat, yol gösterme davasından vazgeçmesini temin etmekti. Terzi Baba, müftü efendinin davetini kabul edip gitti. Orada büyük bir ilim meclisinin toplandığını gördü. Müftü efendiye kendisini niçin davet ettiğini sorduğunda, müftü efendi ona, "Biz seni imtihan için davet ettik. Hakkınızda birçok dedikodu yapılıyor. Buna son vermek lazım geldi. Şimdi bazı sualler soracağız. Siz cevap vereceksiniz" dedi. Sonra sıfat-ı sübutiyyenin kaç tane olduğunu ve daha başka sualleri sordu.

Terzi Baba büyük bir hakikati ortaya çıkarmak için, "Allahü Teâlâ'nın, bu şehirde yaşayanlara göre yedi, diğer beldelere göre sekiz tane sıfat-ı sübutiyyesi vardır. Bu beldeye göre Allahü Teâlâ'nın sübuti sıfatları şunlardır: İlim, Semi, Basar, İrade, Hayat, Kelam ve Tekvin. Bu şehre göre Allahü Teâlâ'nın Kudret sıfatı yoktur. Çünkü bu şehir insanları Allahü Teâlâ'nın Kudret sıfatını inkâr etmektedirler. Eğer bu şehrin insanları Allahü Teâlâ'nın Kudret sıfatına inansalardı, Allahü Teâlâ bir ümmi kulunda, insanlara doğru yolu gösterme kabiliyetini yaratmaya kadirdir derlerdi..." cevabını verir vermez, orada bulunanlar, Terzi Baba'nın ilm-i ledünniye sahip, kâmil bir zat olduğuna kanaat getirip, ellerine kapanarak af dilediler. Ona gereken ikram ve hürmeti gösterdiler.[13]

Dinimizde "ilim" en önemli şeydir. Peygamberimiz vahiy almaya başladıktan yıllar sonra namaz vakitlerini düzenleyen sistem verilmiştir... Bizdeyse biri Müslüman olduğunda

13 Evliyalar Ansiklopedisi

veya o farzları uygulamak istediğinde bazı içerikleri anlatmadan hemen "Namaz kıl!" deriz.

Namaz kılınmalı elbette, onun gibi bir vuslat mı var? Ama bunu yaparken ne yaptığını, ne söylediğini ve aslında ne kadar muhteşem bir yola girdiğini anlaman da gerekir. O zaman namazı daha çok sahiplenirsin ve ciddi bir biçimde bağlanırsın. Ve o zaman asıl namazın beş vakitle sınırlı değil de, Kuran'da da işaret edilen DAİMİ NAMAZ olduğunu anlarsın...

Daimi namazdadır Allah dostları. Kalpleriyle. En az beş vakit çıksalar da seccadeye, her an alınları secdededir onların. Otururken de, kalkarken de, yapayalnızken de hep Allah'ın huzurunda olduklarının idrakindedirler.

Cebrail'in İslamiyet'i öğretmek için geldiği, bir sohbetinde Allah Resulü'ne (sav), "İhsan nedir?" diye sorduğu ve Allah Resulü'nün de (sav) bu soruya, "İhsan Allah'ı görüyor gibi O'na ibadet etmendir... Sen Allah'ı görmesen de Allah seni görüyor..." dediği anlatılır. İşte her an, bu idrakle ibadet etmek ve davranmak ihsandır...

Her an huzurda olduğun idrakiyle...

Böyle olabilsek hepimiz, dünya bu şekilde olur muydu?

"Kul hu" duasına İhlas duası denme sebebi bu değil mi? İçinde ihlas kelimesi olmayan bir duaya "İhlas" denme sebebini hiç mi tefekkür etmedik?

Secdeyi sadece yere alnımızı koymak olarak algılarız, oysa secde anlam olarak "yere kapanmak, yere kapanarak tapınma" anlamıyla beraber Kuran'da anlatımlarda aynı zamanda "boyun eğmektir, baş eğmektir, itaat etmektir". Sadece bedeninle değil; ruhunla, idrakinle O'na yönelmendir. İşte bu durum için Allah, "Secdede kulumla aramda hiçbir perde yoktur. Bana en yakın olduğu andır secde" der.

İnanmak, tabi olmak, itaat etmek aslında nefis tarafından unutturulmak istense de insanın "özünün" yaradılışında yani doğasında vardır... Hatta "tabiat" kelimesi de buna işarettir...

Tabiat "bir varlığın özünden, yaradılışından gelen özellikleridir"... Bilirsiniz birine "tâbi" olmak onun peşinden gitmek, ona uyruk, bağımlı olmaktır... İşte insanın tabiatında dahi Allah'a tâbi olma vardır...

Hatta tab kelimesi de "damga basma, mühür, damga, karakter" anlamına gelir...

Kâinat Allah'ın mührüdür... O mührü, damgayı kendinde de görmek, onu taşıdığını bilmek ve onu yüceltmek ve aidiyet hissi, insanın doğasının doyma şeklidir, huzur bulma şeklidir...

Secde anlatımında yatan da bu itaatin ifadesidir... Secde, Yaradan'a itaat ifadesidir, âdeme yapılan secde de Allah'a itaat etmekten kaynaklanan bir boyun eğme anlamındadır... İtaat ve tabiat kelimeleri birbiriyle ilişkilidir...

Kâinatta var olan her şey, her şey Yaradan'a itaattedir... İşte itaat de insanın yaradılışında, özünde var olan temel yönüdür... Bunu yaşayamazsa arayışı bitmez... Huzura kavuşamaz... Aidiyet hissini yaşayamaz...

O kadar güzel bir anlatım vardır ki, Allah kâinatta var olan her şeyde aslında kendi gizlidir... Bu, idraki yüksek kişiye zahir olur ama bunu idrakinde göremeyen başka şeylere âşık olduğunu, yöneldiğini sanır... Aslında Allah her yerde yalnız kendi varlığıyla, tecellisi ile bizlere âdeta kıyamayıp bu günaha, O'ndan ayrı düşme günahına düşmemizi engellemiştir...

Mesele olmayanı görmek değil, olanı görmemektir... Mesele sadece idraktir...

Hakikat hep bizimledir, doğamızdadır, biz bunu görmeyi kabul eder ya da etmeyiz...

Etmedikçe de kendi doğamıza direnmenin, varoluşumuza ihanet etmenin acısını, çatlayamamış bir tohumun, koskoca bir ağaç olamamanın verdiği ruhi cücelikle kendimiz olabilmekten kovulmuş bir şekilde yaşar ve gideriz...

Aşk ne yârdedir ne de serdedir.
Aşk yalnızca sendedir...
–Deniz Erten

Evet ilim mevzu olunca sahabelerle de ilgili konuyu kısaca aktarmam gerektiğini hissettim. Sahabe ne demektir, hiç düşündünüz mü?

Sahabe, "sohbet ehli" ve "sahip olan" anlamındadır... Peki neye sahiplerdi?

İlmin anasının sohbetlerinde verdiği ilme. Onlar ilme sahip olmaya başladıktan bir süre sonra namaz takvimleri de belirlendi (Miraç'ta). İdrak ettikleri, şuurlarında secde ettikleri, o kadar çoktu ki bedenen secdeyle zirveye ulaştılar...

Onlar secdede, "Subhanerabbiyela'la" der, "Yüce Rabbim seni tenzih ederim" derken, kendi idraklerinden bile tenzih ettiler Allah'ı, çünkü idrak edilemeyecek yücelikte bir kudret, varlık olduğunu idrak etmişlerdi.

Peygamber ilmine ve sohbetine kendini vermiş herkes manen sahabe olma yolunda olur inşallah. Çünkü Allah Resulü (sav), "Kişi sevdiğiyle beraberdir" der...

Daha ne desin?

Füsus'ül Hikem'de İbnü'l Arabî Hazretleri bu hususu şöyle belirtir:

"Kendi iç âlemine ve kendisiyle birlikte namaz kılan meleklere imamlık ettiğinde (ki sahih bir hadiste belirtildiğine göre, namaz kılan kişinin arkasında melekler namaza durduklarından) namaz kılan herkes imamdır, bu kişi için resul rütbesi hasıl olur ve bu rütbe Allah'ın vekili olmaktır.

"Semi Allahü limen hamideh" (Allah hamd edeni işitir) dediğinde, kendi nefsi ve arkasındaki meleklere Allah'ın işitmiş olduğunu haber verir ve kendisiyle birlikte orada bulunanlar, "Rabbena ve lekel hamd" (Ey Rabbimiz hamd sana mahsustur) karşılığını verirler...

Çünkü hiç kuşkusuz Allahü Teâlâ, kulunun diliyle, "Semi Allahü limen hamideh" buyurmuştur. Öyleyse namazın rütbesinin yüceliğine ve namaz kılanı nereye götürdüğüne bir bak! Ne var ki, namazında müşahede mertebesine erişememiş olan kişi, namazın gayesine ulaşamamıştır. Çünkü kendisiyle münacatta bulunduğu, Hakk'ı görmediği için onda göz aydınlığı ortaya çıkmamıştır. Eğer namazda Hakk'ın kendisine verdiği karşılığı işitmeyecek olursa, bu kişi (Hakk'a) kulak verenlerden değil demektir. Ve işitmediği ve görmediği için Rabbinin huzurunda olmayan kişi, asla namaz kılıcı değildir. Bu kimse, müşahede eden ve kulak verenler sınıfından değildir...

Bu konuyla ilgili yeniden buluşacağız kitap içinde. Şimdi ilmin İslamiyet'teki önemini az çok anladıysak birkaç sahih yani doğru kaynaklı hadisle devam edelim.

İlim o derece önemlidir ki:

"Bu örnekleri ancak âlimler anlar." (Ankebut 43)

Bazı hadis-i şerifler:

"Âlimin mürekkebi, şehidin kanı ile tartılır, âlimin mürekkebi ağır gelir." (Hatib, İ. Neccar, İ, Rafii)

"Âlimler, yeryüzünün kandilleri, peygamberlerin halifeleri, benim ve diğer peygamberlerin vârisleridir." (Ebu Nuaym, İbni Adiy) "Kıyamette şefaat edecek olanların ilki peygamberler, sonra âlimler, sonra da şehitlerdir." (Deylemi, Ebuş Şeyh, Hatib)

"Âlimler, dünyada peygamberlerin halifeleridir, ahirette ise şehitlerdendir." (Hatib)

Dinimizin kaba kuvvet ya da vahşet değil aslen "nefsinle savaşmayı" ve tek gerçek olan hakikat ilmine ulaşmayı amaç edinmemiz gerektiği ayetlerde defalarca izah edilir...

"Hiç bilenle bilmeyen bir olur mu?" (Zümer 9)

Bizlerin Kurban Bayramı'ndan dahi anladığımız sadece bedeni olarak oruç tutup, sonra bir koç kurban vermekken, Kurban Bayramı öncesine neden ARİFE dendiği dahi irdelenmemektedir. Arafa kelimesi kökünden gelen ve "bilmek, irfan, geleceği haber vermek" anlamları taşıyan bu kelime boş yere mi seçilmiştir? Kurban kelimesi aynı zamanda "kurbiyyet" kelimesi kökünden gelir ve "yaklaşmak" demektir. İşte asıl Kurban Bayramı nefsimizi kurban edip Allah'ımıza yakınlaştığımız gündür. Allah'ın ilmiyle ve ibadetiyle arif yani "bilen", Batı'dan dilimize girmiş deyimle "farkındalığına ulaşmış" olan insan Allah'a yaklaşacağı müjdesiyle bayram yapmaz da ne yapar?

Dünya algısı ve Allah'ın ilmiyle gelen hakikat algısı arasındaki o son tepede, Arafat'ta arif olmaya yani "farkında olan", "bilen" olmaya bir an kala, o ana dek yaşadıkları cehaletin son bulduğu ve bu yüzden de affedildikleri gönül dağları değildir de nedir Arafat Dağı?

Bizler neyi bilerek yaşıyoruz da secdemizde perdeler neden kalkmıyor diye hayıflanıyoruz...

Bu konuya başka bir başlık altında geleceğim, şimdi, tekrar ilim ve enerji konumuza dönelim...

Enteresandır ki mesela "zekât" denilen bir kavram vardır

İslamiyet'te. Zekât "temizlenmek, arınmak, suçtan aklanmak" demektir. Sadece malın değil, ilmin, hatta güzelliğin, sağlığın dahi zekâtı farklı farklı şekilde verilmelidir...

Tövbe ise, "Dönme, geri gelme, günahtan vazgeçmek" demektir.[14]

Bu kelime kökenini aldığı Aramice/Süryanicede yapılan olumsuz enerji içerikli hatadan "dönme" anlamındadır. İlginç olan ise İslam hukukunda iyiliğin ödülü olan "sevap" kelimesinin de Arapça karşılığı "dönme, geri gelmedir".

İlginç değil mi? Bir mesaj mı verilmek isteniyor bize yoksa?

---

14 Tövbe, bir anlamıyla da, şeytan kelimesi Allah'tan uzak olmak anlamına da geldiği için, Allah'tan uzak düşme halinden yeniden Allah'a dönmek demektir.

Yoksa bize, "Siz ister sevap ister günah işleyin size geri dönecektir!" mi deniyor?

Çünkü sistem "dönmek" üzerine kurulmuş ve her enerji üretildiği kaynağa eşdeğer bir enerjiyle geri dönmek zorunda...

Suyun bile dökülürken enerjisinin tam tersi eşdeğer şiddetteki ışık enerjisi, onun döküldüğü yerden yukarı doğru tırmanmaktadır.

Bu dünyada "ruhsal ya da enerji beden" dediğimiz bilgi paketimize yüklenen negatif enerjiler temizlenmelidir. Şayet temizlemezsek hastalık, sıkıntılar vs. ile vefat sonrası kabir azabıyla, bize verilen nimetlerle (sadaka, zekât) ödeyememişse, yine yetmiyorsa mahşer sıkıntıları, şefaatle de giderilmiyorsa cehennemde kalarak ödeniyor... Adem "yokluk" anlamına gelir... Ama bu yokluk "aslında olması mümkün olmayan yokluğun sahilleri" diye nitelendirilen "kendi izafi varlığının" yokluğunda Allah'ın bekasıyla var olmayı ademden Âdem'e uzanan bir yolculuğu işaret eder... Allah'la var olabilmek için Allah'ta yok olabilmen gereğini... Ruhundaki sonsuzlukla, bu âlem içinde var saydığı suretiyle aslında adem yokluktur... Sonlu ile sonsuz arasındaki savaşında düştüğü sıkıntılardan sıyrılıp, berzahını geçerek sonundan yok olup sonsuzluğuna kavuşan ademden Âdem'e yolculuğun hikâyesidir her insanın hikâyesi... İşte bunun için önce adem olduğunu anlaman gerekir... Yani yokluğunu... Önce varlık KAP'ını boşaltman gerekir...

Bir bardak suya toz düştüğünde onun üzerine eklenen su, kirli suyun büyümesinden başka bir şey değildir. Bu yüzden önce KAP boşaltılmalı, yerine temiz su konmalı ve o temiz su da yine ilimle artırılmalıdır... Batı'da çok yaygın olan Zen öğretisinde boş kap olma tavsiye edilir. Zen felsefesine yönelim onun "yol, özümüze giden yol" anlamında olmasındandır. Dinlerden bağımsız olan bir yol denir. Oysa din kelimesinin de "yol" demek olduğunu ve Allah'a yani özümüze giden yol olduğu anlanmamış olunsa gerek...

Doğru enerjiyle var olabilmen için önce yok olman, Allah'la var olabilmen için önce Allah'ta yok olman gerekir...

İnsan ister mahşerde, ister kabirde, ister dünyada temelde ilim idrakindeki eksiklikler ve yanlışlıklar yüzünden azap çeker. Bu ilim hakikat ilmidir. Bu yüzden âlimlerin sorumluluğu çok büyüktür ve insanları yanlış yola sürükleyen ve Allah'tan uzaklaştıranların cezalarının büyüklüğü Kuran'da çeşitli ayetlerde defalarca belirtilmiştir.

"Zorlaştırmayın kolaylaştırın, dinde zorlama yoktur" gibi ifadeler pek çok anlamı bünyesinde ihtiva eder.

İnsan hayır ve şer ayrımına cehaleti yüzünden düşer. İşte bu yüzden de Allah Resulü (sav) idrak etme şeklimizin hep "madde" ve "şekil" üzerinden olduğunu bildiği için, Allah'ın kendisine öğrettiği her şeyi bizler için madde, fiziksel görüntü, şekil ya da semboller haline dökmüştür.

"Ve and olsun ki biz, bu Kuran'da bütün meselelerden (misallerden) açıklama yaptık. Buna rağmen insanların çoğu sadece inkâr ederek direndi..." (İsra 89)

Ebu Cehil de bir kalıba ve şahsa verilen bir isimken, aslında dinin yani "yolun" sadece bedensel törenler ve anlayışlardan olduğu yaşatma sistemine getirilen bir eleştiridir aynı zamanda.

Peygamberimizin ve Müslümanlığın düşmanı olan ve asıl adı Amr bin Hişam olan bu şahıs hakkında, efendimiz Arap usulüne göre lakaplandırma yaygın olduğundan onun nasıl anılması gerektiği hususunda herkes fikrini beyan etmiş, efendimiz de onun EBU CEHİL diye anılmasını uygun görmüştür. Neden?

Neden böyle uygun görmüştür? EBU CEHİL ne demektir ki?

Ebu = baba, cehil = cehalet... Alın işte size yine bir kavramı "şahıs" kalıbından çıkarıp bir "sistem" haline getirmek...

Efendimiz burada yüzyıllarca önce yaşamış Ebu Cehil'i işaret ederken şunu demek istemiş olmasın: Kim olursa olsun ister şimdi yaşasın ister yüzyıllar sonra, İslam'ın tek düşmanı vardır ki o da "cahil" kimsedir. İslamiyet'in en büyük düşmanı bu cehalettir işte…

Bizse onu bir şahıs gibi görüp kendimizce ona buğuz etmeye devam ederek cehaletimize yenik düşmeye devam etmekteyiz. "İlim bir noktaydı. Cahiller onu çoğalttı…" (Hz. Ali)

Kul Hakkı

"Günahsız insan olmaz" buyuruluyor. Her günah için bir karşılık görürsek gerçekten düşünülmez bir azaptır. Ancak Allah'ımızın merhameti o kadar büyüktür ki bir sevabımıza on katı karşılık, günahımızaysa aynı yönde karşılık vereceğini söyler. O Settar, Tevvab ismiyle günahları örter. Çünkü her günahımız için azap çekersek eğer, inanılmaz bir acı ve azap ortaya çıkar. Bir sevap işlendiğinde yanına bir melek gelir, her ikindi namazına kadar bir önceki günün günahları yazılmaz, o yüzden af dileyin gibi öğretilerden de anlaşılabileceği gibi sevabın faydası, günahları yok etmek içindir. Kendimize yüklediğimiz olumsuz enerjiyi olumlu enerjiyle dengelemek suretiyle RUHSAL BEDENİMİZİN güç kaybetmesine engel olma çalışmasıdır. Ancak, örnek olarak belirtildiği üzere kul hakkı çok önemlidir ve bunu "nafile" ibadetlerle ödeyemeyiz. Bu farz ibadetlerle veya o kişinin büyük günahlarının bizim ruhsal bedenimize eklenmesi suretiyle ödenecektir. Ruhsal bedenimiz yani enerji bedenimizden karşı tarafa aktarılacak her enerji birimi bizim diğer boyuta acısız geçişimizdeki enerji gücümüzü azaltacaktır…

Zerre kadar günah ve sevap zayi olmaz çünkü bu fiillerle açığa çıkmış enerji, her var olan enerji gibi yok olmaz. Mizan denilen, belki de enerji tartan, bilemiyorum, bir terazide tartılır. İlim ve bilgi de enerjidir ve bu mizanda Allah dostları sevapların çarçabuk günahlarımızla eriyebileceği uyarısını getirirken hakikat ilminin böyle olmadığından söz ederler.

Günah ve sevaplardan hangisi ağır gelir ise ona göre muamele edilir.

Bir gün yine İbnü'l Arabî Hazretleri'nin bir kitabını sanırım Fütuhat-ı Mekkiye'yi okuyordum. Orada çok enteresan bir olay okudum: Allah dostlarından sufilerin (sufi kelimesinin pek çok anlamı vardır, saf, temiz, kirlerden arınmış, hakikat bilgisine sahip ve yün elbise kelimesinden geldiği de söylenmekte) kendi aralarında bir tür enerji naklettiklerini, birbirlerine karın bölgesinden sanki bir şey tutuyormuşçasına enerji transfer ettikleri anlatılıyordu. Enerji bedeniyle ilgili bu tür anlatımlar ve daha yüzyıllar öncesinden sahip oldukları ve her ilmi kapsayan ve üzerindeki hakikat ilmine vâkıf olmalarından dolayı halihazırda idraklerinde vardı.

Hatta hiç düşündünüz mü bilmem ama Allah'ın nazar etmesinden bahsedilir. Öyle ki hac zamanı ilahi rahmetin, hikmetin en yoğun olduğu zaman olarak nitelendirilir ve Allah'ın kullarına nazar ettiği söylenir...

Tasavvuf ilminde de "nazar" denen bir kavram vardır. Mürşit müridinin gözlerine bakmak suretiyle ona enerji aktarır. Enerji ilim transferi de olduğundan o kişide farklı idrak açılımlarına vesile olur.

Bunun başka bir haliyse VAHİY'dir. Vahiy, bire bir sınırsız enerji ve güçtür. Kudret ve ilim sahibi Allah'tan gelen ilmin, enerjinin bir varlığa aktarılmasıdır. Bu suretle birdenbire bunu alan kişide büyük açılımlar olur. Ancak bu enerji aktarımı öyle bir şeydir ki yüklenen kişiyi sarsar. Hatta peygamberimizin ilk vahyi aldığı gün nasıl titrediği, neler yaşadığı anlatımlarını düşünürsek, daha önce ilmi yani enerjisi daha düşük birine bu yeni yüklemeyle enerjinin nasıl yükseleceğini belki idrak edebiliriz.

Hatta ilham alan insanlarda dahi, sanki 50 vatlık bir ampule 100 vat yüklenmiş gibi ilk etapta bir zorlanma ve bir titreme hali geldiği de ifade edilir...

Bunu şöyle de düşünebiliriz, etrafımız elektromanyetik alanlarla sarılı değil mi?

Bizler göremesek de internet, cep telefonu baz istasyonları, kablosuz net, televizyon alıcıları, uydular vs. gibi etrafımızı çepeçevre sarmış elektromanyetik alanlar var. Biz bunları görebiliyor muyuz? Hayır, sadece bunlara ilişkin aygıtları görebiliyoruz ama bu akımları gözlerimiz OKU'yamıyor yani göremiyor ve algılayamıyor.

Etrafımızda "sınırsız bir bilgi akışı" var. İşte beyni bir radyo gibi, cep telefonu gibi bir alıcı ve vericidir insanın. İnternet paketi bitenler ne yapar? Yeniden enerji paketi yükler ki "sınırlı" da olsa bilgi akışına bağlanabilsin.

İşte sınırsız bir bilgi akışı varken biz kendi paketimizle sınırlı kalırız. Ve her paket bilgi içerir. Bize yüklenen her paket iletişim ve bağlantımızı artırır. İşte evren ve beynimiz de aynen bir bilgisayar ve net arasındaki ilişki gibidir...

Televizyon veya radyomuz hangi kanala çevrilmişse o frekansa ait bilgi akışına maruz kalacaktır ve diğer tüm frekansları algılamaktan mahrum kalacaktır. Durum bunun gibi olamaz mı? Etrafımızda halihazırda tüm boyutlar ve varlıklar var. Tüm boyutlar iç içe, aynı etrafımızı saran elektromanyetik alanlar gibiyken biz sadece şifresi bizde olan veya radyomuzu ayarladığımız kanalla bağlantıdayız ve bundan dolayı diğer kanallarda neler var bilmiyoruz, çünkü bizim ayarlarımız o kanallara yönelmiş değil.

İlham gibi üst bilinçten bilgi geldiğinde sınırsız kudret ve ilimden gelen İLİM içeren o enerji, o kişiye ait voltajı yükseltir. Hatta yanma kavramı bundan geliyor olabilir. Bizler enerjimiz yani ilmimiz arttıkça elektriksel yani elektromanyetik alanımız da arttığı için aslında yanmaktayız.

İşin enteresan yanı Allah dostları da yanmaktan bahseder...

"Hamdım... Piştim... Yandım..."

"Yanmak var, yanmak var. Odun yanınca kül olur. Adam yanınca kul olur..." diyen Mevlânâ, şiirsel bir anlatımın altında bizlere aslında ilimsel bir öğreti sunmuş olamaz mı?

Her şeyi bırakın ciğerleri oksijenle beslenen, yediği yemekleri yakmakta olan ve enerjiye çeviren bir varlık zaten halihazırda yanmakta değildir de nedir?

Bu yanmak ve bu "ateş" başka türlü bir ateştir...

Bu arada yukarıda günah-sevap konusunda helalleşmeyle ilgili parantez açtığımız "helal" kelimesi ÇÖZME, İZİN VERME anlamı taşır. Bizler kul hakkı gibi günah tabir edilen negatif bilgi yüklenimleriyle aslında kendimizi ve idrakimizi ve enerji bedene geçişimizi bağlamaktayız. Helalleşmek suretiyle o bağların çözülmesi sağlanmalıdır...

Hatta enerji bedenimiz, ruhsal bedenimizin sevaplarla "parlayacağını" ifade ederler. Parlamak IŞIK demektir. Işıklanmak...

Hatta yine Batı öğretileriyle gelen AYDINLANMA ifadesi de temelini yine Allah'a ait hakikat ilminden alır. Nasıl mı?

Allah bizlerin nurlanmamızı ister. Bizleri doğruya davet eder.

Ölüme gidip gelmiş insanlar bir ışıktan bahseder. Hatırlayın... Nur Suresi 35, 36. ayetlere bakalım:

"Allah, göklerin ve yerin NUR'udur. O'nun nuru, içinde misbah (lamba) bulunan kandil (ışık saçan bir kaynak) gibidir. Misbah, sırça (cam) içindedir. Sırça (cam), inci gibi (parlayan) yıldız gibidir. Doğuda ve batıda bulunmayan mübarek bir ağacın yağından yakılır. Onun yağı, ona ateş değmese de kendi kendine ışık verir. Nur üzerine nurdur. Allah dilediğini nuruna hidayet eder (ulaştırır). Ve Allah, insanlara örnekler verir. Ve Allah, her şeyi en iyi bilendir."

"Allah'ın, içinde isminin yükseltilmesine ve zikredilmesine izin verdiği evlerin içinde (Allah'ın nuru) vardır. Orada O'nu, sabah akşam tesbih ederler."

İşte nur "ışık, ışıma" demektir Arapçada. Ve inananlar nura, yani "ışığa", "aydınlanmaya" çağrılır içte ve dışta...

Ruhsal bedenin, beynin temizlenip ışığa kavuşması. Elektriksel bir sistem olan beyin her daim ışınlar saçmaktadır. Yüzü nurlanmış derler bazı insanlar için neden? İçerideki yoğunlaşmış bilgi, yüklü enerji dışa, yani bedene yansımıştır...

Nur yüzlü evliyalardan bahsedilir. Hiç mi düşünmedik neden nur yüzlü diye?

Muhammedi Nur evreni kaplamıştır denir. Kuran'da nefsine zulmedenlerden bahsedilir. Nefse uzun uzun bir sonraki bölümde değineceğiz ama "zulüm" nedir peki bilir misiniz? Zulüm kelimesi ne demektir, kime "zalim" deriz? Kuran kime "zalim" der?

Bu "zorbalık eden, haksızlık eden" diye tasvir edilen fiil aynı zamanda aynı kökten gelen "kararma, karanlık" sözcüğüyle eş kökenlidir...

İşte bizler nefsimize her zulmedişimizde, yani hataya her düştüğümüzde kalbimiz ve bizi saran enerji kararır ve zalim yani "karanlıkta kalan" oluruz...

Nura davet eden, ışığa, aydınlanmaya davet eden bir yoldur İslam. Hakikat ilmine sahip oldukça aydınlanır kalp. Karartısı dağılır içerideki nur yüze yansır, bir süre sonra iyice dışarıya yansır ve o kadar yoğun ışık olmuş, nurlanmıştır ki peygamberimizin belki de bu yüzden gölgesi yoktu. Evet, Allah'a, "Beni nur yap" diye dua eden Hz. Muhammed'in (sav) gölgesinin olmadığı söylenir...

Nasıl olsun, safi nurun, safi ışığın hiç gölgesi olur mu?[15]

---

15 "Allah Resulü'nün gölgesi yoktu. Güneşe durduğu zaman, onun aydınlığı, güneşin ışığını bastırırdı. Yanında bir kandil bulunduğu zaman, yine onun aydınlığı kandilin ışığını bastırırdı." (İbnü'l-Cevzi İbn Abbas)

Zekvan: "Güneşte de, aylı gecede de Resul-ü Ekrem'in gölgesi görünmezdi." Bunu, Hakim et-Tirmizi rivavet edip bundaki hikmeti, onun hakaret amacıyla gölgesi çiğnenmesin diyerek ifade etmiştir...

İbn Seb: "Onun gölgesi nur idi. Güneşte veya ay ışığında yürüdüğü zaman, gölgesi görünmezdi." (Peygamber Külliyatı)

Hesaplar sadece kıyamette tutulmaz. Allah "Seri-ul Hisab" ismiyle, hesabı çabuk görendir. Evrensel düzenek gereği işlediğimiz fiiller olumlu ya da olumsuz olarak bize dönecektir.

Bu dünyadayken başımıza gelen sıkıntılar genel olarak "hatalı fiil" anlamındaki günahların bedelidir...

Günah sözcüğü Kuran'da farklı farklı kelimelerle nitelendirilmiştir (ism, cürm, hıtaen)...

Günah işlemek kavramını anlamak için Allah'ın bize neyi tavsiye ettiğini iyi anlamamız gerekir. Allah bizden kendisi için bir şey istemez, O bizden "bizim" için iyi olanı ister. Bizler öyle inanmaya direnseк de, Allah ibadetlerimizi yerine getirmemizi de yine bizim için ister. Kendisi için isteseydi o mutlak kudret sahibi, "Dinde zorlama yoktur!" der miydi? O'nun bizim ibadetlerimize ihtiyacı yoktur.

İhtiyaç sahibi olan biziz. Bizlerin hatalı fiillerinin "günah" olarak nitelendirilmesi, bizlerin kendimize veya başka birine zarar vermemizden dolayıdır.

İbadet anlayışı gibi günah anlayışı da sanki Allah için yapılan şeyler olarak değerlendiriliyor. Oysaki kendini "Samed" ismiyle de nitelendiren ve hiçbir şeye ve kimseye ihtiyacı olmayan Allah tamamen bizlerin doğru, mutlu, huzurlu yaşayabilmesi ve insanların birbirlerine zarar vermemesi için bir tür bireysel ve kamusal yapılanma tavsiye etmiştir.

Allah'a ibadet etmediğini çünkü neden ibadet etmesi gerektiğini anlamadığını söyleyen insanlara genelde şu açıklamayı yapıyorum:

Anne babanızı düşünün. Sizin okumanız başarılı bir insan olmanız için uğraşır dururlar değil mi? Çalışmadığınızda kimi zaman size ceza verir, ama her ihtimalde severler. Her ihtimalde ne yaparsanız yapın, sizi bağırlarına basarlar. Sonuçta ne beklerler?

Ben evladını sevmeyen ve her durumda onu affetmeyen ebeveyn görmedim. Eğer ilk etapta affetmezse bile, içinde hep bir acı vardır evladı için.

Sonuçta sizden ne isterler? Kendileri için bir şey mi? Hayır...

"Onlar sizin ileriki hayatınızda yine kendi huzurunuz, gücünüz, başarınız ve mutluluğunuz için uğraşır ve didinirler." Sizi korumak için isteklerinizi yapmadıkları olur. Sizi anlamadıklarını düşünürsünüz. Oysaki onlar, sizden beklenti içinde değillerdir, ki onlar ihtiyaç sahibi insanlar olmalarına rağmen önce sizi düşünürler... Zaman zaman sizi sizden korumak isterler...

"Kızım yeter ki mutlu ve başarılı olsun. İsterse büyüdüğünde yurtdışında yaşasın. Görmesem bile mutlu olsun" diyen çok ebeveyn tanıyorum.

Ben bunu her duyduğumda Allah'ın bizi nasıl sevdiğini düşünür, O'nun kendi merhametini ifade etmek için bir anneyle kıyaslama yapmasını düşünürüm.

"Annenizin size merhameti bir katreyse (damlaysa) benimki sınırsız denizdir" diyen kudreti sınırsız, hiçbir şeye ihtiyacı olmayan Allah'ın, cehennemde bizi yakmak için günah işlememizi beklediği düşünülebilir mi? Tabii ki hayır, O'nun kendi anlatımıyla da ifade ettiği gibi, merhameti gazabını aşmıştır...

Bizi bu kadar çok seven, "Rahmetim gazabımı geçmiştir..." diyen Allah, her kulunu ayrı sever...

Her kulunun kendisini kurtarmasını ister. Zaman zaman bizi bizden korumak ister ve korur. Biz Yusuf gibi zindana, Yunus gibi balığın karnına düştük sanırken, O aslında bizi bizden koruyordur...

Bir aranjör arkadaşım bana bir gün şöyle bir soru sordu:

"Deniz, ben o kadar dua ediyorum, şunu istiyorum ama Allah vermiyor. Niye? O zaman ben niye dua ediyorum ki, beni duymuyor sanki..." dedi.

Ona şu yanıtı verdim:

"Murat, senin üç yaşında oğlun var. Sana şimdi dönüp baba bana motosiklet al dese, alır mıydın?"

"Saçmalama, olur mu öyle şey!" dedi. "Neden peki ?" dedim.

"Bu da soru mu Deniz? Neden olacak kendine zarar verir diye elbette. Yapar mıyım öyle bir şey!"

Gülümsedim. Bana baktı ve o an durdu. Gözleri doldu. O an içim titredi benim de, gözlerim doldu.

"Bak..." dedim. "İşte Allah da evladının kendine nerede nasıl zarar vereceğini öngören bir anne baba gibi, sınırsız ilmiyle vâkıf olduğu bilgilerle; kuluna kulunun nefsinde istediğini sandığı şeyi vermiyor... O sırada kulu, neden vermiyorsun, beni sevmiyor musun, duymuyor musun diye ağlarken, kulum, merhametimden vermiyorum, sana zarar gelmesin diye vermiyorum, sana daha hayırlısını daha güzelini vereceğim diyor aslında ama bizler daha doğrusu nefislerimiz kendi sesinden başka seslere kapalı olduğu için, bunu duyamıyoruz.

Her insanın istediği her şeyin olduğu bir dünya kul için çekilmez ve kaos olmaz mıydı? Tutturup istediğin her şey bir süre sonra sana verilebiliyor, çünkü o kadar dua ettin ki, peki denilebiliyor ama işte senin o öngöremediğin bedel öyle bir yerden vuruyor ki seni, KEŞKE İSTEMESEYDİM ALLAH'IM" diyebiliyorsun bir süre sonra..." "Olmadı diye sızlandığın duaya, gün gelir olmadı diye şükredersin..." (Şems-i Tebrizi)

Benim başıma çok geldi...

Bunu bir ya da birkaç kez hayat sana gösterdikten sonra artık istediğin için uğraşıp bir noktada teslim etmeyi, Allah'ını vekil tayin edip tevekkül etmeyi öğrenmeyi ve bunu hal edinmeyi yaşamaya çalışırsın...

Çünkü bilirsin ki neyin hayır neyin şer olduğu, bakış açısına ve zamana göre değişir... Çünkü bilirsin ki Allah kulunu, onun nefsinden, kendisinin bile yüzleşemediği, kabul edemediği doğru yoldan sapmaya meylinden korumak için istediği makam, mal, mülk, iş ya da eşten mahrum edebilir...

Çünkü bilirsin ki Allah seni senden korur... "Seni senden korur ne demek ya?" demeyin... Her şey insanın içindedir, dostu da düşmanı da... İçerideki ses ne ise yankı da o olur...

Bir araba alırsın sana hayırlı gelir, üç ay sonra bir vergi gelince "Aman ya Rabbi!" dersin. İşte zamanla nasıl değişti hayır ve şerrin yeri...

Ya da sen işinden kovulursun başkası o işi alır; hanginize şer hanginize hayır?

Biri bana izah etsin...

"Bundan sonra eğer onlar dönerlerse, o zaman onlara şöyle de: Bana, Allah yeter (kâfidir), O'ndan başka ilah yoktur. Ben, Allah'a tevekkül ettim (güvendim). Ve O, azim arşın Rabbidir." (Tevbe 129)

Bütünde hayır ve şer ayrımı yoktur...

Bu yüzden Allah dostları "Amentü" yani "iman ettim" duasını okurken Hayrı-hi ve Hayrı-hi[16] derler, Hayrı-hi ve Şerri-hi değil. O'ndan gelen her şey hayırdır çünkü...

Parçalı/birimsel akıllar, egosal anlayışlar hayır ve şer ayrımına maruz kalır, oysaki aynı Einstein'ın izafiyet teorisinde maddi âleme ilişkin tüm varlıkların ve varlıkların fiziki olaylarının izafi olduğu gibi mana âleminde de hayır ve şer mefhumu kişisine göre izafidir ve değişir!

Oysaki her olan şey "evrensel bütün" için ve herkes için hayırdır. Çünkü Allah her bir kulunu kollar ve sever. Anne evlat ayırt eder mi? Allah kullarını onlar doğru yoldan sapmadıkça niye ayırt etsin ki?

"Ne yaparlarsa dahi, günahlarını merhametimden büyük görme!" diye uyarıp aslında, sen gel ben affederim, kullarıma şefkatim öyle bol ki demiyor mu?

Bu dünyadan ayrılırken gerçekleşecek boyut değişikliği içinde göreceği işlemden[17] en az acıyla kurtulsun diye, in-

16 Arapçada, onun.

17 Ahiret, başkalaşma anlamını da taşır.

sanın kendisini kendisinden korumak için, her kuluna aynı özgürlüğü vermek için kurmuştur sistemi. Yoksa bizlerin, cehennem diye tabir edilen yerde kazanımızı kaynatmak için değil...

İnsanlardaki bu kibir bu kendini ve ibadetlerini ve hatta günahlarını bile bu derece kıymetli görmek, gerçekten aklın almadığı bir şey.

Allah'ın merhamet ve sevgiye ilişkin onca ismi arasında, O'nun hep azap edici olduğu fikrinden yola çıkmak, O'ndan çıkarlar ve korku duyulduğu için yapılmaya çalışılan ibadetler...

Evrene söylenen her söz "canlandırılmış bir enerjidir" ve muhakkak evrensel mekanizma içinde bir karşılık enerji yaratımı olacaktır...

Örneklersek, mesela kocanıza size çok kızıyor ve çok yoruyor diye sitem ediyorsunuz. Bunu duyan sema için bu bir çağrıdır! Ve bu maalesef fark etseniz de etmeseniz de bu sözleriniz ve düşünceleriniz bu yönde bir mekanizmayı tetikler...

Siz hiç farkında olmasanız da kocanızın başına bir şey gelebilir ve bu durumdan siz de etkilenirsiniz...

Bu yüzden Allah Kuran'da kötü sözün sahibine bir karşılığı olacağı gibi, iyi sözlerinse sağlam kökleri olan bir ağaç gibi güzel olduğunu belirtir...

Bedduanın yasak olmasının sebeplerinden bir tanesi de budur... Eğer gerçekten mağdursanız, harekete çağırdığınız mekanizma, koordinatları sizin tarafınızdan belirlenmemiş bir şekilde ve içine sizi de alabilecek bir sonuçla, mevzubahis şahıs tarafında oluşturabilir ama bundan siz de etkilenirsiniz...

Hatta daha iyi anlaşılmak için şöyle söyleyeyim, sınırsız ilmin bilgisine sahip SEMA büyük, sınırsız bir veritabanı olan bir Google gibidir. Evrendeki tüm bilgiler semada kayıt altındadır ve bizler temelde titreşim olan SES'le tüm aradığımız bilgileri çağırabiliriz...

Şöyle düşünün telekomünikasyon sistemleri var... Bizler bir telefon cihazında bazı tuşları tuşlamak suretiyle her birimiz "aynı tel" ya da artık cep telleri mevzubahis olduğuna göre aynı "baz istasyonlarından" farklı insanlara sadece farklı sayıları tuşlayarak ulaşmaktayız...

Şöyle bir derinlemesine düşünseniz bu ciddi acayip bir iştir!

Bir sayılar denizinde çevirdiğiniz sayı ile istediğiniz market, insan, işyerine ulaşmanız gibi... İşte SES, düşünce ve sema ilişkisi de aynı telefonu çevirmek gibi arayışınız olan yönde bir çağrı bırakma durumudur...

Hatta Allah dostlarının en büyüklerinden ve ilmiyle "harfler" dahil olmak üzere pek çok konudaki öngörüleriyle nam salmış İbnü'l Arabî harflerden oluşan sözlere ilişkin şu ifadeleri kullanıyor:

"Havada dolaşan bu sözlü harfler var olduktan sonra onlara ölüm ulaşamaz; yazılı harfler böyle değildir; çünkü yazılı bir harfin veya bir kelimenin şekli değişikliğe uğrayabilir ve yok olabilir, çünkü onlar değişikliği ve yok oluşu kabul eden bir yerde bulunurlar. Sözlü şekiller ise, değişikliği ve yok oluşu kabul etmeyen bir yerde bulunurlar. İşte bu nedenle, sözlü harfler için beka, daimilik ve ebedilik sözkonusudur. Dolayısıyla hava, gökyüzü bütünüyle âlemin sözüyle dopdoludur. Keşif sahibi kimseler onları daimi duran suretler olarak görürler."

Havada dolaşan sözlü harfler derken "söylediğimiz sözleri, nefesimizle buluşan sözleri" kastediyor ve onların bir enerji salımı olmasından dolayı yok olmayacaklarını, yani onlara ölümün ulaşmayacağını ifade ediyor. Yazılı harf ve sözlerde bunun olmadığının altını çiziyor. Ve sözlü harfler için "beka" terimini yani baki, ebedi olmanın sözkonusu olduğunu söylüyor. Hatta ve hatta keşif sahibi kimselerin onları daimi duran suretler olarak görebildiklerini de ekliyor...

Bu size tuhaf ya da "Hadi canım!" gelmesin. Atom altı parçacıkların keşfinden sonra kâinatta madde anlayışımız enerjiye döndüğünden ve enerji kendine ait "titreşimleri ve bilgileri" olan birimler olarak ifade edildiğinden bu yana bir sözün bir suretten, yani maddeden farklı olduğunu söyleyebilir miyiz?

Hatta ve hatta tefekkür etmek adına söylüyorum, "İLK" fark ettiğimde içeriğinde bir noktası beni gerçekten sarsan bir ayet vardı... Kuran'da tam üç yerde Hz. İsa'nın "Allah'tan bir kelime" olduğu ifade edilmiştir.

"Bunun üzerine, o (Zekeriya) mihrapta kaim olarak namaz kılarken, melekler, Allah'ın, onu, Allah'tan bir kelimeyi (Hazreti İsa'yı) tasdik edici olarak, seyit, nefsine hâkim ve nebi olan salihlerden Yahya ile müjdelediğini nida ettiler (bildirdiler)." (Âli İmran 39)

"Melekler şöyle demişlerdir: Ey Meryem! Muhakkak ki Allah, kendinden bir kelime ile seni müjdeliyor. Onun ismi Mesih, Meryem oğlu İsa'dır. Dünyada ve ahirette şereflidir ve mukarrebinlerdendir." (Âli İmran 45)

"Ey kitap ehli! Dininiz hakkında haddi aşmayın! Allah'a karşı haktan (doğrudan, gerçekten) başka bir şey söylemeyin. Mesih İsa, Meryem'in oğludur ve sadece Allah'ın resulü ve O'nun kelimesidir (Ruhülkudüs). Onu Meryem'e ilka etti ve o, kendisinden (Ruhülkudüs'ten) bir ruhtur. Öyleyse Allah'a ve O'nun resullerine iman edin! Ve Üç'tür demeyin (baba Allah, oğul Allah ve Ruhülkudüs diye üç Allah vardır demeyin), vazgeçin, sizin için hayırlıdır. Allah sadece tek ilahtır. O'nu, çocuk sahibi olmaktan tenzih edin. Göklerde ve yeryüzünde olanlar (her şey) O'nundur. Ve vekil olarak Allah yeter." (Nisa 171)

Elmalılı Muhammed Hamdi, "telaffuz olunan anlamlı sesler ve yazıların yanında âleme bakıldığında görme duyusu ile zihinde bir tesir meydana getirerek cüzi veya külli bir anlama delalet eden belli varlıklara da kelime denilebileceğini, Hz. İsa'nın kelime oluşunu da böyle anlamak gerektiğini" belirtmiştir.

Allah'ın Kelam sıfatı vardır. O'nun Kelam sıfatından gelen vahiyler dışındaki tüm varlıklar ve onlardan oluşan kâinat kitabı, cismani kelimelerden meydana gelen bir cisimlenmiş kitaptır. Bu kitabın bütün cümleleri ve kelimeleri birer mahluktur, sonradan yaratılmıştır. Kuran'da Hz. İsa'nın "Allah'ın kelimesi" olarak adlandırılmasının hikmeti, onun babasız dünyaya gelmiş olmasıdır. Hatta onun durumunun Âdem gibi olduğu ifade edilir. Âdem'in de yaratılışı yokluktan olmuştur ve Allah'ın kelamıyladır. Demem o ki bir babası olmayan Hz. İsa bir anlamda sözlü emir doğrultusunda yaratılmış, "kün-fe yekûn" üretimidir, Allah "Ol!" demiş, o da "oluvermiştir". Emir komutası, kelam cinsinden olduğuna göre, o emrin bir mahsulü olan Hz. İsa'ya da "Allah'ın kelimesi" unvanı verilmiştir.

Burada şu konuya değinmek yerinde olur. Hepimiz aslında bir kelimeyiz. Nasıl mı?

Size "Deniz" dediğim anda, aslında mana olan o kelime sizin gözünüzün önüne beni tüm özelliklerimle getirmiyor mu?

İster fiziki özelliklerim olsun ister ruhi sadece Deniz dendiği zaman, bir kelime yani bir mana bütün cismi gözler önüne getiriyor.

Örnek olarak yine masa dediğimizde, masa aslında bir mana bir kelime iken cisimleşiyor ve gözümüzün önünde bir masa cismiyle bütünleşiyor...

İşte kelimeler mana taşırlar ve manalar maddeden ayrı değildirler. Zaten insanların en büyük algı yanılgısı maddeyi manadan, dünyayı ahiretten ayırmaktır. Oysa her şey birdir ve iç içedir.

Peki SES nedir?

Ses "atmosferde canlıların işitme organları tarafından algılanabilen periyodik basınç değişimleridir."Kısacası hava, sıvı ya da katı ortamlarda o maddedeki moleküllerin "titreşmesi" sonucu oluşan bir enerji türüdür...

Dalgalar halinde yayılır. Ses çıktığı maddenin taneciklerini titreştirmek suretiyle yayılır. Boşlukta yayılamaz bu yüzden uzayda yıldız patlamalarının sesi duyulmaz. Yayılma hızı en yüksek katı maddeler de, sonra sıvı ve sonraysa gazdadır. Tanecikler halinde yayılan ses, tanecikler ne kadar sık ise o kadar hızlıdır. Dış faktörler mesela havanın sıcak farklılıkları vs. gibi koşullara bağlı olarak değişik hızlarda yayılır. Genel ölçüsü saniyede 340 metre hızdır...

Şöyle açıklayalım. Öncelikle ses cisimlerin "titreşimi" sonucu meydana gelir. Duyduğumuz, işte o hava moleküllerinin tepkisidir...

Frekans nedir?

Frekans herhangi bir ses kaynağının birim zaman içinde yaptığı titreşim sayısıdır.

Ses ölçüm birimi olan "hertz" ise, "ses dalgalarının 1 saniye içindeki yayılma sıklığını anlatmak, ölçmek için kullanılan birimdir"... Nasıl mı?

"Duyan, işiten" demek olan sema yanı sıra, dua ise "çağırmak, davet etmek" demektir...

19. yüzyılda keşfedilmiş iyonosfer, "dünyanın üzerinde bulunan üçüncü sıra atmosfer katmanıdır" ve en önemli özelliğiyse "elektrik enerjisinin ve radyo, ses ve elektromanyetik dalgaların kablosuz olarak çok uzak bir noktadan diğer noktaya taşınmasını" sağlamasıdır.[18]

Şimdi beraber tefekkür edelim mi, kıyamet anlatımını?

Kıyamet hadisesi nice filmlere, nice kitaplara konu olmuş bir hadisedir. İnsanlar ister inansınlar isterse inanmadıklarını iddia etsinler, kıyamet konusunda hepsinin bir çekincesi ve aslında içten içe hissettikleri bir korku vardır...

---

18 Her şeyden haberdar Habir olan Allah, insanların birbiriyle haberleşmesi için konuşma, duyma ve anlama gibi özellikler vermiştir. Gök dalgalarını yansıtan iyonosfer tabakası yanında, dünya üzerinde sürünüp ilerlemek suretiyle yakın görüş açısı ve ufuk ötesi iletişim için de yer dalgalarını düzenlemiştir.

Kıyamet konusu, tek bir dünya anlayışı ve hep her iki dünyayı da (dünya ve ahiret) şekli, maddi (cennetteki köşkler, huriler, meyveler vs.) kavramlarla yaşamak üzere yönlendirildiğimiz için, bizler de her birimizin de bu dünya üstünde yürüyen birer dünya olduğumuzu fark etmeden bir tek "dünyanın sonsuza dek yok oluşu" kavrayışımızla o günü içten içe merak ederiz...

Kıyamet anlayışıyla ilgili yapılan en büyük hata ise, bir tek kıyamet olduğu, olacağı ve sonra her şeyin yok olacağı anlayışıdır...

Bizler kibrimizden midir nedir bilemiyorum kâinatta yegâne ve her birimizin üstünlük timsali varlıklar olduğumuz fikrine öyle sarılmışızdır ki...

Mesela İsra 70. ayette, "Onları yarattıklarımızın birçoğundan üstün tuttuk!" der.

Yaklaşık 13,7 milyar yaşındaki evrende, 4,5 milyar yaşında olduğu söylenen dünyada sadece birkaç bin yıldır yaşamakta olan yegâne âdemoğlu olduğumuzu düşünmemiz zaten pek akla yakın bir durum değil...

Dünyaya gelmiş geçmiş onlarca âdemoğlu olduğu anlatımı vardır... Ben bunu ilk kez İbnü'l Arabî'nin bir anlatımında görmüştüm.

Âdem bizlerin babasıdır, doğrudur ve bizim gibi topraktandır ve her toprak dünyanın önceki, bir kıyamet sonrasında yeni elementlerle oluşumundan ibaret olduğuna ilişkin anlatımlar da mevcuttur. Dolayısıyla da Âdem yapılarının bir diğerinden farklı olduğu da ifade edilir...

Hatta o sevgili Allah dostu İbnü'l Arabî Hazretleri, o güzel zat, Mekke'de kaldığı iki yıl içinde bir gün bir Kâbe ziyaretinde, onlarca insan tavaf yaparken onların arasında Kâbe'yi tavaf eden, boyu metrelerce olan ama tuhaf bir şekilde gölgesi olmayan bir adamı gördüğünü anlatır:

Uzun boylu adam onun kendisini fark ettiğini anlayınca, "Bizler de sizler gibi bu beyti tavaf ediyoruz..." der.

İbnü'l Arabî onun yanına yaklaşır. Kim olduğunu sorar.

Aldığı cevap şaşırtıcıdır:

"Ben senin büyük atalarındanım" der.

Hangi asırda yaşamış olduğunu sorunca, "Kırk bin sene evvel vefat etmiştim" cevabını alır.

İbnü'l Arabî Hazretleri şaşkınlığını gizleyemez:

"Nasıl olur, bizce Âdem'in ortaya çıkışı bile 6-7 bin yıla dayanır..." deyince yabancı şu cevabı verir:

"Sen hangi Âdem'den bahsediyorsun? Size yakın olan Âdem'den mi, yoksa bize yakın olan Âdem'den mi? Bil ki insanın ilk atası olan Âdem'den evvel yüz bin Âdem gelip geçmiştir..."

Belki de bu açıklamanın Bakara 30. ayette geçenlerle bir ilgisi vardır:

"Ve Rabbin meleklere muhakkak ki ben yeryüzünde bir halife kılacağım demişti. Melekler de, orada fesat çıkaracak ve kan dökecek birisini mi yaratacaksın? Oysa biz seni hamd ile tesbih ve takdis ediyoruz dediler... Rabbin de, muhakkak ki ben sizin bilmediklerinizi bilirim dedi."

Bu ayetin, yaratılacak Âdem'in kan dökeceğini, meleklerin nasıl olur da önceden bildiğine dair bizlere ışık tuttuğunu söyleyebiliriz... Yine düşünmeden okuyup geçtiğimiz bu ayette saklı olan sırlar, aslında biraz daha düşünerek okunduğu takdirde, bizleri aydınlanmaların olduğu bir yerlere sürükleyen bir anlatımdadır.

Bu ayeti okuyan herkes tarafından sorulması gereken "Melekler nasıl oluyor da Âdem'in kan dökeceğini biliyorlardı?" sorusuna Said-i Nursi Hazretleri'nin de ifadeleriyle meleklere bu durumu Allah'ın bildirmesi, kendilerinden daha düşük makamdaki insanların gazap ve şehvet duygularını görmeleri ve okumaları ya da meleklerin Levhi Mahfuz'a (insanların genetik kodları yani DNA küçük Levhi Mahfuz'dur, insanların genlerinde kayıtlı olan tüm bu bilgiler Levhi Mahfuz'un da küçültülmüş bir numunesi gibidir) bakarak bu durumu okumuş olmaları ihtimali yanıtı yanında, belki de defalarca yeniden halk edilmiş Âdem'lerin her seferinde aynı kan dökücülük, aynı fesat ve çıkarcılıkla evrenin bilmediğimiz tarihinde yer almasındandır.

Bizden saklanan nice "örtülü" bilgiler var dünya düzenini işletenler tarafından. Bizler Müslüman doğmayana kâfir deme anlayışındayken, "gerçeği örten" anlamındaki asıl kâfirler belki de Müslüman iddiasında olup da, onun altından bizleri maniple etmekle meşguldürler.

Adalet kavramı asıl bu dünya düzeninde insanlar tarafından katledilmiş durumda. Oysa anlaşılmaz sandığımız Kuran'ı sözleriyle nakşeden Allah, bizler dünya hayatındaki "değer" gibi görünen geçici beklentilere, tüm zamanımızı hasretmişken, aslında az biraz düşünen herkese kelimeleriyle "açık ve adil" davranan tek kudrettir. Tüm mesele biraz düşünmek ve araştırmak. Hayatı yavaşlatmak, hakikate odaklanmak. Dışarıda görünen gölge oyununun değil içeride yer alan "kendinin" peşine düşmek...

Bizler aslında kendi tembelliğimiz, nefsimizi yanlış kullanmamız yüzünden anlayamadığımız ayetleri özlerine girmeden reddetmeyi seçtiysek, köle olmayı da hak etmişiz demektir...

İnsanı köleliğinden azat edecek tek kudret Allah'tır. Bizler onca insan ve mevki ve çıkarlara secde ederken beş vakit Allah'a secde etmenin nefsimize ağır gelmesi yüzünden, bunun ne anlamı var sorusuyla kendi kendimizin köleliğini devam ettirmekteyiz.

Neyse konumuzdan kopmayalım ve devam edelim...

Kuran farklı ayetlerde, "Biz Âdem'i cennete halk ettik. Biz Âdem'i sudan yarattık. Biz Âdem'i balçıktan yarattık" gibi ifadeleri belki de farklı Âdem'lere işaret etmek için kullanmıştır.

Bakışımızı sınırlarsak büyüyemeyiz... Allah için her şey mümkündür...

Kur'an-ı Kerim'de dünyanın çok eski geçmişi, hatta geçmişleri olduğu gerçeği, düşünen bir insan için apaçık ortadadır.

"Sizden öncekilerin, Nuh halkı, Ad'ın, Semud'un ve onlardan sonrakilerin haberleri gelmedi mi size? Onları Allah'tan başka kimse bilemez..." (İbrahim 14)

Sonsuz yoruma açık olan Kuran'ı bir satır mealle sınırlamak, gerçeği örtmek değil midir? Bizden öncekileri bizler bilemeyiz, yalnız Allah bilir ve isterse bildirir elbette...

Kuran'da yaklaşık pek çok ayette geçmişte yaşamış ve yok edilmiş uygarlıklardan bahsedilir...

"Görmediler mi onlardan önce nice nesilleri helak ettik. Üstelik onları size vermediğimiz bir şekilde, yeryüzünün verimli topraklarına yerleştirmiş; semanın nimetlerini üzerlerine irsal etmiş ve nehirleri altlarından akar hale getirmiştik. (Hal böyle iken) onları suçlarından dolayı helak ettik! Onlardan başka bir nesil inşa ettik..." (Enam 6)

Yukarıdaki anlatımın ışığında bu ayeti okuduğunuzda sanırım hepimiz aşağı yukarı aynı şeyleri düşünürüz. Ve hatta, "Onlara, sizlere vermediğimiz bir şekilde semanın nimetlerini verdik" ifadesi gerek diğer uygarlıkların yüksek medeniyet seviyesini, teknoloji seviyesini, gerekse göksel varlıklar ya da dünya dışı âlemdeki varlıklarla olmuş olabilen irtibatları kastediyor da olabilir. Allah için her şey mümkündür. Ve Allah varsa, ki var, o zaman imkânsız yoktur. İmkânsız sadece bizlerin algısında olan bir şeydir. Allah'ı tanımaya başladıkça ne hayal kurmaya ne imkânsıza inanmaya yer kalır. Bir şeyi hayal etmeme Allah izin verdiyse demek ki yapabilmeme de izin vermiştir. O benim çabama kalmıştır. Ve hiçbir şey Allah için imkânsız değildir, dolayısıyla her şeyiyle ona teslim olmuş kulu için de imkânsız değildir. Çünkü her şeyiyle teslim olmuş kul, kendi var sandığı varlığını Allah'a teslim etmiştir. Ölmeden önce...

Galaksimiz (Samanyolu) 13,5 milyar yıl önce meydana geldi. Hayat kaynağımız güneş ise 4,6 milyar yıl önce ve 4,5 milyar yıl önceyse dünyamız yaklaşık 700 milyon yıl boyunca yaşanılır halde değildi...

Ancak bizim atomlarımız bu dünyadan değil ve bu güneş sisteminde oluşmadı. Çünkü atomların yapısı nükleer sıcaklıklarda değişime uğrar, ağır elementlerin çoğu güneşten daha sıcak yıldızlarda süpernovaların çekirdeklerinde oluşmuştur. Kanımızda bile bulunan hayati demir atomları dahi güneş sisteminin dışından dünyaya gelmiştir.

Güneşin 15,6 milyon derecelik bir çekirdek ısısı ve 5500 derecelik bir yüzey ısısı var. Demirse ancak birkaç yüz milyon dereceye varan sıcaklıklarda oluşabilmektedir. Yani ancak nova veya süpernova olarak adlandırılan güneşten kat kat büyük yıldızlarda oluşmuştur. Yani dünyadaki demir güneş sisteminin dışından gelir, patlayan bir süpernovadan dağılan demir dünyaya inmiştir...

Necm Suresi 1. ayette, "Kaybolduğu, battığı zaman yıldıza and olsun ki..." diye anlatılan "yıldız" pek çok anlamının yanında bizim varlığımızı nefsimizde temsil eder...

Kanımızdaki demir, bizi hayatta tutan bu derece önemli bir element yıldızlardan gelmektedir. Belki de bu yüzden her nefis bir yıldız gibi davranmak ister. Herkes en çok kendini beğenir. Ve sevilen, popüler olmuş ünlülere "yıldız" denir... Çünkü biz yıldız tozu taşırız.

"DNA'mızdaki nitrojen, dişlerimizdeki kalsiyum, kanımızdaki demir, elmalı turtamızdaki karbon, çöken yıldızların içlerinde yapıldı. Bizler, yıldızların malzemesinden yapıldık..." (Gökbilimci, astrobiyolog Carl Sagan)

Hadid (Demir) Suresi 25. ayet: "And olsun ki resullerimizi beyyinelerle (açık delillerle, ispat vasıtaları ile) gönderdik. Ve onlar ile beraber kitabı ve mizanı indirdik ki insanlar arasında adaletle hükmetsinler diye. Ve içinde kuvvetli sertlik bulunan demiri indirdik... Ve onda insanlar için pek çok menfaatler (faydalar) vardır. Ve (bu), gaypta (görmeden) kendisine ve resullerine yardım edecek olan kimseleri, Allah'ın bilmesi (belli etmesi) içindir. Muhakkak ki Allah; Kavi'dir (güçlüdür, kuvvetlidir), Aziz'dir."

Kuran'da demirin indirildiğinin asırlar evvel söylenmiş olması, Kuran'la ilgilenenlerin ve bilimadamlarının hep dikkatini çekmiştir. Evet demir dünyaya yıldızlardan indirilmiştir...

Kuran'da ve hadislerde KIYAMET anlatılırken SUR'a üflenme hadisesinden bahsedilir...

Allah bu dünyanın sonunun gelmesini murat edip de İsrafil adlı melek yerle gök arası genişlikte boynuz şeklinde SUR denilen bir boruya üfleyecek ve kıyamet kopacaktır...

"Sur'a üflenince, Allah'ın diledikleri müstesna olmak üzere göklerde ve yerde ne varsa hepsi ölecektir. Sonra ona bir daha üflenince, bir de ne göresin, onlar ayağa kalkmış bakıyorlar." (Zümer 68)

Allah'ın dilediği kulları hariç tüm canlı ve varlıklar anında öleceklerdir...

"Çünkü o boruya (Sur'a) üfürüldüğü zaman, işte o gün, zorlu bir gündür; kâfirler içinse hiç kolay değildir." (Müdessir 8-10)

"Sur'a üfürülmüştür; böylece onlar kabirlerinden (diriltilip) Rablerine doğru (dalgalar halinde) süzülüp giderler." (Yasin 51)

"Sur'a üfürüleceği gün, Allah'ın dilediği kimseler dışında, göklerde ve yerde olan herkes artık korkuya kapılmıştır ve her biri boyun bükmüş olarak O'na gelmişlerdir." (Neml 87)

"Hayır; yer, parça parça yıkılıp darmadağın olduğu, Rabbinin buyruğu geldiği ve melekler dizi dizi durduğu zaman; o gün, cehennem de getirilmiştir. İnsan o gün düşünüp hatırlar, ancak (bu) hatırlamadan ona ne fayda?" (Fecr 21-23)

Bu konunun devamına gireceğim ancak burada üstünde durulması gereken konu şudur: Neden Sur'a üfürmek? Yine bir üfürme hali... SUR nedir?

İSRAFİL kimdir ve neyi temsil eder?

İsraf-El: Tanrı'nın soluğu, nefesi... İL yani EL ALLAH'ı kasteder. Kısaca İsrafil Allah'ın soluğu, nefesi demektir.

İsrafil hayat ve yaşam verme gücünü ifade eden özellikleri temsil eder.[19]

Yani Kuran'daki anlatım o ki, ikinci bir SUR'a üfürülme haliyle az önce mahvolmuş canlılar yeniden hayat bulup ayağa kalkacaklar.

Sur'a bir kez üflenince parçalarına bölünen canlılar, ikinci bir Sur'la yeniden hayat bulacak ve toprak oldukları yerden yeniden ayağa kalkacaklar...

"O gün, kitapların yazılı sayfalarını dürer gibi semayı düreceğiz. Onu ilk defa halk etmeye başladığımız gibi (eski durumuna) iade edeceğiz (geri döndüreceğiz). Bizim üzerimizde bir vaattir. Muhakkak ki (bunu) yapacak olan, biziz." (Enbiya 104)

"Sur'a üflenmiştir! Bu yüzden, Allah'ın dilediği müstesna, semalarda ve arzda kim varsa çarpılıp baygınlık geçirmektedir... Sonra ona ikinci (defa) nefholundu; işte onlar ayaklanmışlar bakıyorlar..." (Zümer 68)

(Akdelikler konusu: Akdelikler aslında Big Bang gibi yeniden doğuşu temsil etmektedir. Ayet-i kerime, âlemin toplanıp dürüldükten sonra tekrar ilk haline iade edileceğini bildirmektedir. "Gün gelir, gök sahifesini, tıpkı kâtibin yazdığı

19 İsrafil Allah'ın "Muhyi" ismi ile "hayat vermesi" ile ilgili emir ve iradesini uygular. Özellikle bahar aylarında görülen dirilişte "Muhyi" isminin tecellisinde İsrafil vazifelidir. İsrafil'in bir diğer vazifesi; önünde bulunan Levh-i Mahfuz'a bakarak meleklere vazifelerini söylemektir. Ayrıca Levh-i Mahfuz'da görevli melekler de onun emri altındadır...

kâğıdı dürüp rulo yapması gibi düreriz. Biz ilkin yaratmaya nasıl başladıysak, diriltmeyi de biz gerçekleştiririz. Bu, üzerimize aldığımız bir vaattir. Bunu gerçekleştirecek olan da biziz.") [El Enbiya 104]

Şimdi meseleye dönelim...

Neden Sur?

Kâinatın var olmasına sebep olan Nefesi Rahmani'yle başlayan hayat, yine bir nefesin boru diye tabir edilen bir boynuza üflenmesiyle son bulacak ve sonra tekrar canlanacak...

Şimdi konuyu tefekkür edelim...

Ben müzisyenim. Bu da tevafuk aslında.

Bir gün tizleri çok yüksek bir solistle çalışıyordum. Bana dönüp, "Biliyor musunuz tizlerimi daha da yükseltsem ben de bardak veya cam çatlatabilirim" dedi.

Kıyamet anlatımını tefekkür etmeye başladığımdan beri bu olay bende bir ışık yaktı âdeta...

Rezonansı tutturduktan sonra sadece bardak değil, pek çok şey kırılabilirdi.

Bir camı parçalarına bölebilecek bir ses acaba o anda moleküllerden, atomlardan oluşan bana ve hücrelerime ne yapıyordu?

Evet SES'ti mesele...

Evrendeki muhteşem program SES üzerine kurulmuştu. Hatta evrenin Ali Baba ve Kırk Haramiler'deki gibi sesle açılan bir mağara olduğunu anlamaya başlamıştım...

Sesti, titreşimdi her şey. Aslında ses de havaya çarpan ışık molekülleri gibiydi bir anlamda.

Her şey ışıktı, sesti yani ve her şey titreşimdi...

O anda beni işiten Google'ın aynı akıllı ve sesle çalışan bir bilgisayar gibi olduğunu anladım...

Ve ona aynen Ali Baba ve Kırk Haramiler'de olduğu gibi "Açıl susam açıl!" demeye karar verdim. Ve şöyle söyledim: "Açıl yaşam açıl!"

Duyum

5 duyumuzla algıladıklarımızdan olan "işitme" algımız aslında düşündüğümüz kadar basit bir konu değildir...

Biz evreni duyduklarımız ve algıladıklarımızla ölçeriz. Oysaki duyduklarımız, beden makinemiz ve daha pek çok başka sebepten dolayı, Allah tarafından imtihanımız gereği kısıtlanmıştır. İmtihan konusuna başka bir yerde değineceğim çünkü o da maalesef sığ algılanmakta ve anlamı tam kavranamamış meselelerden biridir. Konumuza dönersek, anladığımız şudur ki; biz sınırsız bir evreni sınırlı algılar ve duyuların oluşturduğu kişisel akıllarla ölçmeye, anlamaya ve kavramaya çalışırız...

İbnü'l Arabî Hazretleri'nin de izah ettiği gibi: "İdrakimiz ne kadar artarsa artsın, Allah'ın sonsuz kudret ve aklını tamamıyla idrak etmemizin mümkün olamayacağı kabulüne erdiğimiz gün, hakikat ilmi akışına kapılarımızı açmış oluruz."

Bu yüzden de denir ki, Allah'la aramızdaki en büyük engel bu kısıtlı makine olan bedenimiz ve bizim gibi bu kısıtlı makinelerle donatılmış bedenlerin duyu ve fikirleriyle oluşmuş "cüz-i -birimsel-kişisel aklımız" Allah'la aramızdaki en büyük engeldir...

Hatta ve hatta hakikat ilmiyle haşır neşir olmaya başladıktan sonra insanlar "Delireceksin!" ya da "Bak fazla derine dalma delirirsin ha!" nidalarıyla sıkça karşılaşırlar...

Oysaki burada yanıt Hz. Mevlânâ'dan gelir: "Deli denmeden derviş denmezmiş..."

SES

Ses cisimlerin "titreşimi" sonucu meydana gelir ve basınç dalgalarıyla oluşur. Ses ve titreşim incelemeleri birbirleriyle bağlantılıdır. Mesela ses basınç dalgaları, ses tellerimizi titreştirir ve bu basınç dalgaları da kulak zarımızı titreştirmek suretiyle algılanır... (İlk öğrendiğimde enteresan olan şey içkulakta denge sağlayan organların içinde yer alan taşlara kristal denmesi, hatta ötesinde, kulak ve içkulağın bir boynuzu andırması beni çok etkilemişti...)

Sesin iletilebilmesi için katı madde, hava veya su gibi bir "ortam" gerekir ve "havadaki çok küçük basınç dalgalarındaki değişmelerin iletilmesi" olarak da tarif edilir.

Sesin iletilme hızıysa hangi tür maddede iletildiğinden, hava sıcaklığına kadar pek çok etkiye göre değişir...

Titreşimin ne olduğuna gelirsek, titreşim, bir denge noktası etrafındaki mekanik salınımdır. "Salınım hareketi, bir cismin fiziki özelliğinin periyodik olarak değişmesi neticesinde oluşur. Bu fiziki özellik, yer değiştirme, hız, basınç, sıcaklık vb. olabilir. Bu salınımlar, periyodik veya düzensiz olabilirler."[20]

---

20 "Kuran Ayetlerinde Ses ve Titreşim", Sami Polatöz, http//www.sizinti.com

Titreşime en önemli örnek hepimizin de korkulu rüyası olan "deprem" olabilir. Bunun ötesinde çamaşır makinenizin sarsıntılarından tutun, sarkaç türünde hareketlerin hepsi buna örnektir.

Bir yerde gürültüyü azaltmak isterseniz orada o gürültüye sebep olan maddenin titreşimini azaltacak etkiyi sağlamanız gerekir.

Dalga

Ses de, ışık da ve hatta kuantum mekaniğiyle hayatımıza giren parçacıklar da dalgalar halinde yayılır.

Ses dalgaları havada 340 m/saniye hızla yayılır...

SES ve IŞIK arasındaki yayılma şeklindeki fark, SES'in yayılmak için bir ortama ihtiyaç duymasıdır ki, bu yüzden ses mekanik bir dalga olarak nitelendirilir.

Işıkta ise buna gerek yoktur, bu yüzden "elektromanyetik dalga" olarak nitelendirilen ışık, herhangi bir ortama gerek olmadan yüklü parçacıklar tarafından elektrik ve manyetik alanların periyodik titreşimlerinden oluşur ve bu şekilde boşlukta ilerler...

Yayılabilmek için bir maddeye ihtiyaç duyan ses uzayda yol alamaz ve biz büyük yıldız patlamalarının seslerini bu yüzden duyamayız. Öte yandan yayılmak için bir ortama ihtiyacı olmayan elektromanyetik dalgalar olan ışıksa uzayda yayılabilir ve boşlukta ilerler. Dalga boylarındaki farklardan kaynaklanan farklılıklar yüzünden radyo dalgaları, mikrodalgalar, kızılötesi, ultraviyole gibi isimler alırlar...

Yani temelde "ses ve ışık", "bilgi ve enerji" taşıyan birer dalgadır...

Bunun bizi nasıl ilgilendirdiğini ilerleyen anlatımlarda yer vereceğim...

Frekans Nedir?

Frekans, herhangi bir ses kaynağının birim zaman içinde yaptığı “titreşim” sayısıdır. Dalga ne kadar güçlüyse frekans o kadar yüksektir...

Ses ölçüm birimi olan HERTZ ise, ses dalgalarının 1 saniye içindeki yayılma sıklığını anlatmak, ölçmek için kullanılan birimdir...

Şimdi insana gelelim...

İnsan hangi sesleri duymaktadır?

Bizler 20 ila 20.000 hertz sesleri beden makinesi kulağımızla işitebiliriz. Bu teorik olarak böyleyse de en iyi 250 ila 3000 hertz konuşma frekansı bölgesini duyarız. Hayvanlarsa insanların duyamadığı ses frekanslarını bile algılayabilirler. Örnek: filler, köpekler vs.

Çin’de şelale ve nehir alanlarında yaşayan Çin kurbağalarının, içinde bulundukları yoğun ve yüksek su sesli ortamında anlaşabilmek için ürettikleri “ultrason” ses üstü dalgalar sayesinde, kendi türleri arasında iletişim problemi yaşamadıkları ispat edilmiştir. Bu sesleri ise insan kulağı algılayamaz...

Kuran’da ses ve titreşime ilişkin pek çok ayet vardır ve zaten amacım bunu kıyametle özdeşleştirmek şekliyle tefekkür etmek...

20 hertz ve altındaki seslere infrasound yani ses ötesi denir... Yabancı olmadığınız bir tabir olan ultrason ise (ses üstü) 20.000 hertzin üzerindeki kulağımızla yine işitemeyeceğimiz seslerdir. Hastanelerde ultrasonla size ya da yakınlarınıza muhakkak tarama yapılmıştır. Ultrason aygıtı, dokunun içine 20 bin hertzin üzerinde ses dalgası üretir ve o ses dalgalarının geri yansıması sonucu da elektrik akımı verilir...

Gördüğümüz gibi ses dalgaları üçe ayrılır...

Prob denilen ve vücuda sürülen aygıtın içinde piezoelektrik adı verilen kuartz kristal bulunur ve elektrik akımı uygulandığında kristal hızla şekil değiştirir ve bu şekil değişikliği titreşim ve sonuçta da ses dalgası oluşmasına yol açar. Yansıma olarak gelen ses dalgası ya da basınç ulaştığında ise kristaller elektrik akımı ulaştırmaya başlar ve bu elektrik akımıysa "görüntü veya görüntüler" olarak "dokuyu okumak" suretiyle bize sonucu ulaştırır...

Sesin elektriğe ve onun da sesin taşıdığı bilgiye dönüşümü bize örnek olarak anne karnında büyümekte olan bebeğin resmini verir. Ses enerjisi ile kavranılan bilgi elektriğe, o da görüntüye dönüşür...

Gördüğünüz gibi aslında ses olarak gelen bilgi, elektrik akımına çevrilerek titreşimlerden görüntü elde edildi. Yani yansıyan ses dalgası elektrik akımına çevrilerek görüntü olarak okundu.[21]

"Sözünüzü ister gizleyin, ister açığa vurun; bilin ki O, sinelerin özünü bilmektedir. Hiç yaratan bilmez mi? O, en ince işleri görüp bilmektedir ve her şeyden haberdardır." (Mülk Suresi 13-14)

İnsanın belki de sadece kendi beyninin duyduğunu sandığı içsesinden tutun, "sinelerin özü" tabiriyle insanın gerek manevi yapısı ve gerekse tüm biyolojik özelliklerinin en ince detayı kastedilmiş olamaz mı?

Bu bize artık yurtdışında yüzde 80 başarıya ulaştığı bilimadamlarınca belirtilen düşünce enerjisinin dahi okunmasından tutun pek çok anlama gelebilir... Ultrason yani ses ötesi ile yansıyan dalgaların toplanması ve okunması suretiyle cisme ait görüntü oluşturulur. Bu görüntülerle de, iç yapımız hakkında bilgi edinilir.

Titreşimle ilgili çok önemli bir kavram da rezonanstır, frekansları aynı olan ses kaynaklarından biri titreştiğinde, diğer ses kaynağının etkiyle titreşmesine rezonans denir...

---

21 Kuartz kristalin hem sesi üretip ve hem de algılaması ise neden kristalin hakikat ilminde önem taşıdığının bir başka göstergesi.

Her sistemin bir müdahale olmadan salınım yaparken oluşturduğu bir frekans vardır ve bu salınım esnasındaki yer değiştirme miktarına genlik (bir dalganın normal halinden yükselip alçalması arasındaki fark) denir. Eğer bir dış zorlama ile uygulanan kuvvetin frekansı sistemin doğal frekansına eşitse "rezonans" gerçekleşir...

Deprem dalgaları nedeniyle oluşan salınım etkisi altındaki bir bina buna örnektir.

Hatta başka kesintili ve değişken rüzgâr etkisi altındaki bir köprünün altındaki rüzgârın ani ve değişken esintisi bir örnekse eğer; ABD'de 1940'ta yapılan Tacoma Narrows asma köprüsü, kullanıma açıldıktan kısa bir müddet sonra, böyle bir rezonans neticesinde yıkılmıştır.

Şimdi gelelim konunun bizle bağlantısına...

"Ve emrimiz geldiği zaman Şuayb'ı ve onunla beraber amenu (iman etmişleri) olanları, bizden bir rahmetle kurtardık. Zalim kimseleri bir sayha (ses) aldı. Böylece kendi diyarlarında dizüstü çöküp kaldılar." (Hud 94)

Öyle bir ses düşünün ki vücudumuzun iç organlarına ait hücreleri yok edebilecek bir ses dalgası özelliğinde.

İnsanlar elektromanyetik radyasyon, diğer bir tabirle radyo dalgalarıyla aynı tür salınımdadır.

Din yani yol ile sağlanmaya çalışılan temel amaç, insanların yaydığı bu elektromanyetik radyasyonun, evrensel radyasyonla uyum içinde olmasını sağlamak olabilir mi?

Hatta ZİKİR dediğimiz, Kuran'ın ucu bucağı görülmeyen anlamlar içeren ve ses niteliği olarak "ağdalı" diyebileceğimiz "Allah" gibi "inna" gibi pek çok ses titreşimi yoğun ve içimizi titreten ve bu sayede frekansımızı yükselten seslerin kullanılması, tesadüf olabilir mi?

İslamiyet'i bırakın yogilerin dahi meditasyon esnasında "Ommm!" gibi ağdası ve titreşimi yüksek sesleri kullandığına şahit olduğunuza eminim.

Acaba o yüksek ses olarak adlandırılan sayha amenu oldukları ve zikir ehli oldukları için titreşimi değişmiş olanlara amenu olmayana işleyecekken, işlemeyecek?

Rezonansa uğramak aynı frekansa maruz kalmaksa, farklı frekansa sahip olanlar bu yüzden mi etkilenmeyecek ve zarar görmeyecekler bu sesten?

Sesin eşlenmiş frekansında yer tabakanın katmanlarını bile tahrip gücü olurken, halihazırda YER-ARZ adı ile de nitelenen insan bedeninin aynı depreme uğramış yer tabakası gibi altüst olması da mümkün değil mi?

Yasin Suresi 28, 29. ayetlerde, "Öncesinde doğru yoldan çıkmış bir kavmin üzerine ordular göndermedik, (onların cezası) sadece bir SAYHA (SES şiddetli ses dalgası) oldu. O zaman onlar sönenler oldular" denmesi de, aynı sebeple olabilir mi?

Şu an dünyada o bölgeyle eşit frekans yaymak suretiyle ses dalgası yaymak ve rezonans elde ederek çeşitli bölgelerde deprem oluşturmanın mümkün olduğu konuşulurken, topraktan yaratılmış insanın sesle helak olabileceği fikri uzak mı geliyor?

Bunun gibi Müminun Suresi 41. ayette, "Derken korkunç bir ses onları bastırıverdi. Onları sel süprüntüsüne çevirdik" denilmektedir. Ses dalgasının oluşturduğu rezonans ile organları ve hücreleri parçalanmış insanlar sel süprüntüsüne benzetilmiş olabilir...

Ankebut Suresi 40. ayette, "Bunun üzerine hepsini günahlarıyla yakaladık. Böylece onların bir kısmının üzerine kasırga gönderdik. Ve bir kısmını sayha (şiddetli ses dalgası) yakaladı, bir kısmını yerin dibine geçirdik ve bir kısmını da (suda) boğduk. Allah, onlara zulmedici olmadı. Ve lakin onlar, nefislerine zulmediyorlardı" denilmektedir.

İşte daha pek çok Kuran mealinde "titreme aldı, deprem sarsıntısı" gibi ifadelerin yer alması, aslında oluşan felaketin ses kaynaklı bir gürültü olmasından dolayı, rezonansla vücutları tahrip edilmiş olabilir...

Toprağı yerle bir eden depremlerde de hidrofon denilen araçlarla depremlerin sesleri araştırılmaktadır...

Semud halkının helak edilmesi de yine Araf Suresi'nin 78. ayetinde şöyle ifade edilmektedir: "Bunun üzerine onları o gürültü yakaladı da, yurtlarında dizüstü donakaldılar." Bazı meallerde Araf Suresi'nin 91 ve 155. ayetlerinde geçen "racfeh" kelimesi deprem olarak ifade edilmişse de bu kelimeyle kastedilen aslında, sesin sebep olduğu bir titreşim rezonans olabilir mi dersiniz? Ses dalgaları ile oluşturulabilecek tahribat yine Kamer Suresi'nin 31. ayetinde ise şu şekilde ifade edilmektedir: "Biz onlara korkunç bir ses gönderdik, davar ağılındaki kuru ot ve çırpı gibi oldular."

"Eğer biz, bu Kuran'ı, bir dağa indirseydik, onu mutlaka, Allah'ın korkusundan huşu ile boynunu bükmüş, parça parça olmuş görürdün. Ve insanlar için bu misalleri veriyoruz. Umulur ki, böylece onlar tefekkür ederler." (Haşr 21)

Bu ayetin yine bizim algıladığımız ve henüz algılayamadığımız onlarca anlamı var. En sık olan anlatımlar dışında ben bu ayeti yine konumuz olan SES'le bağlantılı incelemek istiyorum...

"Biz bu Kuran'ı dağa indirseydik." Kuran vahiyle geliyor değil mi?

Ve o "yüksek bilgi", her bilgi gibi müthiş bir ENERJİ taşıyor...

O "ses" enerjisi formatında gelen "bilgi yani enerji" öyle bir titreşime sahip ki indirildiği bir dağı paramparça edebilecek kuvvette...

Ses ve rezonansla bir bardağın tuzla buz olduğu gibi tuzla buz olabilecek, geçilmez geçit vermez diye görülen nice dağ vardır. İşte o sesin kaynağı ne kadar yüce demek ki, bir vahyi ile yıkılmaz görünen dağlar paramparça olabiliyor...

SES, titreşim ve rezonansla neler yapılabilir siz düşünün...

Peki tahrip edebilecek SES olduğu gibi, set çekebilecek bir SES de var mı acaba?

Keza ilk kez Sur'a üfürüldüğünde iman etmemişlerin, yani iman edenlerin içinde bulunduğu frekansa girememişlerin rezonansa girmesi sonucu dağılmaları ve sonra yine aynı SES'le yeniden birleşmelerinden bahseder kıyamet tasvirinde.

Hatta kıyamet haberlerini ihtiva ettiği için Nebe (Haber) diye isimlendiren surede, hayvanların bu sesle dağılmaları ve toprak olmaları sonucu tekrar kaldırılmalarında insan değil "hayvan" suretinde kaldırılmış insanların, sorgusuz giden hayvanlara özenip, "Keşke biz de toprak olsaydık" dedikleri ifade edilir.

Yasin Suresi'nin 9. ayetini, birileri tarafından fark edilmek istemediğinizde, okuduğunuz takdirde rahatsız olduğunuz kişilerin sizi göremeyecekleri söylenir. Elbette ki her okuyan bunu yaşayacak demek değildir, bu büyük bir konsantrasyon işidir, onun ötesinde, o ses titreşiminin doğru nakledilmesi için öncelikle alıcı ve verici olan kişinin doğru niyette olması, safi enerjide olması gibi şartlar aranır... Bu aranan şartların nedeni enerji üzerindeki etkisi yüzündendir, bu kelimelerle o frekansa girebilmek...

Ayete geri dönelim.

Meali şöyledir: "Önlerinden bir set ve arkalarından bir set çektik de onları kapattık, artık göremezler." (Diyanet Vakfı)

Bu ayetin ne zaman ve nasıl idrake indirildiği konusunda ise bir anlatım şöyledir; Peygamberimizin Mekkeden çıkmasını istemeyen ve bu yüzden onu öldürmeye gelenler evinin önünde bekliyorlardı.

Ona gelen "yüksek bilgi" yani "vahiy" ile bu ayeti söylemesi istendi.

"Ve onların önlerine ve arkalarına set kılarak (çekerek) böylece onları perdeledik. Artık onlar görmezler."

Bu ayeti okumasıyla beraber, bizlerin bu gözlerle göremeyeceğimiz bir set çekildi müşriklerin (ortak koşanlar) önlerine ve arkalarına ve Allah Resulü (sav) bu ayeti okumak suretiyle aralarından görünmeden çıkıp gitti.

Bunu bir bilimkurgu filminde görsek, olabilir diye düşünürüz ama nedense Kuran içinde anlatıldığında "Nasıl ya!" gibi bir burun kıvırma olabiliyor.

İdraklerimizin alması bir sınırdan sonra mümkün olmayan kelimelerden, harflerden ve sayılardan oluşmuş bir yazılım olan ve Allah'ın "Kün! (Ol!)" emriyle var olmuş bir evrende, Allah'ın Kelam sıfatını bizlere de kullanın diye sunmasının cömertliğinde, çok mu zor sanıyoruz bunların olabilmesini!

Bir suya güzel kelimeler, yani güzel ses ve titreşimler yolladığınızda aldığı şekil değişirken, etrafımızda göremediğimiz onlarca "eşya-şey-varlık" neden farklı şekiller alamasın? Hele ki her canlı sudan yaratılmışken...

Hele ki, "Hayatı olan/canlı olan her şeyi sudan yarattık. Hâlâ inanmayacaklar mı?" denirken. (Enbiya 30)

Simya diye bahsedilen ilimin ne olduğunu biliyor musunuz? Peki kökenini nereden alır? Kökünü Aramiceden alan bu kelime "simge; işaret" anlamını taşır...

Peki ayet ne demekti? Simge, işaret...

Kelam sahibi Allah için çok mu zor dağların yıkılması ve yeniden yükselmesi, Ay'ın yarılması ve yeniden birleşmesi? Bunların hiçbiri zor değil Allah için ve O "biiznillah" dedirtmek suretiyle, kendi kudretinin aracısı kıldığı İsa'ya, ölüleri dirilttiren, âmâların gözünü açmasına izin verendir...

O kudret O'nundur ve kuluna da o kudreti kulu gücünde sunar. "Biz size yüklenebileceğinizden fazlasını yüklemeyiz" der. Kendi sıfatlarından, isimlerinden "ikram" eder kuluna.

Kur'an-ı Kerim (bildiğimiz pek çok anlamı yanında), KURAN Zat'ı ifade eder ve Kerim de yüce gönüllü, ikram sahibi anlamını da taşır... Kısaca Kur'an-ı Kerim, o yüce ZATIN İKRAMI'dır kuluna...

Öyle bir ikramdır ki bu, hakikatiyle anlaşılsa kulunu O'nun halifesi yapar. Kuluna varlığını kolaylaştırmak ve geldiği kapasiteyi kemale erdirmek için sunduğu bir metottur. Her iki dünyayı, ebedi hayatını en kemal haliyle yaşayabilmesi için bir ikram...

Allah'la ilgili, dinle ilgili, peygamberimizle ilgili konuşan insanları ancak ne bildiğini, ne kadar araştırdığını ve ne kadar yargısız baktığını gördüğüm zaman dikkate alırım. Çünkü zaten öğrendikçe, bildikçe insan cazibeye düşer ve daha fazlasını ister. "Bilen" olmak ister. "Bulan" olmak ister. Ve en sonunda da "olan" olmak ister. Dini anlamak, yaşamak ve bu mutluluğu karşısındakine yaşatmak ister.

Peygamberimiz ve Allah dostlarıyla ilgili "kurtuluşa vesile olduğu" ifadesi hep bundandır. Kurtuluştur bilmek, bulmak ve olmak.

Hiçliğinde her şey olmaktır...

Ve Allah sevdiği ve merhamet beslediği kulunun "özüne", yani "O'na" dönmesini ve sonsuz kudrette eskisi gibi yokluğuyla var olmasını yine kulunun hayrı, mutluluğu ve kemalatı için ister...

KIYAM-ET

Görmek isteyenler için yeterince ışık, istemeyenler için yeterince karanlık vardır.

–Blaise Pascal

Bir gün annemle sohbet ederken... "Dur namazımı kılayım geliyorum..." dedi. "Tamam" dedim...

Annem babamı çok genç yaşta kaybettiğinden beri kendini Allah yoluna adamış bir insandır. Saatlerce dua eder. Benim oruç tutmadığım yıllarda, yaşına rağmen ara vermeden orucunu tutar, saatlerce ibadet eder ve tüm bunların üstüne de Kuran'la ilgili ilmi anlatımlar okurdu. Allah'ım onu esirgesin, halen de okur.

Namazını kıldıktan sonra yanıma geldi.

"Deniz!" dedi. "Tam kıyamdayken aklıma bir şeyler geliyor konsantrem bozuluyor. Neyse ki topluyorum kafamı sonra." "Ne zaman ne zaman?" dedim.

Bana baktı, "Kıyamdayken kıyamda..."

Allah'ım! Bir vurgun oldu beynimde... "Kıyamdayken." Öyle bir yerimden fırladım ki ne olduğunu anlayamadı...

"Anne, inanmıyorum! Kıyam mı?" dedim.

Şaşkın gözlerle bana baktı... "Ne oluyor Allah Allah ya!" dedi... "Anne! Anlamıyor musun? Kıyam... Bir dakika" dedim. Hemen bilgisayarımı açtım ve Google'a girdim... Arapça sözlüğü açtım, "kıyam" kelimesini girdim.

İşte tam karşımda anlamı duruyordu. Kıyam: 1. Ayağa kalkmak. 2. Uyanmak...

Kıyam, yani namazda durduğumuz kıyamın, "ayağa kalkmak anlamının yanında, uyanmak" anlamı da vardı...

"Kıyam et" demekse, "ayağa kalk ve uyan" demekti bu durumda.

İşte o an içimde bir "sarsıntı" oldu... Derin bir sarsıntı... Namazdan bildiğim bir kavram olan kıyamın kıyametle bağlantısı gün gibi karşımdaydı...

Ve bastığım yer ayağımın altından kaymaya, kendi beynimin kurguladığı sanal dünyam yarılmaya başlamıştı...

Bir "ayağa kalkış ve hayallerden gerçeklere uyanıştı" kıyamet... Bu kelime bu yüzden özenle seçilmişti...

Uyanış uyanış diye yıllardır ithal bilgilerle bizlere iletilmeye çalışılan bu bilgiler, aslında gerçek temelini Kuran'dan ANI KURAN'dan alıyordu...

Bu kadar önümde, bu kadar açıkta olan bir hazineyi nasıl da fark edememiştim?

"Kıyam et diyordu Allah. Ayağa kalk ve uyan ey kulum! Uyan..." Hemen kıyametle ilgili sureleri bulmalıydım. Google'a girdim... "Kıyametle ilgili sureler" yazdım Google'a ve meallerini okumaya başladım...

İlk önüme gelen Zilzal ve Kıyamet sureleri oldu...

Delirecek gibiydim. Tam "Allah'ım bana ne oluyor?" diye kendi kendime kıvranırken, karşımda Kuran'da açtığım Zilzal Suresi'nin olduğu sayfada, tam gözümün önüne gelen ayetin mealini gördüm... "Yer sarsıldıkça sarsıldığı, bütün ağırlıklarını çıkardığı ve insan buna ne oluyor dediği zaman..." (Zilzal Suresi 1-2-3)

Allah'ım!

"Buna ne oluyordu..." Bastığım yer, yani "inançlarım" ayağımın altında sarsılıyordu. İnançlarım ve kurgu dünyama ne oluyordu... Ya bana, bana ne oluyordu!

Aslında derin bir hayranlık barındıran bu duygu, aynı zamanda bir vicdan azabı da içeriyordu...

Yıllardır bu dünyada sanal gerçeklerle "uyuduğum" için, kendi dünyamı aslolan sanıp inançlarımı, acılarımı kendim kurguladığım için...

Karnım ağrıyordu... Bir şey olmuştu bana... Kendimi bunca zaman yaşamış bir aptal gibi hissediyordum. Hani yıllarca hazinesini dışarıda aramış ama onu tüm dünyayı gezdikten sonra arka bahçesinde bulmuş Simyacı gibi hissediyordum kendimi... Canım yanıyordu...

Gözlerimden yaşlar akmaya başlamıştı... Annem yanı başımdaydı ama anlam veremediği bir halde olduğum için panik dışında bir şey hissetmiyor olsa gerekti...

"Kızım!" dedi... "Deniz... Tövbe estağfurullah, ne oluyor kızım?" "Anne..." dedim sadece. "Anne..."

Bazen kelimeler kifayetsizdir, gerçekten ne hissettiğini anlatamazsın. Bazı haller yaşanıyor anlatılamıyor. Yaşamadıkça izah edilemiyor...

"İyiyim, sıkıntı yok. Merak etme..." dedim sesim titreyerek... "Kızım rengin resin kaçtı... Allah Allah, korktum ne oluyor dedim. Tamam. Peki o zaman..." dedi.

Yanımdan kalktı mutfağa yöneldi.

Bense bu sefer Kuran'a uzanıp Kıyamet Suresi ayetlerini okumaya koyuldum...

İçimde bunca yıl Allah'ın bana seslenişini duymamanın verdiği derin bir acı bir vicdan azabı vardı...

Sonra Kıyamet Suresi'ne döndüm...

"Kıyamet gününe yemin ederim ki... kendini kınayan pişmanlık çeken kişiye yemin ederim ki!"

Bu bu bendim ben! Şu an hissettiğim yer sarsıntım, şu an hissettiğim bu pişmanlık, vicdan sarsıntısı bundan daha iyi anlatılamazdı ya Rabbim...

Ağlıyordum. Tane tane iniyordu gözlerimden yaşlar...

Küçükken anneme masal anlattırmak için ağlardım geceleri. Bazen yorgun olduğu için anlatmak istemezdi. Ben de ağlardım, kendimi yerden yere atarak "Lütfeeen!" derdim.

Sonra kıyamayıp beni yanına alır, "Tamam tamam peki. Hadi gel anlatayım..." der, "Cadılı olsun" diye sipariş ettiğim masalımı anlatmaya başlardı saatlerce...

O anlatmaya başlardı ama bu sefer de onu üzdüğüm için, bütün gün zaten yorulduğu ve üstüne bir de ben böyle yorduğumu düşünüp vicdan azabı çektiğim için yeniden ağlamaya başlardım...

İşte o anki hislerim şu ankilere o kadar benziyordu ki. Teşbihte hata olmaz. Allah'ımdan bir şeyler isteyip duruyordum. Oluyor olmuyor diye ağlayıp duruyordum hayatım boyunca. İster içten içe, ister dışarıdan. Oysaki beni düşünen, bana ulaşmaya çalışan şefkati sınırsız Rabbim vardı ve O hep oradaydı benim için... Ve hep benimleydi. Bense O'ndan habersizliğimi O'nun ilgisizliğine bağlamış kendimi kandırıyor O'nun tam avucunun içinde olmama rağmen sılada gibi azap çekiyor sitem ediyordum...

Kıyamet Suresi'ni okumaya devam ettim. Gözlerimden yaşlar pıtır pıtır iniyordu. Okumakta zorlanıyordum. Hıçkırığımı içime gömmeye çalışıyordum...

"Hep beni anlamanı bekliyorum, oysa ben seni anlamaya çalışsaydım zaten her şey çözülmüş olacaktı Allah'ım..." dedim O'na.

14 ve 15. ayetler bana dönmüş cevap veriyordu:

"Doğrusu insan nefsine karşı şahittir. Birtakım özürler atsa da kabul edilmez..."

16: "Resulüm! Vahyi çarçabuk almak için dilini kımıldatma..."

17: "Şüphesiz onu toplamak, senin kalbine yerleştirmek ve okutmak bize aittir..."

Benim kalbime yerleştiren ve okutan da O'ydu demek. Bana öyle söylüyordu Peygamber'in nezdinde.

Allah'ın Kuran'da peygamberimizle konuştuğunda aslında her birimizle konuştuğunu ilk o an anladım.

Yazıklar olsundu bana. Ah yazıklar olsundu. Yaşlarım boşalıyordu ki şaşırtılmaya, hayrete düşürülmeye devam ediliyordum. Benimle benden içeri bir şekilde konuşuyordu.

Benden içeri miydi? Of!

"Bir ben var ki benden içeri!" Buydu işte Allah'ım... Ah Yunus... Ah...

Kıyamet 34, 35, 36. ayetler:

"Yazıklar olsun sana yazıklar.

Yine yazıklar olsun sana yazıklar...

İnsan kendisinin başıboş bırakılacağını mı sanıyor..."

"Bunları yapan ve yaratan Allah'ın ölüleri diriltmeye gücü yetmez mi? Elbette yeter..." Elbette yeterdi...

Ölüden diriyi çıkaran Allah tabirini, hep reenkarnasyon sorgusuyla karşılıyordu o güne dek rast geldiğim Batı kökenli anlatımlar... Oysaki olay ondan ince, ondan derindi. Ölüydüm ben. Şimdiye dek körce yaşadığım hayal dünyam kadar ölüydüm. Şu andaysa ayağa kaldırılıp uyandırılıyordum...

Hakikate diriltilmek için...

Ve yıllar sonra öğrendiğim bir hadis tüm bu anlatmaya çalıştıklarımı öyle kısaca özetliyordu ki...

Kuran Allah tarafında "yaşanmak ve anlaşılmak" için gönderilmişti. Ölülerin ardından hatim okumaktan ibaret saydığım bir kelime dizilimini nasıl da anlamamıştım...

Yasin 69. ayet: "Ona şiir öğretmedik. Ona yakışmaz da. O ancak apaçık bir hatırlatma ve apaçık Kuran'dır..."

Yasin 70. ayet: "Ta ki diri olanı uyarsın ve hakikat bilgisini inkâr üzerine de o hüküm gerçekleşsin..."

"Hatırlatma..."

Şöyle bir tabir duymuştum. Kuran yaşayan ölülere okunur. Ölmüş kalpleri diriltmek için... Yaşadığım buydu...

Ölüm kavramını da o kalıplar dışında görememek benim gerçeklerle yüzleşmemi bu derece geciktirmişti...

Ya Sin! Peki bu "Kuran'ın Kalbi" denilen sure ne demekti? Sözlüğe "Yasin" kelimesi ne demektir yazdım... Cevabı karşımdaydı...

Ya-Ey, Sin-İnsan...

Elime annemim Kuran'ını aldım... 441. sayfada, Yasin Suresi'ni açtım...

Euzübillahimineşşeytanirraciym... "Ya Sin..."

"Ey İnsan..."

"O apaçık bir hatırlatmadır..."

Size "Ey insan" diye dışarıdan birilerinin seslendiğini anlayarak okuduğunuzda ne hissederseniz işte ben de aynen öyle hissetmiştim...

İnsan neydi? Ya hatırlamak kelimesi... Neyi unutmuştum da hatırlatılıyordum?

İnsan

İnsan kelimesinin sözlük anlamı ve açıklamasını sizlerle paylaşıyorum...

İnsan kelimesinin kendinden türediği kök olarak iki sözcükten bahsedilir. Bunlardan ilki "üns" kelimesidir. Üns, "ünsiyet, yakınlık" demektir. Yani toplum olarak yaşama, diğer insanlara "yakınlığı", öte yandansa Allah'a tüm varlıkların üstünde yakınlığını ifade eder...

İnsan kelimesinin bir de "nesy" fiilinden geldiği söylenir. Nesy unutmak demektir. Bu durumda insan "unutan" demektir...

Kuran'da Taha Suresi'nin 115. ayetinde Âdem'den şu şekilde bahsedilir:

"And olsun, önceden Âdem'e ahit verdik de unuttu ve onu azim sahibi bulmadık."

Delirecek gibiydim...

Sizi bilmem ama ben "unutandım" ve "hatırlatılıyordum".

Şu ana dek kendi kibrim yüzünden hakiki anlamının kapısını dahi açamadığım Kuran beni kollarımdan sarsmış ve ne kadar "küçük" olduğumu hatırlatıyordu...

Yasin 69. ayette geçen "zikrun" kelimesi dilimize pelesenk olmuş ama içeriğini bilmediğimiz bir başka kavram olarak tam karşımda duruyordu...

Eline tesbih alıp, "Allah çekiyorum. Esma çekiyorum. Zikirdeyim..." demekten çok öte, bunları yaparken, "Unuttuklarımı hatırlamaya çalışıyorum..." demek bambaşka bir anlayıştı.

Kuran'ın kendine ait katman katman bir gül gibi inceledikçe kendini açan ve daha çok kokusunu salgılayan bir yapısı vardı. Bu yüzden Türkçesini okumak kadar sığ bir şekil tavsiye edilmiyordu.

Öyle zengin bir dilin, her kelimesi Allah tarafından özenle seçilmiş kelimelerle donatılması elbette ki tesadüf değildi...

O kuluyla konuşurken özellikle bu kelime ve kavramları özenle seçmişti. Kuran'da seçilen dilin bile özel bir kavme Kureyş'e ait olması aslında meselenin derinliğine ilişkin bir ipucuydu...

Çoğumuz gibi ben de Kuran'daki Arapçanın, bildiğimiz Arap ülkelerindeki sığlığına tıkanıp kalmıştım. Aslında Kureyş lehçesi olması bile özellikle seçilmişti.

"Zaman yaşlandıkça Kuran gençleşir..." derler.

Kuran'ın yıllar önce Kureyş diye bir kavme geldiğini söyleyip eski bir hikâye kitabı gibi algılamaya çalışan insanlar vardır...

Kuran anlaşılırsa aslında her çağı ihtiva eder deyişini çok duydum ama bir şeyi anlamak için bazen yaşamak gerekiyor.

Kureyş Kelimesi

1. Daha önce dağınık yaşayan kabile, sonradan bir araya toplanıp birlikte yaşamaya başladığı için bu isim verilmiştir.

2. Mal toplayan, ticaretle uğraşan, kazanan kimselerden oluşan kabileye, bireylerinin bu özellikleri dolayısıyla "kazanmak, toplanmak" anlamındaki bu isim verilmiştir.

3. Hacılar arasındaki ihtiyaç sahiplerini araştırıp onların ihtiyaçlarını karşıladıkları için bu isim verilmiştir.

4. Denizlerde "kırş" adında bir canavar (köpekbalığı) var.

Bu hayvan çok güçlüdür, o başkalarını yer kimse onu yiyemez; başka hayvanların üstüne çıkar, kimse onun üstüne çıkmaz demiş ve şu beyti nakletmiştir:

"Kureyş denizde yaşayandır, işte onun adı ile Kureyş demiştir..." Ben hukuk hayatıma ilk adım attığımda Amerikalı patronum bana, "I m thorwin u among the sharks... So that u can learn to deal with them asap..." demişti.

Yani: "Seni köpekbalıklarının arasına atıyorum ki onlarla baş etmeyi en kısa zamanda öğrenebilesin..."

Şimdi size soruyorum; kazanmak üzerine, madde üzerine yaşayan bir toplum muyuz? Değerlerimiz mahvolmuş durumda. Erdem anlayışımız yitik. Her şey şan, şöhret, para pul olmuş durumda.

Artık her şeyin ticareti yapılıyor mu? Adalet kaldı mı?

Güçlüler her ihtimalde haklı mı?

Peki bu bizi canavarlaştırmış durumda mı?

İşte insan nefsi, terbiye edilmediği müddetçe canavarlaşmaya, maddiyatçılığa mahkûm olmuştur. Cehennemin bekçisinin adının MALİK diye tayin edilmesi ne güzel bir işarettir anlayana. Her şeye malik olmak isteyen, her şeye sahip olmak isteyen, her şeyin tek sahibinin Allah olduğunu unutup maddeyi bu derece içselleştiren, kendi dünyasını cehenneme çevirip ona bekçilik yapmakta olan insan değil midir?

Tarih tekerrür eder... Nice ülkeler, milletler yaşayıp varlıklarını sürdürememiştir. Nice büyük şirketler kendilerini en tanrısal sandıkları dönemde yıkılmıştır. Buna ekonomide bir isim bile verilmiştir biliyor muydunuz? "God complex Tanrı olma kompleksi."

Hayatın yolu bir olduğu için kuralları da birdir. Kendini dokunulmaz, yıkılmaz, sonsuz yani tanrısal gören yıkılma dönemine girmiştir; ne iş yaparsa yapsın...

Sistemde hiçbir ağaç gökyüzüne erişemez. Buna izin verilmez. Bu durum da doğa kanunundan farksızdır.

Kureyş kabilesi diye hikâyeleştirdiğimiz, kendimizi içinde göremediğimiz bu kabile aslında hâlâ yaşıyor... Bu kabile bizleriz. Hangi ulustan olursa olsun şu an dünyada yaşayan kavimler, bu anlayışı taşıyan (köpekbalığı) canavarlaşmış kavimlerdir.

Kızlarımızı gömüyoruz bizler hâlâ. Haberlere bakın ve deyin ki bana, kızların gömülmesi vahşeti Kuran'ın nazil olduğu dönemde kalmış! Gömmeyi sadece toprağa koymak olarak ele alırsak öyle, ama gömmeyi "yaşarken öldürmek" anlayışı da dahil olarak anlarsak kadın ve kızların nasıl "gömüldüğünü" fark ederiz...

O hep sorguladığımız Allah bizimle Türkçe konuşsaydı ya... "Türkçe namaz kılamaz mıyız?" gibi sorularımın hepsi anlamsızlaşmıştı.

İçimde maddeye dönüklükle canavarlaşmakta olan bir nefis vardı ve bana onun lehçesiyle seslenen Allah...

İşte o an anladım ki okuduğum kitap düz Arapça değildi...

A-RAB'ca, yani: Allahça.

Bu bölümün devamında size ilmi olarak da Arapça, aslında A-RAB'ca yani ALLAHÇA olan bu dili neden anlamlarıyla öğrenmeye çalışmamız bizim hayrımıza, kendi idrakimce onu da anlatacağım...

Her bir kelimesi AN'dan gelen ve bu yüzden tüm zamanları kapsayan bu dilin, değil her kelimesi her harfi sonradan görecektim ki yüzlerce anlama geliyordu... O Allah'a varmamda, anlamaya çalışmam gereken bir kapıydı...

Ve ben artık bu kapıyı aralamaya ve arkasında ne olduğunu anlamaya uğraşmaya kesin kararlıydım...

"Kuran'ı gerçekten AN'layan bilir ki, açılan ayakkabı bağı bile Kuran'da bir yerde yazılıdır."

Onları Korkut!

Kuran, Türkçe meallerin, kısır kelimeler ve anlatımların özensizliği içinde anlaşılabilecek bir kitap değildi...

Kıyamet anlatımını bilirsiniz. İnançlı inançsız herkes defalarca filmlere konu olmuş bu kavram üzerine az çok fikir sahibidir. Dünya darmadağın olacak. Sur'a üflenecek. Her canlı parça parça olacak, ne dünya kalacak ne de bir şey.

Sonra tekrar Sur'a üflenecek ve herkes yeniden diriltilecek.

Nasıl da ürkütücü bir anlatım değil mi? Yani inansın inanmasın, kıyamet ve alametlerinden içi ürpermeyen ve hatta göstermese de, korkmayan bir tek kişi olduğuna inanmıyorum...

Allah'ın ve dinin zaten korku, cezalandırma, ateşlere atıp kaynatma gibi unsurlarla çocukluğumuzdan beri bize dayatılması, yüce Allah'ı sevmekten ziyade bir tür çıkar ilişkisiyle, korku haliyle bir şeyler istemek ve O'nu tanımadan sadece korkmak halini almış durumdadır ki, bu ne acıdır ne büyük kayıptır...

Aslında her insan bir âlemdir. Ve âlemlerin Rabbi de onunla birebir muhataptır. Her insan ayrı bir dünyadır. Yörüngeleri vardır, güneşi ve yıldızları, yağmurları, rüzgârları, denizleri, hazineleri... Her insanın bir seması, yani "bilinci" vardır. İnsan dünya toprağının maddesinden yaratılmıştır. Topraktır insan, bu da onun Kuran'ın tabiriyle "arzıdır".

Biz fark etmeden bunun içinde kendi "âlemimizi", dünyamızı oluştururuz. Kendi doğrularımız, inançlarımız, kalıplarımız, sevdiklerimiz sevmediklerimiz...

Allah'tan "gerektiği gibi" haberdar olmadığımız bir şekilde yaşantımıza devam ederken, birdenbire beklenmedik bir şey olur hayatımızda. Ya sevdiğimiz birini kaybederiz, ya güvendiğimiz birinden hiç ummadığımız bir ihanet görürüz, ya inandığımız doğruları yitiririz, ya sağlığımızı, ya da varlığımızı...

İşte o gün inandığımız şeylerin, kendi dünyamızda kurduğumuz, inşa ettiğimiz değerlerin, yıllarca uğruna gençliğimizden feragat ettiğimiz, canımızı uğruna heba ettiğimiz şeylerin birdenbire altüst olduğunu görürüz...

Hayat bir yoldur. Herkes farklı şeyler yaşadığını ve kimsenin onu anlayamayacağını düşünse de size bir haberim var. Kendimizi önemsemek hepimizin ihtiyacı olan bir şey, biliyorum. Bu nefis ve benlik, benzer olduğumuz fikrine dahi tahammül edemez insanda. En azından bunun afişe edilmesine dayanamaz. Çünkü her birimiz ayrı bir muhteşem, ayrı bir güzel, ayrı bir farklı, ayrı bir zayıf, ayrı bir üstünüzdür...

İnsanın kendine olan cömertliği, bir başkasına karşı olan cimriliği, yine terbiye edilmemiş nefsin bize getirdiği sanal kandırmacalardandır.

Mevlânâ Hazretleri demiş ki: "Kusur mu arıyorsun? Aynaya bak..."

Ne muhteşem değil mi? Biz kusur, suç, çirkinlik gibi kavramlara sadece maruz kaldığımızı iddia ederiz. Genelde başkalarının suçudur o. Biz kandırılmışızdır hep, mağduruzdur.

"Herkes dünyayı değiştirmeyi düşünüyor. Kimse kendini değiştirmeyi akıl etmiyor..." (Tolstoy)

"Bunu söylemek ne kadar tuhaf olsa da benim için Muhammedilik, haça tapmaktan (Hıristiyanlıktan) mukayese edilemeyecek kadar yüksekte duruyor... Eğer insan, seçme hakkına sahip olsaydı, aklı başında olan her bir insan, şüphe ve tereddüt etmeden Muhammediliği; tek Allah'ı ve O'nun peygamberini kabul ederdi..."[22] (Tolstoy)

Allah Dostlarından Merkez Efendi Hazretleri

Güzel İstanbul'un manevi sultanlarındandır Merkez Efendi. Asıl adı Musa, babası Muslihuddin'dir.

Musa bin Muslihuddin nice zaman medreselerde tahsil gördükten ve ulema sınıfına dahil olduktan sonra, İstanbul'a gelip yerleşti. Kısa zamanda müstesna bir mevki elde etti. Fakat hayatının akışı asıl bundan sonra değişecekti.

Ona Kuran'daki hakikatleri, Allah'ın ilmini öğreten de Allah sevgilisi, mürşidi Sümbül Efendi'dir. Önceleri Sümbül Efendi'yi inkâr edenlerden biri de kendisiydi aslında. Ama Allahü Teâlâ ona bir rüya ile yanlışta olduğunu malum etti.

Rüyasında Sümbül Efendi evinin kapısına dayanmıştı. Kapının arkasına yığdıkları onca eşyaya rağmen Sümbül Efendi bir hamlede kapıyı yıkıp içeri girmişti. Rüyasından o kapı-

---

22 İslamiyet'i kabul ettiğinin duyulması engellenmeye çalışılan ünlü Rus yazar Tolstoy. Hz. *Muhammed Gizlenen Kitap* adlı eserden (Dr. Arif Arslan).

nın kırılma sesiyle uyanan Musa bin Muslihuddin düşünce deryasına dalıp gitti. Düşündükçe ufku açıldı ve bu rüyanın büyük bir mana ifade ettiğini bildi:

"Biz, meğer ne büyük gaflet içindeymişiz!"

Sabahı iple çekti Musa Efendi. Artık duracak zaman değildi. Gökleri inleten ezan sesleriyle birlikte evinden dışarı çıktı. Rüzgâr önündeki yapraklar gibi gitti, bir çırpıda o kıvrım kıvrım yolları bitirdi ve sonunda Sümbül Efendi'nin dergâhına vardı. Hiç kimseye görünmeden yavaşça içeri süzüldü, bir direği siper edinerek arkasına geçip oturdu, başını göğsü üzerine eğip beklemeye koyuldu.

Bir müddet sonra Sümbül Efendi gönüllere inciler yağdıran konuşmasına başladı. İnsanı mest eden tatlı, ılık, yumuşak bir lisanla konuşuyordu. Her bir sözü insanın yüreğine kurşun gibi işliyordu âdeta. Ötelerin ve buraların nice hikmetleri dile geliyordu.

Musa Efendi'nin gönlüne bir pencere açılmıştı bile. Kendisini bambaşka bir âlemin içinde yüzüyor sandı ve ılık bir ışık bütün içini doldurup aydınlattı. Şimdi her şey daha güzeldi. Sümbül Efendi, gözlerini dervişlerin üzerinde gezdirdikten sonra sordu:

"Ey temiz canlı adamlar, söylediklerimi anlıyor musunuz?"

Hiç kimsede ses yok. Herkes başını eğmiş susuyordu. Her kelime esrar hazinesi gibi bir şeydi. Sümbül Efendi yine ışıklar dolu gözlerini dervişlere dikti:

"Hayır, anlamıyorsunuz! Ama o direğin dibindeki! O var ya, söylediklerimi tamamen anlıyor, çünkü bugün hep onun için söylüyorum!" Direğin dibindekinin hali perişan. Onun burada olduğunu güzel Sümbül Efendi nereden biliyordu? Bunca tahsil, bunca medrese hepsi nafileydi burada. Burası vahdet denizinin dalgalarıyla çağlayıp duruyordu.

O andan itibaren Musa bin Muslihuddin, Sümbül Efendi'nin eteğine sıkıca tutundu, ondan aldığı Allah'ın ilmiyle tasavvuf denizine daldı, Allah'ın nice manevi nimetlerinden nasibini aldı. Genç medreselinin gönül toprağına ilahi aşkın zerresi düşmüştü. O bir zerre aşk, dünyalar dolusu cevherden daha iyiydi. Şimdi medreselinin can sazı bir acayip nağme ile inliyordu.

Bir gün Sümbül Efendi, dervişlerini çetin bir imtihana tabi tuttu. Onlara dedi ki:

"Ey bir avuç topraktan ibaret olan canlar! Âlemi siz yaratmış olsaydınız nasıl yaratırdınız?"

Bu suale ne denir ki? Her derviş kendi gönlünce cevaplar sundu. Ne var ki hiçbiri Sümbül Efendi'nin arzu ettiği cevaba muktedir olamadı. Sıra Musa Efendi'ye geldi ve yüzünde elmaslar oynaşan Sümbül Efendi tatlı bir tebessümle, "Eee, bir de sen söyle bakalım Musa Efendi, sen nasıl bir dünya isterdin? Âlemi sen yaratsaydın nasıl yaratırdın?" dedi.

Musa Efendi başını kaldırmadan cevap verdi:

"Bu mümkün değil! Ama mümkün olsaydı, her şeyi merkezinde bırakırdım! Âlem öyle tatlı bir nizam içinde ki; buna bir şey ilave etmek veya bir şeyi eksiltmek düşünülemez!"

Sümbül Efendi'nin istediği de buydu. Ay yüzünde görülmemiş bir ışık belirdi ve dedi ki:

"Aferin derviş Musa! Demek her şeyi merkezinde bırakırdın? Öyleyse senin adın bundan böyle Merkez Muslihuddin olsun!"

Bundan sonra Musa bin Muslihuddin adı Merkez Muslihuddin oldu ve artık o, Merkez Efendi ismiyle gönüllerde taht kuracaktı.

Yine dervişlerin Sümbül Efendi etrafında birer pervane misali döndüğü günlerden biri, Sümbül Efendi dervişlerini imtihana tutmak istedi.

"Ey dervişler!" diye seslendi. "Hak rahmetinin tecellisi toprağın bağrından renk renk, türlü türlü, çeşit çeşit çiçekler fışkırıyor. Her biriniz bana bir top çiçek getireceksiniz. O miskler saçan çiçeklerle gönlümüz, gözümüz aydınlanacak.

Dervişler durabilir miydi? Sümbül Efendi ilk defa kendilerinden bir şey istiyordu. Bütün dervişler dışarı süzüldü. Kırlara, bahçelere doğru koştular ve demet demet, kucak kucak çiçekler topladılar. Getirdikleri çiçeklerle dergâh çiçek bahçesine dönmüştü.

Bütün dervişlerin yüzü çiçekler gibi gülüyordu. Sadece Merkez Efendi düşünceliydi. Elinde bir tane, tek bir tane solmuş, kurumuş, cevheri gitmiş papatya vardı. Bu rengârenk çiçeklerin içinde kuru bir papatyanın ne kıymeti olurdu ki? Sümbül Efendi'nin önüne varıp boyun büktü:

"Ey tertemiz canların ışığı! Hangi çiçeğe el atsam, onu zikr-i ilahi ile titrer buldum. Allah Allah diye feryat eden o güzelleri koparmak elimden gelmedi. Onun için yüksek huzuruna şu kupkuru papatya ile geldim! Kusurum affola!

Zaten Sümbül Efendi'nin beklediği de buydu. Merkez Efendi'ye derin derin baktı:

"Hamd olsun yüce Allah'a ki, senin iç gözlerine ilahi hikmet sürmesini çekmiş!

Mürşidinden bu müjdeyi aldıktan bir süre sonra Sümbül Efendi'ye damat oldu. Kızı Rahime ile evlenip kendi dergâhına çekildi. Gönül dudaklarıyla ilahi aşkın şurubunu içmişti Merkez Efendi.

Artık o da Allah'ın irşat zincirinin bir halkasıydı.[23]

23 Kaynak: Osmanlı Kültürünü Yaşatma Derneği

IV.
İNSAN

Sonum yokluk olsa, bu varlık niye?
–Necip Fazıl Kısakürek

Az felsefe insanı tanrıtanımazlığa götürür,
derinlemesine felsefe insanı Tanrı'ya vardırır.
–Francis Bacon

Soru ilmin yarısıdır…
–Hz. Muhammed (sav)

Ey iman edenler… iman edin.
– Nisa 136

İyi ki insan ölümsüz olduğunu bilmiyor…
–Deniz Erten

AKIL

İslam tamamen "şekilsel" bir din imajıyla yoğrulmuş gibi gösterilmeye çalışılsa da, düşünsel temelli bir anlayıştır...

Kuran her birkaç ayetin birinde, onu okuyanı ve sunduklarını uygulamaya çalışanı "akla ve tefekküre" davet eder...

Ve tefekkürü (tefekkür: fekere kökünden gelen fikir yürütme anlamında kullanılan kelime) ve düşünmeyi o kadar önemser ki, bir an tefekkür edenin, nafile denen faydalı anlamına gelen diğer ibadetlerden çok daha büyük bir sevap kazandığını söyler.

İnsanlara sevap ve günah şeklinde ifadeler kullanılması aslında temelde "çıkar ilişkisi, madde ve karşılık" üzerine beslenen insanı bu tür davranışlara sevk etmenin bir yoludur. Çünkü insan üçboyutlu, son derece kısıtlı olarak algıladığı bir evrende yaşar... Amel ya da düşünceleriyle herhangi bir karşılık enerji olarak ne oluşturduğunu göremez... Yaptıklarının karşılık oluşturmadığı fikrine girip zararlı hale gelmemesi adına diğer dünyada karşılık bulacak bu davranışlar, şimdi görmeseniz de merak etmeyin der gibi günah ve sevap kavramlarıyla dizginlenmiştir...

Temelde neyin niye olduğunu bilmek için biraz daha derine inse insan, aslında ilahi lütuf tarafından istenilen hiçbir şeyin sebepsiz olmadığını idrak etmeye başlar...

İslam'ın emir ve yasakları ergenlik çağına gelmiş ve akli dengesi yerinde insanlar için olması ve akli dengesi hasar görmüş insanların İslam'dan "sorumlu tutulmaması" zaten aslında bu dinin ne kadar "akli" bir yol olduğunu gösterir...

Her birkaç ayetten birinde, "Hiç mi düşünmüyorsunuz? Hiç mi aklınızı kullanmıyorsunuz? Hiç mi tefekkür etmiyorsunuz?" gibi sorgulamalarla Allah âdeta insanları soru sormaya ve aklını kullanmaya teşvik eder...

Bir "mantık dini" olması yanında Allah ve Resul'e (sav) "iman" etmeyi istemesi suretiyle bir "iman" dinidir. İman "inanmak" demektir. Güvenmek demektir...

İmanın yeriyse kalptedir, insanın aklı sınırlı ama kalbi sınırsızdır.

Öyle sınırsızdır ki Allah, "Kâinata sığmadım ama bir mümin kulumun kalbine sığdım" der.

Ve aslında bizden istenen bir anlamda "kalbin aklını" kullanmamızdır. O nasıl oluyor öyle demeyin...

Kuran bazı ayetlerde, "Onların kalpleri vardır ama onunla (o kalplerle) anlamazlar..." "Yeryüzünde dolaşmazlar mı ki düşünecek kalpleri olsun?" "Yoksa kalpleri kilitli mi?" gibi akıl yerine kalp sözcüğünü kullanır...

İslamiyet "teslimiyet" demektir ve aslında mantık dini olması yanında insanın o anda cüzi/birimsel/aklının ermediği meseleler halinde, teslimiyetini bekler...

Demem o ki bazı ayetlerde elbette ki "doğru meal ve tefsirler" olması kaydıyla, bizlerin "algılayamadığı" meseleler çıkar karşımıza. Bu aslında o meselenin "akli/mantıki" olmadığından değil, bizim idrakimizin henüz onu algılayabilecek kapasitede olmamasındandır.

Fizik 1. sınıfa başlayan bir öğrenciye 4. sınıftan bir konu anlattığınızda aradaki bilgiler boşluk yaratacağından belki de "saçma" gelecektir. Ama o öğrenci 4. sınıf geldiğinde o konuyu sorduğunuzda çalışmış ve idrak etmiş, aralardaki boşlukları ilmiyle doldurmuş biri olarak önceden "saçma" bulduğu şeyi savunacaktır.

Oysaki bizler genelde, "Bu ne, bak ya işte! Burada şöyle şöyle diyor. Kaç yüzyıl önce olmuş bir şeyi ben niye yapayım? Çok mantıksız!" gibi ve hatta daha ileri giden yorumlar yapabiliyoruz maalesef.

İşte burada olması gereken orada yazan ayetin mantıksız olduğunu değil bizim aklımızın henüz o ayeti kavramaya yetmediğini fark etmektir.

Biliyorum, EGO denilen bu suni, varsayımsal örtü, insanı kendindeki yetersizliği kabul etmek yerine, karşısındakinde bir yetersizlik olduğunu düşünmesini ister.

İşte bu da bizi başladığımızdan bile daha yanlış bir yere götürür. Beyin bir bilgisayar gibidir. Eğer bir konuda "yargı" hüküm verdiyseniz o dosyayı kapatır ve kilitler. Bilirsiniz hukukta bir dosya kapandığı zaman da, kesin hüküm içeren bir konuda yeniden aynı konuyla ilgili dava açamazsınız...

Oysaki burada düşünme şeklimiz İslamiyet kelimesinin en temel anlamı olan TESLİM OLMA konusuyla ilintilidir.

"Ben şu an idrak edemiyorum AMA ileride inşallah Allah'ım idrak ettirir" deyip o dosyayı "açık" bırakırsanız, düşünceleriniz evrensel bilgisayarda karşılığını arayan bir enerji haline geleceğinden, er ya da geç o dosyayla ilgili mantıki bilgiler nezdinize nakledilecektir.

İman inanmaktır. Göremesen de inanman, sebebi o an idrak edemesen de inanman.

Ben bu konuda kendi yaşadığım bir örnekten yola çıkmak istiyorum.

Biliyorsunuz "örtünme" konusu hepimizin popüler tartışma konusudur. Hatta bu, insanlar arasında bir ayrım yaratacak kadar da kullanılmıştır.

Oysaki Allah, kulların arasında ayrım yapmanın temelinde yatan "insanı Allah'tan ayrı görmenin", şeytanın en büyük günahı olduğunu Bakara 34. ayette bize şöyle anlatır:

"Ve meleklere Âdem'e secde edin dediğimiz zaman İblis hariç, (onlar) hemen secde ettiler. (İblis) direndi ve kibirlendi. Ve kâfirlerden oldu."

Burada anlatılanın ne olduğunu anlamamız için birkaç izah vermem gerek...

Şeytan bir düşünme şeklinin sembolüdür ve fikir vermek suretiyle kafamızı bulandırır. Bizler birbirimiz hakkında "şeytanlaşmış" ayrımcılıklar yaparız ve cennet anlatımından, yani cennetin sadece bir mekân değil, aynı zamanda batıni (derinde, örtülü) anlamalarından biri olan "huzurumuz ve mutluluğumuzdan" da bu şekilde kovuluruz.

"Örtünme" ile ilgili ayetler üzerine çok düşündüm. Çeşitli tefsirlerle Allah dostlarının yorumlarını okudum.

Kuran'ın her bir ayeti sınırsız anlam içerdiğinden sınırsız bilgilerle karşılaştım.

Bazı âlimler, ziynet yerlerinizi örtün demenin aynı zamanda kıymetleriniz olan zekâ, ilim, mutluluk, güzellik gibi anlayan anlamayan, iyi niyetli olan olmayan, ya da cahil olanın olmayanın, olumsuz tepkisini çekebilecek kıymetlerinizi örtün ki bir zarar görmeyesiniz gibi batıni anlamları olduğunu da fark ettim.

Ama zahirde görülen "örtünme" çoğu âlimin anlatımında yine de geçerliydi. Neden?

Şeytanlaşmak isteyen nefsim ve egom bunun saçma olduğunu, kadınların bastırılmak istendiğini vs. gibi telkinlerle beni etkilemek isterken, ima gereği Allah'ın hiçbir şeyi boş yere Kuran'a koymayacağını ve bunda kesinlikle insanoğlu için yararlar olduğuna inancım tam olarak incelemeye devam ettim.

Baktım ki pek çok geçmiş medeniyetlerde örtünenler sadece kadınlar değilmiş, pek çok Allah dostu hangi dini benimsemiş olursa olsun bir örtünme içindeymiş.

Sonra bir gün gazetede moda ekini okurken aynen şöyle bir yazı gördüm:

"Bu sene şapkalar çok büyüdü ve gözlükler de öyle. Güneşin yaşlandırıcı kırıştırıcı ışınlarından zarar görmek istemeyen kadınlar bu sene şu şu marka şapka ve gözlükleri şıklık içinde rahatça kullanabilecek..."

O an kafamın içinde şimşekler çaktı. Belki de beyin nöronlarım arasında bir iletişim bağı daha kuruldu...

Namaz saatlerinin belirlenmesinin, gece namazlarının makbul olmasının ve örtünme istenmesinin temelinde yatan şeyin beyin, beden ve güneş ile ilginç bir bağı olabilirdi...

Güneş ışınlarının namazla ve beyinle ilişkisine namaz ve beyin kısmında değineceğiz inşallah ve örtünme ile beyin ve beyin fonksiyonları ve DNA'nın koruması arasında ne tür bağlantılar olabileceğini...

Bu bağlamda sadece başımı örterim de diyemiyorsun çok ilginç, çünkü beynin güneş ışınlarını algılamada ve bundan etkilenerek gösterdiği faaliyetlerinde, İslamiyet ve bilim arasındaki ilişkiyi gösteren muhteşem bir bağ ve mantık var...

İşin siyasi boyutu beni hiç ilgilendirmiyor çünkü İslami yolun siyaset üstü evrensel bir düzenleme olduğunu biliyorum, üstelik ben henüz "şekli" anlamda örtünmüş biri değilim. Demeye çalıştığım şey tüm diğer örtünme anlatımları yanında bu konunun "enerji" meselesi ile de bir ilgisi olabileceğidir. Allah beni bu yolla henüz kendimi en yüksek enerjime çekmediğim için affetsin. Aslında Allah niye affetsin, ben kendime zarar veriyorum, Allah bizim hatalarımızdan etkileniyor mu sanıyoruz da Allah için örtündüğümüzü, namaz kıldığımızı, oruç tuttuğumuzu düşünme kibrine giriyoruz! Biz kendimize zarar veriyoruz!

Bu terbiye edilmemiş ego ve nefis öyle bir şey ki, bizler günah sevap ayrımını dahi Allah için yaptığımızı sanıyoruz. Allah'a ne ki? Allah benim ibadetimle daha mı büyük oluyor? Hâşâ! Benim ibadetime ihtiyacı mı var ki bizi "korkutan" anlatımlar var Kuran'da...

Oysa Allah bizi bizden korumaya çalışıyor. Yoksa biz ibadet etmiş ya da etmemişiz, bu O'nu etkilemez. O her ihtimalde SONSUZ BİR KUDRET. Bizim O'nu kelimelerle ifade etmemiz mümkün bile değil. Hangi idrakle böyle bir kudret ve ilim sahibini övebilir veya sorgulayabilirsin ki!

O bizim ebedi yolculuğumuz olan bir sonraki hayatımız ve varlığımız için, bizi bir anne merhametiyle teşvik etmeye çalışıyor. Gazabı yok mu? Var elbette, çünkü her kulunu gözetiyor ve birbirimize zarar vermemizi istemiyor. Ama ne diyor, "Rahmetim gazabımı aşmıştır. Hiç kimse kendi günahını benim merhametimden büyük görmesin. Son nefesine kadar gel. Bana bir adım gel, ben on adım gelirim..."

Bizler cahilce, o kâfir, bu kâfir gibi nitelendirmeler yaparız. Oysaki kimseye kâfir dememememiz gerektiğini Hz. Ali söylemiştir. Ama kâfir ne demek desem, "Allah'a inanmayan" der çıkarız olayın içinden.

Hayır. Kâfir ne demektir düşündünüz mü? Kâfir, Allah'a inanmayan mı demek?

Peki, şirk koşan ne demek? O da mı Allah'a inanmayan demek? Hayır!

Daha önceden de belirttiğimiz gibi kâfir ve küfür aynı kökten gelir ve GERÇEĞİ ÖRTEN demektir. Yani inanmayan değildir, o aslında gerçeği bilir! Ama çıkarları her ne ise o gerçeği ÖRTMEK işine gelir ve örter! Yoksa o gerçeğe vâkıftır!

Ya şirk, müşrik ne demek? Allah'a inanmayan demeyin...

Şirk, ortak koşmak demektir. Şirk koşan Allah'ın varlığını bilir ama başka ilahlar da edinir. Ve işin en acı tarafı, İslamiyet'i "ilmi" anlamda anlamayan ve kendini iman sahibi sayan pek çok kişi, gizli şirktedir. Bunu devamında anlatacağız.

Şimdi örtünme meselesine dönersek, örtünmeyle ilgili tefekkürümü inkâr eder veya gerçeği örtersem "kâfir" hükmüne girerim...

Örtünmenin şekli ihtiyaç olmasının altındaki gerçeklerden benim araştırmak suretiyle vâkıf olabildiklerimden biri de, kulun enerjisel alanının korunması için, yine kul için verilmiş tavsiye ve bir öğüt olduğudur. Ve Allah bizi korumak için bize bunları anlatır, bizi zorlamak için değil... Kâfirun'da anlatıldığı gibi herkesin kulluğu kendini bağlar...

İster dini ister kadim öğretilerin uygulayıcılarına baktığınızda başlara takılan çeşitli örtü ve geometrik şekilleri de olan takke türü başlıklar görüyorsunuz... Bunlar bir "ilme" binaen... İnsan beden ve ruhunun aslında "elektromanyetik" bir alan olduğunu anlatacağımız ileriki bölümlerden sonra vücuttaki "başın" bir tür "çanak anten" olduğunu ve başlara takılan sarık, koni şekilli takkeler ve diğer farklı şekillerdeki başlıkların elektromanyetik alanları vücuda çekebilmek amaçları da taşıyabileceğini ve beden dağına alınan enerjinin dışarı özellikle anten sayılan saçlarla dağılmasının da engellenmek isteniyor olabileceğini düşünmeye başlayacağız...

Hiçbir sünnet hiçbir tavsiye boş yere değil... Müthiş bir din ve müthiş bir peygamber...

Şu an dünyada ister amalgam dolgu ister dövme olsun içerdikleri materyaller (cıva vs. gibi) insanın elektromanyetik alanını ve frekansını "bozduğu" ve bu yüzden "panik atak" gibi birtakım hastalıkların da bu tür işlemlerden sonra oluştuğu kabullenilmiş bir durumdur... Üstelik dünyada sayılı güç odağı olan ve "soylu" olarak nitelendirilen ve kraliyet ailelerinin soyundan gelen belirli ailelerin nesillerinde dövme var mı yok mu bir araştırın derim... İncil'de bunun Tanrı tarafından "hoş görülmediği" gibi bazı anlatımlar da ifade edilir...

Dövme peygamberimizden önce cahiliye döneminde yapılan sosyal sınıf farkına da işaret eden bir belirtiydi... Bir sosyal statü farkı işaretiydi... Bu da uzak durulmasının istenmesi sebeplerinden biridir... Şu an şeytani diyeceğim dünyevi düzene baktığımızda bize kandırmacalarla sınıfsal fark ve üstünlük hissi verilmeye çalışılmak suretiyle ayrımcılık yaratılmaya çalışılmakta ve aslında bu yolla değersiz kılınmaktayız... Sadece kan, soy ya da sahip olabildiklerimizle üstün hale gelebileceğimizin empoze edildiği bu sistem mi bize ileri götürüyor Allah aşkına?

Doğayı katlettiğimiz, her yere beton rezidanslar yaptığımız o rezidanslarda çor çocuğumuz oturduğu için arkadaşlarımıza hava attığımız, sonra da "doğaya ve doğal kaynaklara" sahip çıkalım dediğimiz bu ikiyüzlülük mü gelişmişlik?

Oysaki "ilkel" diye tabir ettiğimiz çağlardan kalan kalıntılarda dahi oto, çiçeğe, hayvana, ağaca, güneşe, aya verilen önemi gördüğünüzde kimin ilkel olup olmadığını kimin çağ atlamış olup olmadığını görebiliyorsunuz...

İslamiyet'le ilgili en çok söylenen "o zamanlar bu gerekiyormuş" şimdi çağ değişti diyen anlatımların ne derece "anlamlı" olduğunu bu bakışla değerlendirin...

Değişen sadece zamanın rakamsal nitelemesidir ama insan nefsini iyileştirmekle uğraşmadıkça tarihin tekerrürü değişmez...

Bizler İslamiyet'le gelen yapma ya da sakınma "tavsiyelerinin" kendi sağlık ve ferahlığımız için olduğunu anlamadıkça şekilsel "İslam" bakışlarına maalesef şekilsel "anti-bakışlarla" tepki verdiğimiz gerçeğini görememekteyiz...

Örnek verirsek bir kaynakta peygamberimizin saçlarımızı uzun tutmamız konusunda bir tavsiyesi olduğunu okumuştum... Daha sonra Kızılderililerden pek çok kadim uygarlığa saçları uzun kullanmakla ilgili pek çok anlatımla karşılaştım... Düşüncenin etraftaki frekansları algılamaktan kaynaklandığını ve baştaki belirli bölgelerin de belirli duyguları algılayabildiğini bunu da başın o bölgesinde bulunan saçların o duygunun frekans ya da titreşimini algılamak yani bir tür anten olmak suretiyle yapıldığını ve düşüncenin üst derece varlıklardan bir tür antenle aynı bilgisayardaki gibi "indirme" suretiyle oluştuğunu iddia eden araştırmacılar olmuş... Kadim uygarlıklara baktığınızda saçların ayrı bir önemi olduğu ve doğaüstü güçler, spiritüel bilgi aktarımı ve ruhun baş ve saçla ilintili anlatımları olduğunu ve saçların genel olarak uzun tutulması, baş üzerindeki belirli damar ve sinirlerle saçların ilişkisi, başın örtünmeyle korunması gibi âdet ve inanışlara sıkça rastlıyoruz... Hatta bilimsel bazı araştırmalarla çocukların saçlarının uzatılması suretiyle güneşten gelen D vitaminin daha fazla emilebileceği anlatımları mevcuttur...

Ve daha da ötesinde saç ve vücut kıllarının insanların dünyanın çeşitli yöre ve hatta diğer gezegenlerle de arasında bir iletişim aracı olduğunu, insanların kendilerinden önceki nesillerin kayıtlarını taşıdığı, güneş ısısını ve atmosferdeki foton dalgalarını çektiği dahi bu yönde uzun araştırmalar yapan insanlar tarafından gündeme getirilmiştir... Mevlânâ Hazretleri'ne gelince tüm bu anlatımlarla saçın anten gibi "çekiciliği, alıcılığıyla" kuvvetiyle enteresan şekilde bir bağ var bazı anlatımlarıyla:

"Baş olur, altın külahla süslenir; baş da olur altın külah ve mücevherlerle süslenmiş taçla (saçlarının) kıvrımlarının güzelliği örtülür. Çünkü güzellerin saçlarının kıvrımları, aşkı fevkalade çekici ve gönüllerin tahtıdır...[24]"

Şu şekil bu şekil bilmiyorum ama sadece güneşten (ki bize her an yaklaşmakta olduğu biliniyor) korunmamız için bile

24 "Antropolojik ve Sosyolojik Açıdan Saçlar ve İnançlar", Nermin Öztürk, S.Ü. İlahiyat Fakültesi Dinler Tarihi Öğretim Görevlisi

bir tür örtünmenin şart haline gelebileceği ve bunu gönüllü olarak yapabileceğimiz dahi uzak bir ihtimal görünmüyor... Çünkü biliyoruz ki güneşin belli bir ölçü üzerine çıkıldığında DNA üzerinde deformatif etkisi var... Saçlarımızın anten, beynimiz yani başımızınsa "radyo" görevi yaptığı uzun zamandır iddia edilen bir konu...

Tüm bunlarınsa gittikçe artan teknoloji ve elektromanyetik alanlar, algılar, foton kuşağından yayılan fotonlar, evrensel mekanizmadaki yeni açılımlar sebebiyle, "saç" ve "başın" alıcı ve verici özelliklerini dış etkilere "kapamakla" ilgili olabileceği çok da uzak bir düşünce değil...

Bilinci koruma altına almak, "frekans ve türevi kullanımlarla maniple edilmekten korunmak", evrenden aldığımız ve evrene yaydığımız frekans ve dalgaların "karışmasını" ya da düşüncelerimizin "yayılması ya da okunabilmesinin" engellenmesi için gerekli olabileceği de abes değil...

Yoksa, kudreti sonsuz Allah'ın âciz olan bizlerin iki parça kumaşla ilişkisinden bir çıkarı olacağını düşünecek kadar cahil olmak gerçekten ilginç... Kibir ah kibir...

Konuya burada girip örtünmeyle ilgili bu parantezi açtım, ama şu sebeple açtım: Buna ilişkin ayeti ilk okuduğumda o anki algılamamla "Yok ya sanmam!" diye beni "uzaklaştırmaya" çalışan izafi benliğim işbaşındaydı. Ve ben o arada aslında güven imtihanındaydım. Eğer "Yok canım!" deyip konuyu kapatsaydım bu kısa bir süreç içinde birbirine bağlanan "sebep anlatımı" karşıma çıkarılmayacaktı. İşte aslında Allah'ın kulundan en çok istediği ve bu olduğunda da yine lütuf gösterdiği meseledir bu. İman aslında ALLAH'a GÜVEN'den kaynaklanmalıdır. En büyük imtihanlardan biri budur. İmtihan aslında bizimken bizler maalesef cehaletimizle sanki, dilim varmıyor ama, O'nu o ufak akıllarımızla âdeta sınıyoruz! Oysaki O'na güvenen her şeyi kazanır. Allah'ın cömert kulunu sevmesi, Allah'ın zulme zulümle karşılık vermeyen kulunu sevmesi hep kendisine duyulan güvenin kuldaki göstergesi olmasındandır. Allah O'na güvenmemizi ister ve temelinde güven olmayan iman sadece "şekli"dir.

Bu ayetle ilgili "Olmaz öyle şey!" diyen nefsime rağmen "Allah'ım öyle dediyse vardır hikmeti, ben göremesem de gösterir basireti" dedim ve nefsimi susturdum.

İyi ki de, çok şükür Allah'ım... O, O'na güvenen kuluna lütfunu çabuk gösterendir. O, kulum bana güvendi diye kuluna jest yapandır. Siz bunu elbette ki jest görmek için değil, gerçekten sevginiz, imanınız gereği hissederek yaparsınız, ama O öyle cömert ve Azamet-i Kibriya sahibidir ki, size hemen cevap verir. Bunu deneyin ve görün. O'nunla muhabbetiniz ve O'na olan hayranlığınız artacaktır. Emin olun...

İşte bunun gibi olaylarda akıl yetmeyince imana, yani "anlamasam da teslim oldum", "güvendim" fikrini benimserseniz size farklı kapılar açılacaktır. Çünkü Allah vaadinden dönmez. "Bana bir adım gelene ben on adım gelirim" diyecek bir merhamete sahiptir O...

Hatta bazı öğretilerinde bahsedilen son yıllarda fark edilmiş, "bir şey isterken şüphe duymadan, o şey olacakmış gibi isteyin" türü öğretiler, temelde İslamiyet'te tavsiye edilen "Allah'tan şek ve şüphesiz isteyin, dua ederken duanız kabul olacaktır inşallah" öğretisiyle aynıdır...

Şimdi iman etmeye dönelim...

İman etmek Arapçada, "güvenmek ve samimiyetle inanmak" anlamlarına gelir ve "amn" kökünden gelir; "inanmak, inanç" sözcüklerinden türemiştir. "Güvenmek" anlamındaki "emanet" ve "güvenilir" anlamındaki "emin" ve dualarımızı okuyup kabulüne gönülden inandığımızın ifadesi olan "âmin" kelimeleri hep aynı kökten türemiş kelimelerdir. Dua sözü olan "âmin", "öyledir" anlamını taşır, güven ve emin olmayı işaret eder.

Peygamberimizin babasının adının Abdullah (Allah'ın kulu) annesinin adınınsa Amine (Emine – gönlü emin, kalbinde korku olmayan) olması elbette ki tesadüf değildir... Peygamberimizin "Muhammed-ül Emin" olarak anılması, kavminde herkesin onun güvenilirliğini tasdik etmesi sonucu ona bu lakabın verilmiş olmasındandır.

(Bu onun Allah'tan emin olmasıdır temelde. Allah'tan emin olan kendi de emin hale gelir. Örneklersek: Allah cömerdi sever. Çünkü kendi Cömert'tir. Biz cömertleştikçe O bize cömertleşir. Allah kulunun Allah'ın ahlakıyla ahlaklanmasını ister. Hz. İsa'ya "Allah'ın gazabından korunmak için ne yapmalıyız?" diye sormuşlar. "Kendi gazabınızdan korununuz..." demiş. Çünkü biz ne yaparsak o oluruz ve Allah da bizim o yönümüzü artırır. Biz gazap ettikçe O da bize gazap eder. Çünkü kulu O'nun o esmasına yönelmiştir, bu da o esmanın zuhura çıkmasına sebebiyet verir. Affedici olmak pek çok sebeple beraber bu yüzden tavsiye edilir. İnsan temelde her şeyi kendine yapar çünkü karşısına çıkan her şey temelde onun kendisinin farklı aynalardaki yansımalarıdır...)

Peki şimdi, inanmak anlamındaki iman etmenin yanında akıl nedir, salt akıl?

Bizler "şartlanmalarla" yoğrulmuş, suni "akılların" çocuklarıyız.

(Halk kelimesiyle de bağlantısı olan akıl kelimesi aynı zamanda "sonradan var edilmiş" anlamını da ifade edebilir.)

AKIL Arapçada UKL kelimesinden gelir ve "bağlamak, dizginlemek, gem vurmak" anlamını taşır. Hatta İbranicede "rehin etme, haczetme" anlamındadır.

Bizler, aklı ister nesne, ister olay, ister kişiler olsun aralarında bir bağ kurmak itibariyle sonuçlara varmak olarak algılasak da, aslında nefsimiz, tabiatımız ve beş duyumuzla algıladıklarımıza ve öğretilmişlik ve şartlandırılmışlıklarımıza göre analiz etmemiz sonucu olan akıl, biz fark etmesek de gerçekten "bizi rehin alır, bağlar". Öyle ki kendi aklımızın bizi koyduğu kalıbın dışına çıkamayız. Ve aslında bizim "bağlı" olduğumuz ve kalıbımızdan çıkamadığımızı egomuz gereği kendi idrak eksikliğimiz olarak kabul etmediğimizden, direkt savunma olarak "karşımızdaki konuyu" yetersiz, anlamsız hatta saçma buluruz.

"A... o çok akıllıdır. Vallahi hiçbir şey gözünden kaçmaz..." diye nitelendirdiğimiz insanlar temelde ister nesneler ister bilgi olsun; konular, kavramlar arasında "mantıksal bağlar" kurmak suretiyle bunlardan kendine çıkarımlar yapabilen insanlardır. Ancak bu çıkarımlar parçasal, cüzi doğrular için geçerli olsa da bütünsel doğrular için geçerli olmayabilir...

Biz bu kişilerin iyi izleyici ve analizci olduklarını düşünürüz.

İşte aslında din yoluyla kişisel gelişim arasındaki fark da burada yatar. Kişisel gelişim tavsiyeleri insanın aklıyla edinebileceği şeyler üzerinden insana tavsiyelerde bulunur. Oysaki din, "o aklın bütünsel akıl olması gerektiğini ve ancak sadece kişiliğin değil ruhun da gelişmesinin gerektiğini" izah eder... Kişisel gelişim genelde kontrol edilebilir özellikler üzerinde, kişinin akli tasarruflarını yönlendirir, ama hayat cüzi, parçalı bir şey değildir. Bizim gördüğümüz resim bütün resmin yanında bir noktadır sadece. Her bir insan evrensel bir vücudun hücresidir... Bu yüzden de kaçınılmaz bir etkileşim hali vardır aramızda... Belki de bütün resmi göremesek de, görene teslim olmak, ruhunu ve kişiliğini bütünsel akılla geliştirmek yoluyla ancak insan huzurlu ve sürekli bir başarı elde edebilir. Aksi halde ister kendi hayatı, ister onun hayatında büyük fonksiyonu olan insanlardan birinin tökezlemesi sonucu kurduğu iskambilden şato ufacık bir rüzgârla darmadağın olabilir.

Kuantum düşünme tekniği aslında bunun için geliştirilmiş âdeta ve aslında din yani YOL'un öğütlerinin başka bir şekilde söylenme şeklinden ibaret.

İşte "akılcı" olarak baktığımız insanlar şunu unutmamalıdır, akıl öyle iki uçlu bir silahtır ki, bir taraftan da insanı yine kendi aklı yaralayabilir. Bu durumsa ayetlerde biz size zulmetmeyiz siz kendinize zulmedersiniz içerikli anlatımlarla nakledilir. Çünkü aklımız, aslında beyin bilgisayarımıza takılan ve ailemizden tutun, etrafımız, eğitimimiz ve dünya koşullarının bizleri şartlandırdığı ve yönlendirdiği sonradan yazılmış datalar yani bilgiler yüküdür.

Biz hayatı ve manzarayı; bu cüzi, sübjektif yani birimsel akılla, kendi üst veritabanımızda yazılı verilere, bilgilere göre okuyabiliriz.

Aynı söz iki farklı insan için farklı anlama gelebilir.

Birine "eşek" dediğinizde ailesinde eşeğin sevimli olduğu anlamıyla büyütüldüyse bu onun hoşuna gider.

Diğer biriyse "eşek" dendiğinde bunu "aptal" ya da bir hakaret olarak algılaması muhtemeldir çünkü büyütüldüğü şartlarda öyle anlamıştır.

Algılarımızla yaşarken, son yıllarda ispatlanan bir gerçek olarak algılarımızın bile gerçeğin özü ve kendi olmamasıdır ki işte bu yüzden "salt akılcılar" için bu durum kaygan bir zemindir.

Her birimizin şahsi aklı kendine göre EN iyisidir, hatta bu konunun trajikomikliği halk arasında yaygın olarak şu ifadeyle dile getirilir: "Akıl pazara çıkmış, herkes gidip yine kendi aklını almış..."

Şimdi diyeceksiniz ki, "İyi de Kuran'da pek çok ayette defalarca aklımızı kullanmamız tavsiye edilir..."

"Hiç mi aklınızı kullanmazsınız? Hiç mi tefekkür (fikir) etmezsiniz?" denir. O zaman bu akıl hangi akıl?

Kuran bize bu tavsiyelerle, aklı cüzümüzle ve iman ve teslimiyet içinde ulaşmamız gerekenin (Kalbin aklı olan) Akl-ı Küll olduğunu işaret ediyor âdeta...

Tasavvufta sıkça geçen cüzi ve külli akıl ayrımı buradadır.

AKIL kelimesi "bağlamak" anlamını taşır ve akıl kıyas ile çalışır. Ya peki KALP ne demek hiç düşündünüz mü? Bir gün merak edip de araştırdığımda çok şaşırmıştım.

KALP kelimesi "yürek, değişme, dönme, tersine çevirme" demektir.

Tersine çevirme!

"Tersten yaşıyoruz kardeşim tersten!" derim hep. Bu anlamı okuduğumda Allah'ımın buradaki muhteşem zekâ ve esprisini görmemek mümkün değildi benim için.

Allah'ım! Biz gerçekten tersten yaşıyorduk. Bizler "bağlı, şartlara hacizli" akıllarla, kalbe inmeye çalışıyorduk Oysaki kalbin aklına ulaşmaya çalışsak, o bizi yukarıya bütünsel akla bağlıyordu zaten.

Hatta öyle ki, kalp kelimesi inkılap kelimesiyle aynı kökten geliyordu.

Değişmemiz, gelişmemiz, ilerlememiz ve bizi bize mahkûm eden kalıplarımızı kırmamız isteniyordu aslında. Şu iki kelimenin (akıl ve kalp) anlamları bile, "anlamaya açık bir kalbe" mesajı iletmeye aslında yeterdi. Nasıl bir zekâ sahibisin canım Allah'ım...

Hatta, "altüst olma" anlamındaki "inkılap" kelimesinin, kalple aynı anlamları içerdiğini öğrenince "Yine yaptı güneşliğini Hz. Şems" diye düşündüm.

Ne diyordu o güzel Allah dostu Hz. Şems? Allah Ondan razı olsun:

"Hakk'ın karşına çıkardığı değişimlere direnmek yerine, teslim ol. Bırak hayat sana rağmen değil, seninle beraber aksın. Düzenim bozulur, hayatımın altı üstüne gelir diye endişe etme. Nereden biliyorsun hayatın altının üstünden daha iyi olmayacağını?"

"Hak yolunda ilerlemek yürek işidir, akıl işi değil. Kılavuzun daima yüreğin olsun, omzunun üstündeki kafan değil. Nefsini bilenlerden ol silenlerden değil!"

İşte peygamberimizin Mekke'den Medine'ye hicreti temeldeki manada bu konuyla ilgilidir biliyor musunuz? "Nasıl ya, ne alaka!" demeyin.

Peygamberimiz, Allah'ın o en sevdiği kul, o bir dilek dilese tüm o sıkıntılar ve Hicret'e gerek kalır mıydı? Hayır, asla gerek kalmazdı. Ama burada bize Allah'ımız, bir mesajı yine misallerle anlatmak, en sevdiği kulun tutumunu bize göstermek ve benzeri durumlarda ne yapmamız gerektiğini göstermek için bu olayı oluşturup, ayetlerle de naklettiriyor.

Öncelikle Mekke'nin ne olduğunu iyi anlamamız gerekir... (Ölüleri içine çekip aldığı, günahları temizleyen kutsi bir şehir olduğu, yeryüzünün merkezi olduğu için her yerden insanların akın ettiği gibi anlamlara gelen kelime olan "mekke" kökünden gelen "Mekke" adı verilmiştir. Araplar İslamiyet öncesinde, Kâbe'yi etrafında ıslık çalarak tavaf ederlermiş. Bu yüzden başka bir görüş Mekke isminin müka denen ıslık çalma kelimesinden geldiğini ifade eder.

Bazı görüş sahipleri Bekke olarak da ifade edilen Mekke'nin, BKK kökünden gelen yarmak, alçaltmak, ayırmak, kalabalıklaştırmak, koparmak gibi kibir sahiplerine boyun eğdirdiği ve alçalttığı, her yandan insanı kendine çekmek suretiyle kalabalıklaşma mekânı olduğu için Bekke dendiğini söylerler.

Bir taraftan da Mekke'de harem bölgesinin adının Mekke, mescit kısmının adının Bekke adı olduğu ifade edilip bu iki kavramın farkı izah edilmiştir.

Mekke'ye gittiğinizde fark edeceksiniz ki orada Allah'ın ahlakıyla ahlaklanmak gayesi olduğundan ki bu aslında dünyanın her yeri için istenir, insanlar birbirlerini her şekilde hoş görmeye ve birbirlerine olumsuz tepki göstermemeye çalışırlar. Bu yüzden Ümmül Rahm yani (Rahmetin Anası) Ümmül Kura (Şehirlerin Anası) ya da kalabalıktaki itişip kakışmadan dolayı, Ümmül Zahm (Zahmetin Anası) da denir. Unutmamak gerekir ki; nerede "zahmet ve rahmet" orada "Ahmet" vardır. İslam öncesi şiirlerde kurtuluş anlamına gelen SALAH sapmışları terbiye ettiği için "Basse" ya da inkâr edenlerin çıkarılmasından dolayı da "Nasse" isimleri de kullanılmıştır. (Prof. Dr. Ali Akpınar)

Mekke'ye gittiğimizde bize Mekkelilerle ilgili şu söylendi: Asabilerdir, serttirler. Medine'de daha farklıdır insanlar, yumuşak ve merhametlidirler, denildi. Peygamberimizin omuzlarına alıp Hz. Ali tarafından kırdırdığı[25] Kâbe'deki putların kırılmasından sonra "Temizlenmiş (Mükerreme)" adını verdiği Mekke...

Bizim şu andaki hayatımızı temsil ediyor Mekke anlatımı sanki. Ticarete, maddeye düşkün insanlar, agresif, sert ama tam da merkezlerinde, kalplerinde "Allah'ın evi" tabir edilen Kâbe'yi taşıyorlar. İşte bu dünyanın merkezi olan yer, aslında tam da biz değil miyiz?

Hayatın içinde agresifleşmiş, materyalistleşmiş ama kalbinde Allah'ın varlığı olan ve bunu unutmuş insan... Kalbi putlaştırdığını fark etmediği putlarla hıncahınç dolu... Kirlenmiş...

İnsan ne zaman ki Allah yoluna dönmeye ve aklı ile iman etmeye yönelir, işte o zaman etrafındaki insanlar tarafından dışlanmaya, hatta aşağılanmaya maruz kalır. Eski alışkanlıklarının tam tersi yönde hareket etmeye başladığından "deli" ya da "Yahu bu genç yaşında nelerle uğraşıyorsun?" gibi ifadelerle ve bu yoldan uzaklaştırılmaya çalışılır.

Alay ederler, yalancılıkla itham ederler. Akıl hastası ya da Peygamber'e dendiği gibi mecnun derler. Çünkü o insan dünya insanı mantalitesinin getirdiği, temeli materyalizm olan her şeyden, sırt çevirmeye başlar. Âdetleşmiş anlayışları kırar. Aynı Şems'in Mevlânâ'ya yaptığı gibi:

"Dünyaya tek başına meydan okumayı öğrendim genç yaşta. Sonra kalabalıklarla birlikte yürümek gerektiği fikrine

---

25 Peygamberimizin Hz. Ali'yi sırtına alıp putları kırdırması kendisini ilmin şehri, Hz. Ali'yi ise ilmin kapısı olarak nitelendirmesi gibidir bir anlamıyla.

vardım. Sonra da asıl yürüyüşün kalabalıklara karşı olması gerektiğine aydım..." (Mevlânâ)

İşte o insan eskide yaşadığı şeklin, kalbinin inkılabıyla, altüst olmasıyla; tersten yaşadığını fark edip, Allah'a varan düz yoldan yürümeye, yaşamaya başlar.

Arkadaşları onu anlamaz ve eski alışkanlıklarını tekrar etmesini isterler, o etmez çünkü artık eski alışkanlıklarından zevk almıyordur. Bu yüzden eski arkadaşlarından yavaş yavaş kalbinin döndürülmesi sonucu, yeni anlayışındaki insanlara çekilir.

İşte bu hicrettir...

Hicret "ihraç, hariç" kelimeleri birbiriyle âdeta çağrışım yapmaktadır. "Dışarı çıkmak, göç etmek, terk etmek" anlamındadır... Hani derler ya "İçkiyi terk ettim" diye, bunun gibi.

Eski anlayışından, eski inançlarından, eski arkadaşlarından kendi içindeki Mekke'den yine kendi içindeki Medine'ye göç eder insan... Medine aslında "yargı çevresi, hüküm alanı, kent" demektir. Medine şehrinin gerçek adı Yesrib'di. Peygamberimiz ona bu ismi sonradan vermiştir, neden? Medine/Medeniyet kelimeleri de birbirleriyle çağrışım halindedir âdeta.

İnsan kendi içindeki cehaletinden, gerçek anlamdaki medeniyete yalnız "hakikat ilmiyle" ulaşır. O arayış ve doyumsuzluğundaki agresifliği yerini huzura bırakır. Ve yeni öğrendiği hükümlerle kalbine geri döner. Oradaki yanlış anlayışı, kalıpları, kavramları, "putlarını" kırar ve oraya da "Mekke-i Mükerreme", "Temizlenmiş Ana Mekân" der.

İşte bu aynı AKLI KÜL denen bizim şahsi-cüzi aklımızla, hakikat ilminin aklını taşıyan AKL-I KÜLL'ün arasındaki fark gibidir...

Aklı cüzden aklı külle göç eden, insan aklıyla değil Allah'ın aklıyla bakmaya çalışır.

Yani bütünü görenin aklıyla... Çünkü bilir ki kendisi görse görse sadece ufacık bir parçayı görebilir.

Akl-ı külle bütün akıl, aklı cüze ise parça akıl diyelim.

Bütün akıl dediğim kozmik şuurdur. Ana sistemdeki irade ve şuur, yani evrensel şuur, parça/birimsel akılsa her birimizde, aslında tek bir bütün olan kozmik şuurdan çıkan birimsel irade ve şuurdur.

Birimsel akıl dediğimiz şey aslında varsayımsaldır. Çünkü insan beyni ve algılamaları üzerinde çalışan herkesin hemfikir olduğu bir konu varsa o da, herkesin aynı konuyu farklı farklı algılaması ve genellikle "olan" şartlara göre algılamaları sınırında değerlendirmesi ve olmayan şartları dikkate almadan sonuca varmak suretiyle bir fikir oluşturmasıdır... Birimsel ya da bireysel aklımız varsayımsal değerlendirmeler yapar, çünkü bütün resmi göremez. Resmin sadece bir kısmını görür ama bütünü göremediği için bu gördüğü onu yanlışa sevk eder. Kendi algıları ve tecrübeleri, öğretilmişlikleri ve nefsinin ağırlıklı özelliklerine göre gördüğü bir şeyi sübjektif olarak yorumlar.

Bunu genelde şöyle örnekliyorum: Her sene yeni bir modeli çıkan bilgisayarlar var biliyorsunuz, insanları da böyle düşünelim. İnsanların düşünme şekilleri, bilinçaltları, nefsi özellikleri ve zaafları, beden özellikleri, aile ve çevrelerindekilerin şartlanma ve öğretilerine göre oluşur.

Bu DATABASE insanın karşılaştığı olayları değerlendirme şeklini oluşturur.

Yaşanmışlıklar, şartlanmışlıklar, yetiştirilme şekilleri bir resme ilişkin sadece o kişinin penceresinden görünen manzara parçasını gösterir.

Oysa kişiye göre değişmeyen "evrensel şuur" o manzaraya 1-2-3. kattan bakmak gibi değil tam damdan, çatıdan bakmak gibidir.

Bir manzaraya kuşbakışı bakmak ve büyük resmi görmek suretiyle değerlendirmek gibi.

Bir Allah dostunun sözünü okuduğumda çok etkilenmiştim: "Allah'a ulaşmak mı istiyorsun, o zaman bil ki Allah'la arandaki en büyük engel aklındır..."

Belki de bu yüzden Mevlânâ Hazretleri, "Deli denmeden derviş denmezmiş" diyor.

Birimsel akılla bakıldığında doğru gelen pek çok şey, bütünsel akılla bakıldığında inanılmaz yanlış gelebiliyor.

Peki din neden yalnız akla değil de, imana dayandırılmıştır?

İşte bunun en önemli sebebi, aklın sadece doğru düşünmeye ve ilhama değil "vehim" denilen yanlış düşünme şekline de meyilli olmasındandır. Nefsin ve benliğin üzerinde zararlı olan davranışları faydalı, kötüyü ise iyi gibi göstermek suretiyle kişiyi yanlış yola çeker.

Ve bu konu sadece dine yeni yönelmeye başlamış kişilerin değil, belli mertebelere ulaşma yollarına gelmiş kişilerin de ciddi bir sınavıdır.

Vehim insana olmayanı var, var olanı yok gösterir. Olayları yanlış değerlendirip, yanlış yönde seçimler yaptırır.

İşte insan birimsel aklıyla davrandığında her tür fikir yürütmeye açıktır.

İman işte tam da burada devreye girer. O an aklına yatmasa dahi insan teslimiyetle ve güvenle Allah yolunda doğru olanı yapmayı seçmelidir. Cüzi aklıyla değil kalbiyle bir biliştir bu.

İman, güvenmek ve inanmakken; vehim, korkmak ve kuşku duymaktır.

İslamiyet çerçevesinde, Allah Resulü'nün (sav) fikirlerine karşı fikir öne sürmeden güvenerek teslim ol, dediğini yap.

Ondan sonra o olay niye gelmiştir, hikmeti nedir, onu araştır! Onu araştırma denmiyor!

"Ya Ali, herkes Allah'a birr[26] ve salih ameller kapılarından yaklaşır! Sen, aklın ile Allah'a yakın olanlardan ol..."

Öyle ise, insana yakışan davranışların kökeninde düşünce ve idrak yatmalıdır; şartlanmalar ve etraf değil...

Şartlanmalardan akıl yoluyla, nefsimizin perdesindense iman yoluyla kurtuluruz.

Aklımız ermese de her zaman iman edersek, hep bahsettiğim hakiki hazineye kavuşuruz.

Dinsiz ve İmansızın Gerçek Hikâyesi

Ona döndü ve "Dinsizin hakkından imansız gelir." dedi... Gülümsedi, "Aynen aynen, onun hakkından ancak daha beteri gelir" dedi...

"Yok" dedi... "Anlamadın. Şöyle düşün: Şimdi elindeki kitabı bana ver ve onu içeri koymamı iste..."

Şaşırdı... "İyi peki. Al" dedi. "Onu içeri koyar mısın?"

"Tamam" dedi. Kitabı aldı ve içeriye yöneldi, evin öbür ucundaki odalardan birine girdiğini gördü...

Sonra eli boş şekilde geri döndü...

"Evet" dedi. "İçerideki odaya koydum kitabı, geldim." "Peki" dedi. "Sana inanıyorum..."

"Eee şimdi? Bunun imanla dinsizle ne alakası var?" dedi.

"Şimdi bak" dedi. "Kitabı bana verdin ve içeri koymamı rica ettin. Ben de aldım ve içeri koyduğumu sana söyledim değil mi?" "Evet."

---

26 Sözlükte "iyilik, doğruluk, itaat, hayır ve hasen" anlamlarına gelen "birr" kavramı din dilinde; iman, doğruluk, güzel ahlak, salih amel, hayır, iyilik, ihsan, Kuran ve sünnete uyma, farzları eda etmek ve masiyetleri terk etmek gibi insana sevap kazandıran ve Allah'ın rızasına vesile olan her türlü hayırlı amellere, itaatlere ve güzel davranışlara denir. Peygamberimiz, "Birr, güzel ahlaktır" buyurmuştur (Müslim, Birr, 14. III. 1980 [bkz. Berr]. İ.K.)

"Peki, bu durumda kitabı içeri koyduğumu bire bir görmedin, sadece içeri gittiğimi gördün ve kitabı kitaplığa koyduğuma iman ettin, yani inandın... Ama bire bir kitabı oraya koyduğumu görmedin değil mi?"

"Evet" dedi. "Ama güveniyorum ve inanıyorum."

"Tamam. Şimdi yeniden başa alalım. Kitabı geri getiriyorum ve bu sefer beraberce gideceğiz ve kitabı kitaplığa yerleştireceğimi görecek ve şahit olacaksın."

"Ha... peki..." dedi.

Kitabı geri getirdi ve beraberce kitaplığın olduğu odaya yöneldiler ve kitabı kitaplığa yerleştirmesini bire bir gördü ve şahit oldu.

"İyi de tüm bunlar yani ne demek oluyor?" diye sordu şaşkınca... "Bak" dedi. "İman etmekte ikilik hali vardır. Bir Allah bir de sen varsındır. Sen Allah'ı görmesen de O'na güvenir ve iman edersin, inanırsın, ama O'na şahit değilsindir.

İman etmek görmeden inanmak gibidir. Allah buna da yani kul ve Allah fikrindeki kul anlayışına çokluk içinde kaybolandan daha yakındır...

Ancak... mesele imanda kalmak değil şahit olma aşamasını sağlayan ve Kuran'da da yakin olma hali olarak nitelendirilen ikan halidir...

İnsan Allah'a yaklaşırsa bir Allah vardır bir de kul... Kurbiyyet bu anlamdadır... İkilik vardır...

Ama yakin olmak Allah'a şahit olmaktır. Artık Allah'a şahit olan iman mertebesini aşmış Allah'ta yok olup O'nunla var olmuş O'na şahit olmuştur...

Seninle beraber kitabı yerleştirmeye gittiğimizde, kitabı yerleştirmeme şahit olduğun için artık bu fiili yaptığıma ya da bana inanmak anlamında iman etmiyorsun, artık şahitsin ve biliyorsun ne yaptığımı çünkü benimle beraber yaptın bu işi...

İşte, dinsizin hakkından imansız gelir sözü aslen inançsız birine, iman aşamasından da daha yükseltilmiş bilinçteki

Allah'a şahit olan, Allah'ı bilen ve bu yönüyle imansız olarak nitelendirilen yani iman bilincini dahi aşmış olan ancak Allah yoluna vesile olabilir diyor bu söz... İslamiyet'in temeli de aslında bu... Ne diyoruz? Eşhedü en la ilahe illallah."

Şahidim ki Allah'tan Başka Bir Şey[27] Yoktur

Yani "gördüm", "görüyorum"... Her yerde herkeste sadece O'nu görüyorum. Kendim yokum. O'nunla varım... O yüzden O'nunla iş görmekteyim. Kısaca "O'nun içinim" ve O benimle iş görmekte.

Hz. Ali ne güzel özetlemiş bu durumu.

Hz. Ali bir gün minbere çıkarak cemaate, "Arşıâlâ'nın aşağısından yeryüzüne kadar ne varsa her şeyi bana sorabilirsiniz. Benim şu göğsümde (kalbimde) derya gibi ilimler var. Resulullah (sav) benim ağzıma şerefli tükürüğünden tükürdü, o tükürük hâlâ ağzımda duruyor (O'nun bereketi ile dilimden hikmetler akmaktadır). Canım kudret elinde bulunan Allah'a yemin ederim ki, eğer bana izin verilseydi Tevrat ve İncil'deki bütün ilimleri insanlara anlatırdım ve herkes beni tasdik ederdi" der...

Hz. Ali'nin bu konuşmasını yaptığı mecliste onu kendince küçük düşürmek isteyen biri Hz. Ali'ye yönelerek, "Sana bir sorum var!" diye seslenir.

Hz. Ali, "Beni zora düşürmek ve imtihan etmek için değil, bir şeyler öğrenmek için sor" der.

Adam, "Beni buna sen zorladın ey Ali! Sen hiç Rabb'ini gördün mü?" diye sorar.

Hz. Ali, "Ben görmediğim bir Rabb'e ibadet etmem!" diye cevap verir...

"Peki O'nu nasıl gördün?" der adam.

---

27 Şey: Varlık, ilah

Hz. Ali, "O'nu baş gözü göremez; fakat kalpler O'nu imanın hakikati ile (Allah'ın verdiği bir nurla) görür. Rabbim birdir ve tektir, ortağı yoktur. O birdir, ikincisi yoktur. Tektir, benzeri yoktur. O, zaman ve mekânla sınırlanmaz. Duyu organları ile hissedilemez ve hiçbir ölçü ile ölçülemez!" dediğinde bu cevap üzerine adam bayılıp yere yığılır.

Yine çok sevdiğim başka bir olay:

Bir gün Hz. Ali'ye, "Allah'ı gördün mü?" diye sorarlar...

Hz. Ali de cevap verir: "Görmediğim ALLAH'a secde etmem." Peki O'nu nerede gördün?" dediklerindeyse Hz. Ali o muhteşem cevabı verir:

"Olmadığı yeri gösterin..."

"Hiçbir şey görmem ki, evvelinde Allah'ı görmüş olmayayım." (Hz. Ebubekir)

"Şayet gözümdeki perde kalkacak olsa yakinim artmazdı..." (Hz. Ali)

Vehim varsayımsal akıl yürütmeleri kasteder. Yani vehimle akıl arasındaki fark bizim tamamen algılama ve kavrayışlarımızın yönünü belirler.

Vehim yok olanı var saymak, var olanı yok saymaktır dedik. Bizler aklımızı iki şekilde kullanırız:

- Dünyevi/sanal/suni şekil... Ölüm-ötesini düşünmeyen, dünyevi değerlere göre yaşayan boyut.
- İmani şekil... Ölüm-ötesini de düşünerek her iki dünyadaki hayatını ona göre düzenleyen boyut.

Birinci boyuttaki akıl, ki ben buna nefsimizle beraber sonradan yüklenmiş data-base diyorum. (Keza Akıl da Nefis gibi halk edilmiştir yani sonradan var edilmiştir – bu bir tür bozulma [nefesteki rutubetin cesetle birleşmesi sonucu] ve küçültülme gibi bir anlam taşır.) Ruh ise emirdendir yani olduğu gibi herhangi bir halk edilme işlemi olmadan değişmeden üflenmiştir ve diriltir.. Nefis Sıfat olan Ruh'tan halk edilen isim yani Esma'dır.) İçinde bulunduğumuz şartlar, eğitimlerimiz, öğretilmişliklerimiz, beş duyuyla algıladıklarımızla "bağlı" olan ve bizleri "dünya –yani beden– boyutumuzla" yönlendiren akıllardır.

Hatta bunu şu örnekle açıkladım birkaç kez yazılarımda:

2014 doğumlu bir çocuk düşünün. Daha anne karnından itibaren bu çocuk 2014 yılının dünya üzerindeki şartlanmalarına göre planlanmaktadır...

Doğduğu an itibariyle yedirilip içirildiklerinden tutun, idrakine "yüklenen" ister ebeveyn, ister arkadaş, ister öğretmen öğretim ve eğitimleri ve dünyada halihazırda güncel olarak kabul gören her şey onun bilincinde beyninin "okuduğu" öğretiler olmuştur...

Bundan belki elli yıl önce "şarkı söylemek kötüdür" diye şartlandırılan bir çevreden gelen çocukla, "şarkıcı olmak en iyi meslektir" algılamalarıyla şartlandırılan bir çocuğun farkı gibi "bağlanmış akıllar" bizim sadece dünyevi değerler ve duyu ve algılarımızla "sanal bir âlem-dünya" kurmamızı sağlar.

Hepimiz dünyayı baktığımız bu pencereden görürüz...

Ancak görülebileceği üzere herkesin "sürümüne" göre şartlanmaları da farklı olacağından "sözde gerçeklerle" yaşamaya mahkûm olan bu beyinler "özde hakikatlere" ulaşmaktan ve hakiki yaşamı tatmaktan uzak kalacaktır.

En kısa yoldan örneği şöyle verebilirim: Belli kalıplarla kısıtladığımız aklımız biz farkında olmadan, gece veya gündüz; şunu ya da bunu yapman gerek, diyebilir.

Gece ve gündüz vardır değil mi? Evet, bu dünyevi ölçü ve değerlendirmeler için öyle. Öyle de dünyevi değerlendirmeler ne kadar geçerlidir ki? Her şey gibi kendini güncelleyen ve değiştiren bir dünya var. Evet bazı ölçüler bilimsel olarak kabul edilmektedir, ama sonra öyle olmadığı da yine bilimsel olarak tespit edilmeyen şeyler yok mu? Oldukça fazla... Maddenin en küçük kısmı atomdur, hükmü bir zamanlar varken, şimdi kuarklar çıktı ve hatta daha ileri gidildi ve madde yok deniyor... Yani?

Gece ve gündüz bile atmosferden çıktıktan sonra hükmünü kaybediyorsa ve sonsuz bir karanlığa yerini bırakıyorsa, bu şartlanmalarla "sınırlı" hayatlar kazanılsa da "sonsuz" hayatlar kazanılamaz.

Tüm bunları düşündüğüm bir gün karşımda bir mezarlığın girişine yazılmış bu ayeti gördüm:

"Her nefis ölümü tadacaktır..." (Ankebut 57)

Mezarlığa girişte bir levhada yazılmış bu ayet aslında "ölümsüz" olduğumuzu söylüyordu...

Ancak bu ayetin yeterince düşünülmediği için derinindeki anlamının anlaşılmaması bizi bedensel bir gerçekten öte olmadığımız idraksizliği ile şartlandırıyordu.

Ölen bedendi, ama şuur yani ruh değildi ki. Nefis bir anlık bir ölme hissini tadıştan başka bir şey yaşamıyordu ki...

Neden mi? Biz bir yemeği yerken ne yaparız; önce "tadına" bakarız... Bir yemeği "tatmak" ayrı şeydir "yemek" ayrı şeydir.

Tadına baktım dediğimiz şeylerde "bir tadımlık" mesajı vardır. Oysaki "yemeğimi yedim" demek çok farklıdır o tüm yemeği yedim demektir...

İşte burada da Allah'ın Kuran'da kullanılan her kelimeyi özenle seçtiği gibi açık ve netti ki, bizler ölümü sadece "tadacaktık".

Yoksa Allah her nefis "ölecektir" demez miydi?

Tadına bakacaktık. Yani aslında ölüm diye bir şey yoktu. Bu dünyayı bir an tattığımız gibi, ölüm hissini de sonsuz hayata geçmeden önce bir an tadacaktık. Bu yüzden benim bu kısıtlı hayattaki gemim, bineğim olan bedenimle kısıtlı düşünmeden, sonsuz hayattaki bineğim olan ruhumu, özümü tanımak ve büyütmek hakikatiyle bir an önce uyanmalıydım.

Bütün mesele beynimdeydi aslında...

Algılarımdan tutun düşüncelerim, hayal âlemim beni ve her bir insanı âlemler içinde bir âlem daha yapıyordu.

Dışımızda bir dünya, bir uzay-zaman olduğu gibi, her birimiz de kendi içimizde ayrı bir dünya, bir âlem barındırırız.

Âlemlerin Rabbi benim beynimde tahayyül ettiğim âlemin de Rabbidir...

Mesele şuydu ki; benim beynimde tahayyül ettiğimle, en yakınımın beyninde tahayyül ettiği aynı şey değildir.

Evet hepimiz bir sinema salonuna üşüşmüş, bir film seyreder gibi hayatı seyreden seyircileriz, ama mesele şu ki her birimizin o genel evrensel film içinde beynimizin içinde sadece kendimizin gördüğümüz ve yaşadığımız başka bir hayatı var.

Ve aslında dünyada bunca vahşeti, zulmü ve insanların sadece bazen ölüm korkusundan kötülükten vazgeçtiklerini gördüğümde, "İyi ki insan ölümsüz olduğunu bilmiyor" dediğimi kabul ediyorum.

Neyse... konumuza dönelim.

İşte insanın aklı, zihninin oluşumunda etkili olan üç şey vardır:

- Nefis.
- Tensel istek ve arzular, bedensel ihtiyaçlar.
- Şartlanmışlık ve öğrenilmişlikler.

Şartlanmışlıkları az çok anladığımızı düşünüyorum. Şimdi bedensel istek ve arzulara gelelim.

Yemek, içmek, gezmek, uyumak, cinsellik ve bizi BEDEN'den ibaret olduğumuzu düşündüren her şey... Maddesellik... Bizlerin beden olduğumuz, ölümlü olduğumuz ve ölmemizle hayatın son bulduğu fikri...

Nefsimizse "benlik" duygumuzdur. "Ben" fikridir nefis...

Ya aklının yolundan gidecektir ya da vehminin yani varsayımsallığının, ki bunun içinde cinni, şeytani tesirlerden gelen fikirler de vardır. İraden ve aklınla bunları alt etmen gerekir, aksi halde seni yolundan saptırır.

Nefis konusu çok hassastır. Yukarıda "Her nefis ölümü tadacaktır" ayetiyle aslında nefsin beden olmadığı ortaya konmuştur. Çünkü beden ölür ama nefis sadece o ölüm hissini anlık olarak tadacaktır.

Nefsin doğru anlaşılmaması pek çok problem teşkil eder. Nefis konusunun anlaşılması için RAB konusuna gireceğim.

Keza, peygamberimiz (bazı kaynaklarda Hz. Ali'nin söylediği rivayeti de vardır) "Men arefe nefsehu, fekad arefe Rabbehu" der.

Burada arife kelimesi yine özellikle seçilmiştir. Çünkü arife "bilmek, tanımak" anlamında kullanılmaktadır.

Tasavvufta nefis mertebeleri vardır muhakkak, duymuşsunuzdur... (Nefsi Emmare, Levvame, Mülhime, Mutmainne, Raziyye, Marziyye, Safiye.)

Ve nefis tezkiyesinden bahsedilir ki yani bu, nefsin temizlenmesi anlamındadır. Nefsini ilahi hakikati üzere yontma...

İnsanlar arasında şöyle sözler vardır:

Mesela güzel bir yemek kokusu duyarsınız hemen, "Nefsine zulmetme, istiyorsan bir lokma al" derler...

Dünya hayatındaki çeşitli özelliklere (yemek içmek, para vs.) düşkün olabilen insanlar için, "Ay onun nefsi çok yüksek!" gibi... "Nefse zulmetme" tabiri ise diğer kavramlar gibi yanlış anlaşılmaktadır... Zulüm karanlıkta bırakmak olduğundan, nefsi karanlıkta bırakmak demektir. Ve nefse zulmetmek "ilahi hakikatimiz" olan nefsin dünyevi yönde istediğini yapmaktır... Zulüm kelimesi bununla beraber "bir şeyi, kendisine ait olan yerin dışına koymaktır. Bu da ya onu eksiltmek veya artırmak, onun zamanından veya mekânından sapmakla olur. Zamanının dışında içilen süt bile 'zulüm' kelimesiyle ifade edilir" (El Müfredat). Dünya süreci ilahi hakikatimizin "esas" haline geri dönebilmesi için mücadele vermemiz gerekir... Bu da onun (dünyevi manada) istediklerini değil istemediklerini yapmak, rahmaniyete yönelmek suretiyle geçmesi gereken bir süreçtir... "Terbiye edilmiş nefis 'nefis' olur" der Cemal Nur Sargut...

Ve Şems Hazretleri'nin de dediği gibi:

"Nefsini bilenlerden ol, silenlerden değil..." Ama nasıl? "Nefsini bilen Rabbini bilir..." ne demektir?

Bunu anlamazsak, aklımızın vehimsel etkilere kaymasını engellemeye çalışmamız gerçekten çok zordur.

Nefsini bilen Rabbini bilirse RAB kavramı nedir onu inceleyelim...

RAB

Fihi Ma Fih... "Onun içindeki içindedir..."

Şu ana dek dini anlamda bilgisiz ya da kendisinin çok da bilgili olduğunu düşünmesine rağmen, RAB konusunu gerçekten idrak etmemiş pek çok insanla karşılaştım. Yıllarca bu konuyu kavramamış biri olarak gerçekten ucundan da olsa anlamaya başladıktan sonra kendi cehaletimi görmek ve Allah'ı tanımadığımızı bir kez daha anlamak bana çok acı verdi.

Bu mevzu gerçekten doğru anlaşılması gereken bir mevzu ama anlaşıldığı takdirdeyse hayatınızı değiştirebilecek bir konudur. Çünkü yukarıdaki bölümde bahsettiğimiz "cüzi aklımızın" oluşmasında en etkili eleman "nefis" diye nitelendirdiğimiz vasfımızdır ve hayatımızı cennete veya cehenneme çeviren de odur...

Aşağıda anlatacaklarımdan sonra "nefis" ve "Rab" konusunu az da olsa gerçekten idrak edebilirsek inşallah, hayatımızda başımıza gelen şeylerin neden ve nasıl geldiğini ve nasıl çözüme kavuşacağını anlamaya bir adım daha yaklaşmış olabiliriz.

Bu konuları kavramaya ucundan da olsa başladıktan sonra hem kendi hayatınızda, hem sevdiklerinizin veya çevrenizdekilerin hatta yeni tanıştığınız insanların dahi, kendileri veya problemleriyle ilgili anlatımlarında, onları tanımadan neden bu konuya maruz kaldıklarını algılamaya başlayabilirsiniz...

Gördüğünüz görmediğiniz her şey, sadece Allah'ın isim ve sıfatlarının manalarının varlık âlemine çıkmış ve beden giydirilmiş halidir.

Kısaca kimi kime şikâyet edeceksiniz? "Her şey O ve O her şeyi kuşatmıştır" diye meallerde okuduğunuz anlatım bir anlamda da budur.

İster evliya ister hırsız olsun, karşınıza çıkan herkes, Allah'ın belli isimlerinin tecelli (varlık bulmuş) etmiş halinden başka bir şey değildir.

Fark şuradadır; onlar Allah'tandır ama Allah değildir. Bunu da detaylı olarak aşağıda anlatacağım. Bu anlatacaklarımı kavramaya çalışın ve bu hakikatten sonra hayatınızda şikâyetçi olduğunuzu söylediğiniz eşiniz, kayınvalideniz, babanız, patronunuz, işiniz, evladınız ve her tür diğer konuyla ilgili nasıl düşünmemiz gerektiğini görebilmeye başlayacaksınız. Bir kez düşünme şeklini anladıktan sonra karşılaştığınız ve maruz kaldığınıza inandığınız şeylerin temelinde, yine sizin kendi nefsinizle ilgili öğretiler yattığını anladığınızda bu derslerle baş etmenin yolunun, yine karşınızdakinden değil kendinizi yenmenizle sonuçlanacağını göreceksiniz.

Biz, ben de varım başkaları da var, diye düşündüğümüz müddetçe ne imtihanlarımız ne biter ne de onları çözebiliriz. Karşımıza farklı farklı farklı isimler altında aynı tür insan ve olaylar çıkar, ta ki biz gerçek meselenin ne olduğunu anlayıncaya kadar.

"Ve sadece Allah vardı. O'ndan başka da bir şey yoktu."

Son yıllarda dünyaca ünlü fizik profesörleri ve bilimadamlarının şu cümlelerini sık sık duyar ya da okuruz: "We are all one..." "Hepimiz BİR'iz."

"Universe is an illusion, a dream..." "Evren bir illüzyon, bir rüyadır."

"A universe from nothing..." "Yokluktan var edilmiş-oluşmuş bir kâinat."

"Only one consciousness..." "Sadece BİR bilinç, şuur, AKIL var." Bu konular yurtdışında bilimsel araştırmalar neticesinde, artık iyiden iyiye ifade edilip kabul edilmekte. Problem olan şu ki bu konulara ilgi duyanlar, İslamiyet'in hakikatiyle tanışmadığı (biliyorsa da bu hakikati "örtüyordur") için bu konularla İslam'ın aslında yüzlerce yıl önce söylediği şeylerin daha yeni yeni bilimsel olarak ifade edildiğinin farkında bile değiller.

İslamiyet'i sadece şekli ibadet ve onun ötesine taşıyamamışlar içinse bu konular çok uzak.

Benim de tanıdığım ve tanıştığım insanlar bu konular ve evren gibi anlatımlara girdiklerinde, "Bunlar zaten Kuran'da var, peygamberimiz anlatmış" dediğimde şaşkınlıkla yüzüme bakıyorlar.

Kutuplara ayrılmış herkes bir diğerini suçlarken aslında kendi cehaleti yüzünden göremediklerini karşı tarafa atfetmek dışında bir şey yapmıyor.

İşte bu yüzden ister dindar olduğunu iddia etsin ister dindar olmadığını, hepimizin kendi aklımızdan çıkıp Allah'ın aklıyla "TEK HAKİKİ AKILLA" akıllanmak için adım atmamız gerek. Aksi halde kendi hayatlarımızı ve ebediyetimizi mahvetmekten öte bir şey yapmamış olacağız.

Bu kitabı yazmak üzere teklif aldığımda, ilk etapta kitabın yazarının bilinmemesini bu sebeple istedim; ister istemez her birinizin cüzi aklıyla yapacağı yargılamalar yüzünden, bu derece önemli olan ilmin göz ardı edilebileceğini düşündüğüm için. Çekinceden değil asla.

Kadın erkek, yaşlı genç, okumuş okumamış, ünlü ünsüz, şu ya da bu gibi kalıplarla düşünmeye başladığınız, nefsiniz yani cüzi aklınızın tuzağına düştüğünüz için aldatıcı düşüncelere girip ilim almanıza engel koymaya çalışır... Nereden mi biliyorum? Çünkü aynı evrelerden başkalarıyla ilgili ben de geçtim ki hâlâ zaman zaman anlık da olsa geçebiliyorum...

Kişilerle ilgili düşündüklerinizi bir kenara koyun ve sadece ilme konsantre olun. O ilim size anlamsız gelirse o zaman şartsız bir bakışla anlamsız bulmuşsunuzdur, buna da razıyım.

Ama kendi tuzağınıza düşüp de başka fikirlere düştüyseniz, nefsin ve şeytanın insanı zaten fikirlerle kandırdığını unutmayın.

İnsanlar arasındaki bu ayrımcılık, şeytanın en büyük günahı olan ve cennetten atılmasına yol açan "Ben ona secde etmem" hitabındandır. Allah tüm meleklere Âdem'e secde etmesini söyler. Oysa İblis razı olmaz ve bu kibri ve aldanmışlığı yüzünden o gün "şeytan" ismini alır.

Burada bize verilmeye çalışılan derslerden biri ise şudur:

Biz herkesi, İblis'in Âdem'e yaptığı gibi, Allah'tan gayrı varlıklar olarak gördükçe şeytanlaşırız ve şirk denilen ikiliğe düşeriz.

Oysaki konu, tek olan Allah'ın kâinattaki varlığıdır. Peygamberimiz ve kitabımız bunları öyle güzel ve zekice anlatmış ki; bu konuları yeni anlayan kimse kendini mucit sanmasın...

Her şey çoktan söylenmiş, yeni anlayanlar olsa olsa kâşif olur. Ezelde var olanı yeni keşfeden.

Her şey çoktan yaratılmış, yeni bulanlar o şeyin yaratıcısı değil, sadece yeryüzüne indirme aracı olur...

Hepimiz yokluktan yokluğa var olduk... Tek varlığımız yokluğumuz. Çünkü her şey O'nun isimlerinin beden bulmuş halidir... "Allah vardı ve O'nunla birlikte hiçbir şey yoktu!" (Hz. Muhammed [sav])

Rab Nedir?

Bakara Suresi'nin 30 ve 31. ayetlerinde, Allah'ın Âdem'e isimlerinin tümünü öğrettiği anlatılır ve bu Âdem'i yaratılmış her şeyin en üstünü, "Halife" yapacak özelliktir.

Hepimizde var olan nefse ilişkin "Nefsini bilen Rabb'ini bilir" sözününse, nefsini tanıyarak Rabb'ini anlamana neden olacağını ifade eder demiştik.

Peki Rab nedir?

Öncelikle Kuran'ı incelerken şunlara dikkat etmemiz gerek. Kuran'la ilgilenmeye başlayan insanların, aynı benim yıllarca gözümden kaçtığı gibi, gözlerinden kaçtığını düşündüğüm çok önemli bir konu var.

Burada olabildiğince anlaşılır olmak adına gerçekten zorlandığımı söylemeliyim. Çünkü Allah ilmi o kadar hassas bir ilim ki, bazı şeyleri bu ilmin "detaylarını" bilmeyen birine tasavvufi terimleri kullanmadan ama kurallara riayet etmeye devam ederek anlatmaya çalışmak, gerçekten bıçak sırtı bir durum.

Bunu yapmak istememdeki en büyük sebep, tasavvufi terimleri yıllarca anlamak için karıştırmadığım kitap ve sözlük kalmamasındandır. Oysaki o terimleri öğrenmek nefsine ağır gelen insanlar, Kuran'ın hakikatini kaçırıyor, aynı yıllarca benim kaçırdığım gibi ve bu yüzden de hayatlarını istedikleri şekilde yaşayamıyor, boş şeylerin peşinde heba oluyorlar. Yine aynı yıllarca benim yaptığım gibi. Bu yüzden daha şimdiki neslin ve bu konuları çok irdelemeyenlerin anlayabileceği dilde ve bilimsel öğelerle paralel yazmaya çalışmak istedim.

Her şeyin doğrusunu Allah bilir. Buna Allahüalem denir. Burada amacımsa bizlerin genel itibariyle, "dünya dertlerimizin hallini dilemekten", başka bir şekilde yönelmeye vakit bulamadığımızı söylemektir. Gerçekte tek kurtarıcımız, her şeyimiz olan Allah ve O'nun peygamberi Hz. Muhammed (sav) ve kitabı Kuran'a ilişkin birtakım temel bilgilere değinebilmektir.

Evet, konumuza geri dönelim ve büyük bir yanlış anlama ve kullanımı düzeltmeye çalışalım.

Kuran'da geçen ayetlerde, Allah ismiyle işaret edilen "Allah" mertebesi (gaybi şuhudi) makamı yanında bazen Allah'ın isim ve sıfatlarından olan ve Allah'ın farklı farklı tecellilerini ifade eden Rahman, Hak veya Rab isimleri geçer.

Oysaki mutlak yaratan Allah tektir. Peki, o zaman neden Kuran'da çeşitli ayetlerde O'nun değişik isimleri kullanılır?

Bunun nedeni (pek çok sebebi yanında) Allah'ın bizlere O'nun çeşitli mertebelerinden muhatap olmasından ve karşılaştığımız olaylarda O'na yönelirken O'nun o konuda sorumlu mertebesinin ismiyle seslenirsek daha çabuk cevaplar alabileceğimizin de ifade edilmesindendir diyebiliriz. (Çünkü önceden de belirttiğimiz gibi "Allah" ismi dünyaya gelmez... Evren Hak isminin (nuru Muhammedi) yansımasıdır..

Teşbihte hata olmaz... Şöyle düşünün, padişah ve onun varlığında onun hükmünü yerine getiren mertebeleri var. Diyelim ki veziri azamı, kadıları, müftüleri, donanma komutanları var. Onlar sadece padişahın hükmünü icra eden, padişaha ait mertebelerdir. Kendi varlıkları yoktur. Ama mahalledeki bir olaydan dolayı padişaha değil onun hükmünde ona bağlı olan ve aslı o olan o mertebedeki varlığına başvurulur, o da kadıdır değil mi?

İşte "Allah'a güzel isimleriyle yaklaşın" denilir. Pek çok kitapta sadece Allah'ın güzel isimleri sayılmak suretiyle, bir anlayışa sebep olmak yerine isimlerinin daha ziyade sadece övgü mahiyetinde sayıldığını görüyorum.

"Ben gizli bir hazineydim. Bilinmekliğimi murat ettim..."

İşte bizler Allah'ın isimlerini sayarken biraz da neden bu isimlerin bize verildiğini anlamaya çalışırsak, kâinatın mekanizmasını daha iyi kavrayabiliriz.

Allah Semi'dir, Basar'dır, Kayyum'dur diye saymak bize sadece O'nu tenzih ve takdis etmeyi getirir. Oysaki Allah "Neden Âdem'i yaratıyorsun? Biz seni tenzih ve takdis ediyoruz" diyen meleklere, Âdem'im isimleri saymasını delil olarak göstermiş ve "Ben sizin bilmediklerinizi bilirim" demiştir.

Biz zaten Allah'ı hakkıyla övemeyiz, öyle bir kapasitemiz yok... Ama bunun yanında bizden istenen de övgünün ötesinde bir şeyler olmalı ki ayetteki "meleklerin takdis ve tenzih" anlatımı bizlere, sadece Allah'ı övmeye çalışmanın yeterli olmadığını işaret ediyor...

Allah meleklerden üstün kıldığı Âdem'den övgünün ötesinde; O'nu anlamaya tanımaya çalışmasını ve bunu ilimle yapmasını murat etmese "Ve Allah Âdem'e isimleri öğretti" der miydi?

Gerçek anlamda İslamiyet'i anlamak için, yaratılmış olan her şeydeki İLİM'i anlamamız gerekmiyor mu? Bu mesajdan bunu alıyorum ki daha da ötesi de muhakkak var çünkü Allah'ım sözleri bitmez ve her idrak açılışında bir goncanın açılan ilk yaprağı gibi yeni güzellikler anlaşılır katbekat yapraklar içinde.

Bu yüzden Allah Kuran'da isimlerini sayarken, bir taraftan "Ağlıyor musun? Korkma. Ben seni duyuyorum. Çünkü ben Semi'yim, her şeyi duyarım, merak etme seninleyim..." der gibi aslında bizi telkin ederken bir taraftan da güven de vermez mi?

Bir gün Kuran'da "O her şeyi görür" diye bir ayeti inanmamak için çırpınan arkadaşlarımdan biri görüp " Hah, işte yani niye hep övgü var ki?" demişti.

Allah ondan razı olsun. Çünkü o bende bu anlayışın oluşmasında gerçekten bir tetikleyici olmuştu. Neden bu isimler sayılıyordu sürekli?

Düşün düşün, bir gün Kuran'ı okurken kafama dank etti:

Biz sıkıştığımız zaman birine yaslanmak isteriz değil mi? Hemen bize yardım edilsin isteriz. Başımızı birinin omzuna yaslamak isteriz. Aslında temelde her ilişkimizde korunup kollanmak, o kişiye dayanmak ister ve onun bizim sıkıntılarımızı bizim yerimize halletmesini umut ederiz.

Evet. İşte aslında Allah'ım bunu yapıyordu...

"Korkma. Üzülme. Ben her şeyi hakkıyla görüyorum kulum. Ben halledeceğim. Bana güven çünkü benim her şeye gücüm yeter. Umudunu yitirme, ben buradayım ve sen görmediğimi sansan da neye uğradığını ben gördüm. Çünkü ben her şeyi görüp ilmimle kuşatırım... Senin maddi sıkıntın çözülecek çünkü mülkün tek sahibi benim. O zaman benden iste..."

"Senin sorumluluğun bana ait. Sen bana güven, tam güven, çünkü ben her şeye gücü yetenim..."

"Senin annenin sana sevgisi okyanusta bir damlaysa, ben seni sınırsız bir okyanus kadar çok seviyorum. O yüzden seni ne çok düşündüğümü ne çok sevdiğimi ne çok merhamet ettiğimi hisset ve bana güven..."

Babamı kaybettiğimde kendimi kanadı kırık hissetmiştim.

Bir gün çok istediğim bir şeyi, Allah'ım bana olmasını asla düşünemeyeceğim şekilde yolladı ve o gün anladım benim Allah'ım öyle zengindi ki. Benim O'ndan başka kimseye ihtiyacım yoktu.

Size kendi yaşadıklarımdan âcizane şunu söyleyebilirim. İMAN meselesinin bu kadar önemli olması O'nun bizden sadece ve sadece GÜVEN istemesindendir. Bu kadar. O da sadece bizim için.

Hannan ismiyle evladı için çırpınan bir annenin nitelemesiyle, kendisine "Hannan" dedirten bir Allah, yine sadece bizim için kendisine ulaşmaya davet ediyor.

Şimdi konumuza dönelim; Allah'ın kendisini farklı isimlerle farklı mertebelerde nitelemesi meselesine...

Mesela Hallac-ı Mansur "Ene'l Hakk" demiştir. Bu hikâyeyi pek çoğumuz biliriz, önceden de değindik. Bunu söylediği için nelere maruz kalmıştır. Gerçekte ne demek istediğini idrak edemeyenler ona işkence etmiştir ve bunu "din" adına yapmışlardır!

Bakın dikkat edin "Ben Hakk'ım!" diyor. Ama hâşâ bu "Allah'ım" demek değil ki! Neden? Peki biz buradaki asıl ifadeyi ne kadar idrak ediyoruz; hepsi aynı sandığımız ifadelerdeki mesajı almadan?

Hallac-ı Mansur burada "Bende gördüğün Allah'ın isimlerinden başka bir şey değildir. O'nun Hak ismidir. Ben yokum zaten" demek istemişken biz ne anladık?

Veya Hz. Meryem, Cebrail kendisine nefesini üflemek üzere geldiğinde ona, "Senden Rahman'a sığınırım" diyor, neden? Allah'ın "Rahman" ismine sığınıyor da neden Allah ismine sığınmıyor?

Bunlar gerçekten çok uzun ve detaylı anlatımlar isteyen konular.

İnşallah diğer kitaplarımızda bunlara değinmek isterim, fakat şimdi konumuz Allah'ın RAB ismi olduğuna göre ve RAB kavramı nefsimizle ilişkide olduğundan, sonrasında Allah'ı tanımaya çalışmak için önce kendimizi tanımak adına bu konuya dönelim.

Yusuf Suresi 39. ayet: "(Yusuf dedi): Ey zindan arkadaşlarım... Birbirinden farklı özelliği olan rabler mi daha hayırlı, yoksa Vahid-ül Kahhar (tek ve her şey hükmü altında) olan Allah mı?"

Burada Hz. Yusuf "birbirinden farklı olan rablerden" bahsediyor ve diyor ki, tüm bu rableri ortadan kaldıran ve tek olan Allah mı hayırlıdır, birbirinden farklı olan rabler mi?

Şimdi dikkat ettiyseniz zindan arkadaşlarına sesleniyor, yani bir "mahkûmiyet" var bu ayette ve bu mahkûmiyetten kurtulmanın yolu anlatılmaya çalışılıyor.

Yine bir örnekle devam edelim. Kuran'da firavunlardan bahsedilir: "Evet bir zamanlar yaşamışlar değil mi?" Demeyin! Yine kendinizi Kuran'ın dışına atmayın, o zaman içine girip örtülmüş hazineye kavuşamazsınız. Kur'an-ı Kerim'de, hikâyeler içinde kullanılan her isimde her kavimde, şeytanda melekte, peygamberlerde onların nezdinde aslında hep sizden bahsediyor. Size yol gösteriyor. Bunu Muhyiddin-i İbnü'l Arabî Hazretleri'nden öğrendiğim günden beri (bir yazısında izah ediyordu, okumuştum) hep aklımda tutmaya çalışırım okurken, aksi halde Kuran'ı pek çok cahil bakışın yaptığı gibi, beni ilgilendirmeyen ve bana bir yararı olmayan okunup geçilen hikâyeler manzumesi sanabilirdim...

İşte bunu Hz. Mevlânâ ne güzel şiirselleştirir. Ve der ki: "Bir kişi kalsa da dünyada, firavun da odur Musa da..."

Şimdi, Naziat Suresi 24. ayette, yani içimizdeki benlik, şöyle seslenir bize:

"(Ve firavun dedi ki) Ben sizin en yüce rabbinizim..."

Aklımızda tutulmasında fayda olan bir bilgi daha; tarihte Allah'a isyan ettiği ifade edilen hemen hiçbir isyankâr kendisinin yaratma gücü olduğunu, yeri göğü yarattığını vs. iddia etmemiştir. Çünkü bunu söylese zaten herkes onun deli olduğunda hemfikir olurdu.

Hayır. Firavun da dahil tarihte Allah'a isyan eden hemen herkes, kendisinin yaratan olmadığını bilir. Yani burada unutulmamasında fayda olan şey firavunun iddiasının, ben her şeyi yarattım vs. olmadığı...

Firavun ve bu tür isyankârlar bir yaratıcı olduklarını değil, insanların sadece onların "melikliklerine" yani "hükümdarlıklarına" (mülkün sahibinin kendileri) ve dolayısıyla sadece kendilerine itaat edilmesi ve onların emirlerine uyulması gerektiğini iddia etmiştir.

İlah kelimesi İBADET EDİLEN demektir. Ancak ibadet kelimesi de maalesef tam anlamıyla anlaşılmadığı için yine ayrımcılıklar doğmuştur.

İbadet kelimesinin yüzlerce yıllık kökenini araştırdım. Hatta binlerce yıllık. Ve bulduğum şey ibadet etmenin kelime anlamının hemen her toplumda "çalışmak, hizmet etmek, kölelik, kulluk, toprağı işlemek, itaatkâr köle, çalışmak, Allah'a hizmet etmek, Allah'a kölelik..." gibi aynı anlamı ifade etmek için kullanıldığını gördüm.

Demem o ki, isterse ateist olduğunu iddia etsin, bir insan bilmeden de olsa yine Allah'a ibadettedir. Çünkü o insan her şeyden önce YOK'tur... Onda tecelli eden Allah isimlerini kendi benliği sanıyor, BEN varım sanıyordur. Oysa ben, sen yok, sadece O vardır. Bunu idrak edemiyor, belki de kibrinden kabul etmek istemiyordur.

Hiçbir şey kontrolünde olmadan nefes almakta, temelde hiçbir şey kontrolünde olmadan yaşamakta ve kontrolünde olmayan varlığıyla, kendi bunu anlamasa ya da anlamak istemese de Allah'ın sistemine, kullarına yani aslında Allah'a çalışmak ve hizmet etmek ve kendi kontrolü dışında dünyada var olmak ve bunları yapmak sebebiyle Allah'a kölelik yapmaktadır.

Her şey idrakte gerçekleşir aslında. İnsanlar idrakte ilerleyince yol alırlar hayatta, durdukları yerde değil... İnsan, aslında en uzun yolculuk olan kendi özüne yolculuk yapınca kâinatın etrafını dolanmış gibi olur denir. Çünkü her şey insanın beyninde, idrakinde yani içinde olup bitmektedir.

Biz, "Ben ibadet edemiyorum ya da ibadet etmiyorum, inanmıyorum vs..." derken aslında her halükârda Allah'a ibadet ettiğimizin farkında değilizdir.

Ne kadar da âciziz.

Oysaki Allah "Bana bırak" diyor. "Teslim ol. Zaten benimsin. Teslim ol." Yani?

TESLİM ne demektir?

Arapça SLM kökünden gelen bu kelime İSLAM demektir.

Bana yurtdışından arkadaşlarım "Hangi dindensin?" diye sorduklarında, onlara gösterilen manipülatif olay ve resimler yüzünden kafalarında "İslami terör" kalıbı olduğunu bildiğimden "Ben teslim olanlardanım. O yolda Allah'a varmaya çalışanlardanım" demiştim bir gün.

Bana şaşkın şaşkın baktıklar. "Teslim olmak?" dediler. "I am the one who surrenders to Allah" dedim. Peygamberim Hz. Muhammed'dir (sav) ve diğer tüm peygamberler de sevgim ve saygımdadır dedim.

"Nasıl yani, o zaman sen Müslümansın dediler?"

"Müslüman, Allah'a teslim olup selamete, sulha ve kurtuluşa eren anlamına gelmektedir. Evet ben Müslüman olma, Allah'a teslim olma yolunda gayret gösterenim. Ama sizin kafanızda sadece sizlere gösterilen resimlerin şartlandırmasında; İslamiyet böyle bir dindir diye maniple edilmiş bir İslamiyet kavramı var. Ve bu bilerek yapılıyor. İşte ben sizin kafanızdaki ve bu konudaki bilgi yetersizliğinizden dolayı ZANNETTİĞİNİZ İSLAMİYET mensubu değil hakiki İslamiyet mensubu olmaya çalışan bir Allah yolcusuyum" dedim.

Bizler ibadeti sadece namaz, oruç, hac sanırız, oysa onlar İslam'ı idrak, inanç ve iman için ayrıca gereken ve içlerinde barındırdıkları hazineleri bilebilsek kıymet biçilmez değeri olan şartlardır. Yani bir insan İslamiyet'i idrakinde anlamasa ve tabi olmasa dahi, Allah'ın kulluğuna ızdırari yani mecburi devam etmektedir bir anlamda. Ve bu yüzden kuldur, köledir, bir nefese muhtaçtır ve bir nefesi dahi kontrol edemeyecek kadar da âcizdir. Yediği yemeğin midesine değil de böbreklerine gitmesini emredebilecek, içtiği suyun kalbine gitmesini sağlayabilecek ne kudrettedir ne de güçte.

Sadece idrakinde kendi anlayış eksikliği ve sınırlılığı gereği "kul" anlayışında olmadığını ve ibadet etmediğini sanır.

Her kul mecburi ibadette, kulluktadır. Allah bunun yanında, ileriki bölümlerde anlatacağım sebeplerle kulunun kendi hayatı ve selameti için ayrıca ihtiyari kulluk etmesini de ister. Bunun için İslam'ı tavsiye eder ve iman etmesini ister.

"İhtiyari kullukta sevgi, aşk vardır Yaradan'a. Kulluk, kendisine kul olunan varlığa karşı beslenen sevginin en ileri derecesini ifade eder." (Bakara 165)

İşte firavun dediğimiz kavram içsel yönüyle kendisine itaat edilmesini isteyen ve yalnız kendi hükmünün geçtiğini iddia eden, ZANNEDEN nefistir. Firavun ilah olduğunu yani bu anlamda da ibadet edilen (mabut), hizmet edilen yani kulluk edilen olduğunu iddia eder yoksa haşa yaratıcı olduğunu değil. Ve insana verilen beden mülkünde kendi hükmünün geçmesini ister.

Bizler Allah ismini gereği gibi tanımadığımız ve İslam dinini ilmen anlamaya çalışmadığımız için, "Bir yaratıcı var evet ama dine inanmıyorum..." gibi ya da çokça duyduğum şöyle cümleler kurarız: "Sen, ben hepimiz Allah'ın bir parçasıyız. Allah kâinattır yani vs..."

İşte asıl problem burada başlıyor bence ve yıllarca ben de anlamadığım için sonradan gerçekten böyle bir hakikatten bu kadar uzun süre mahrum kaldığım için çok acı çekmek zorunda kaldım ve yandım. Bu gerçeği çok daha önceden bilseydim, Allah'ın aslında bize her iki hayatı da (dünya & ahiret) nasıl da kolaylaştırdığını çok daha önceden yaşamış olacaktım oysaki.

Peygamberimiz, Allah ve O'nun her mertebesiyle ilgili EN YÜKSEK idrakte olan insan ve peygamberdir. O, "Selamün kavlem mir rabbir rahiymdir" (Yasin 58)... İslam kelimesinin bu kadar önemli olmasının başında selam kelimesiyle olan bağı gelir. Peygamberimizin gül yüzü hürmetine yaratılmış bu âlemde peygamberimiz Allah'ın bizlere selamını yani haberini getirendir. "Sen Rabb'inin bu âlemlere selamısın ya Muhammed... Allah seni vasıta ederek halkıyla irtibat kurdu" anlamı vardır bu ayette. Bu yüzden Peygamber'le irtibat kuran Allah'la irtibat kurar. O Allah'ın bizlere selamıdır. Bu ne muazzam bir hakikat ve güzelliktir resulüm! Sen onlara aldırma ve "Selam" de! Yakında bilecekler işin hakikatini! (Zuhruf 89)

İşte varoluşu Allah'ın âlemlere selamı olan peygamberimize dayanan bu kâinatta aynı kelimeye bağlı İSLAM'dan başka bir din yani yol olmaması bu yüzden değil midir? Herkes peygamberimizin, o da Allah'ın aynadaki tecellisi görüntüsü iken Allah'ın isimlerini taşıyan herkes birbirine selam etmez de Allah'ın selamını taşımaz da ne yapar? İslamiyet bu değildir de nedir? Herkes birbirine eğilir Kâbe'de... Zatı ilahinin tecellisi olan o güzel beyitte aynı kalpteki gibi. Bedenleri, nefisleri sıyırdığında herkeste kalan sadece Allah'a ait sıfatlardan kaynaklanan isimlerdir. Bu durumda başka bir şey gören şeytan değildir de nedir? Bu durumda başka şey gören cennetten kovulmaz da ne olur?

Hiçbir yere sığmam da mümin kulumun kalbine sığarım, diyen Allah... O kalp, kendini "O yerlerin ve göklerin nurudur" diye nitelendiren Allah'ın âciz kuluna ışığıyla yansıdığı yerdir...

Peygamberler arasında fark yoktur sözünü bazılarımız yanlış anlamaya devam ediyoruz. Allah tarafından seçilmiş olmaları, günahsız kılınmaları gibi yönlerde aralarında fark yoktur evet ama "idrak ve yaşantı" olarak fark vardır. Çünkü her biri Hz. Âdem'den bu yana başlayan İslami anlayışın kemalatına ermesi için, yükselen İslami idrak mertebe ve makamlarını da temsil ederler. Kuran'da Âdem'den başlamak üzere her peygambere Allah'a ulaşma yolunda, her kulun yaşayacağı idrak derecelerini anlatmaya aracı olmaları adına misaller ve olaylara ilişkin anlatımlar verilmiştir.

Ve en son peygamber olan Allah Resulü (sav), Allah'ı tanıma ve O'nu idrak etme ve sevgide de diğer tüm peygamber ve kullardan en yüksek derecededir.

Ve yine de şunu unutmayalım, Allah'ı tümüyle idrak edemeyeceğimizi anladığımız gün, Allah'ı idrakte ilerlemeye başlarız. Bu bizim kapasitemiz için mümkün değildir. Bu yüzden de "El-Hamdü-lillah (li Allah)", yani "Hamd Allah'a aittir" deriz ve "La uhsiy senaen aleyke ente kema esneyte ala nefsike" deriz peygamberimizin dediği gibi.

Bu şu demektir: "Benim seni sena[28] etmem mümkün değil, benim seni övmem mümkün değil. Sen kendini nasıl över, sena edersen seni öyle sena ederim öyle överim Allah'ım..."

Şûra 11: "O'nun benzeri hiçbir şey yoktur." (Tenzih makamı.) Hamd, sena etmenin, övmenin en üstün şeklidir. Sevinç halinde de sıkıntı halinde de hamd edilmektedir. Şükür ise nimet zamanlarında olup, devamlı değildir. (İmam-ı Rabbani)

Bir ressamın resmini değerlendirebilmek için en az onun kadar resim ve teknikleri hususunda bilgili olmak gerekir. Aksi halde bu cahilce bir yorumdan öteye gidemez. Allah ki sınırsız bir ilim, kudret, merhamet, sanat ve güzellik sahibidir...

Temelde hiçbirimiz O'nu övemeyiz, bu mümkün değildir. Bu yüzden "Hamd sana aittir Allah'ım deriz..."

Peygamberimiz insanlar ve peygamberler arasında en yüksek idrakte olmasından dolayı, bunu en iyi bilen tüm varlığın peygamberidir... Hz. Musa'nın tenzihi, Hz. İsa'nın teşbihi ve Hz. İbrahim ile başlayan tevhidi tüm mertebeleriyle Muhammedilik anlayışı içinde Allah'ın izniyle bütünlemiş bir idrak ve yaşayıştaydı...

İşte pek çok insanın bilmeden yaptığı "Biz Allah'tan birer parçayız..." söylemini aslında şöyle düşünmek gerek:

- Allah'ın zatı ve zati[29] sıfatları. (Bu sıfatlar yalnız Allah'ta vardır. Kuluna bahşetmemiştir...)

---

28 Sena: Övme, yüceltme. Görünen, görünmeyen, bilinen, bilinmeyen bütün nimetleri gönderen, bizlere kurtuluş yolunu gösteren ve çok sevdiği Muhammed Aleyhisselam'ın ümmeti yapmakla şereflendiren Allahü Teâlâ'ya hamd-ü senalar olsun. (İmam-ı Rabbani)

29 Allah'ın zati sıfatları: a) Vücut: Var olmak, Allah vardır ve yokluğu düşünülemez. b) Kıdem: Allah'ın varlığının başlangıcı yoktur. c) Beka: Ebediyet, sonu bulunmamak. d) Vahdaniyet: Tek ve benzeri olmamak. e) Muhalefetün Li'l-havadis: Sonradan yaratılanlara benzemez. f) Kıyam Binefsihi: Allah hiçbir şeye muhtaç değildir. Her şey O'na muhtaçtır.

• Allah'ın isimleri ve kuluna sınırlı olarak bahşettiği subuti[30] (sabit olan, kalıcı olan) sıfatları. (Allah'ın bahşettiği, benzeri Allah'ın diğer varlıklarında da bulunan, ancak Allah'ta sonsuz ve mükemmel derecede olarak var olan özelliklerdir.)

Peygamberimiz Allah'ın zatından bahsederken O'nun tek oluşunu vurgular ve der ki: "Allah'ın zatını tefekkür etmeyin (düşünmeyin), günaha girersiniz..."

Burada şunu demektedir: Allah'ın zatı bizim herhangi birimizin idrak edebileceği bir kudret değil. Bizler sınırlı idrakte varlıklarız ve O'nun zatı bizim idraklerimizin çok ötesinde.

Sonra devam eder: "Siz Allah'ın varlıklarını (yani O'nun isim ve sıfatlarının aynası olan) oluşumları tefekkür edin."

İşte bu bizim hata yaptığımız yerdir. İhlas Suresi'nde de Allah'ın bölünmez BİR'liğinden bahseder. Devamındaysa O'nun sıfat ve isimlerinin varlıklarının, o BİR'liğin bir yansıması olduğuna ilişkin tevhid konusunu anlatır. Bu konu İslamiyet için anlaşılması o kadar önemli bir konudur ki, bunu anlamayan "Biz Allah'ın parçasıyız" deme yanlışına düşer.

Hz. İbrahim, Hz. Musa, Hz. İsa ve Hz. Muhammed (sav) mertebe mertebe yükselmek suretiyle idrakte bu konuları izah etmek üzere çeşitli hikâyelerle bizlere anlatılmıştır. Tevhid anlayışı Hz. İbrahim'le başlar, Hz. Musa'da tenzih (Allah'ın idrak edemediğimiz varlığı) , Hz. İsa'da teşbih (Allah'ın her yerde ve varlıkta gördüğümüz tecellileri) ve Peygamber'de tüm bu sayılanlarla yani hem tenzih hem teşbih ve tevhid mertebeleri anlayışı da üstüne eklenmiş muhteşem bir idrak ile tamamlanır.

---

30 Sübuti sıfatları: a) Hayat: Allah daima diridir. b) İlim: Bilmek, Allah geçmiş ve geleceği, gizli, açık her şeyi bilir. c) Semi: İşitmek, Allah her şeyi işitir. d) Basar: Görmek, Allah her şeyi görür. e) İrade: Dilemek, Allah diler ve dilediğini yapar. f) Kudret: Gücü yetmek, Allah sonsuz kudret sahibidir, her şeye gücü yeter. g) Kelam: Söylemek, Allah söz sahibidir. Peygamberlerine duyurmuştur. Kuran, Allah'ın sözüdür. h) Tekvin: Yaratmak, Allah yaratıcıdır. Kâinattaki her şeyi yaratan O'dur...

Peygamberimizin İslamiyet nedir diye sorduğunda, "namaz, oruç, zekât" gibi cevaplar aldığı, bunları doğruladığı, ancak "İslamiyet önce tevhiddir" dediği belirtilir.

Demek ki biz "Biz Allah'tan birer parçayız" dediğimizde, Allah'ın bilinemez ve bölünemez zatına değil, O'nun isim ve sıfatlarına ayna olduğumuzu kastederek, temelde şunu diyoruz: "Bizde Allah'ın isim ve sıfatlarının manaları vücut bulmuştur."

Allah Âdem'e isimleri öğretti dediğimizde, Allah'ın Âdem'e kâinatta var olan her şeyin, O'nun "bilinmek istediği" isim ve sıfatlarının manalarının vücut bulmuş halidir, dediğini anlayabiliriz bir anlamda.

Bir olan Allah, isim ve sıfatlarının manalarıyla her birimizde farklı özellikleriyle vücut bulmuş ve varlık âleminde zahir(görünür) olmuştur. Sanki birimsel bir varlığı var gibi bizler de, O'dan kaynaklı bu varlığımızı kendimizin zannederiz.

"Açın gözünüzü! Göklerde kim var, yerde kim varsa hep Allah'ındır. Allah'tan başkasına tapanlar dahi, Allah'a ortak koştuklarına uymuş olmuyorlar, ancak zanna uymuş oluyorlar. Ve yalandan başka bir şey söylemiyorlar." (Yunus 66)

Kuran'da daha pek çok ayette ZAN'dan uzak durulması çeşitli sebeplerle söylenmiştir. (Tevhidi ve bu konuyu kapsayan durumu evren, yaratma ve özelliklerine ilişkin bölümlerde açıklamaya çalıştığımda, daha yeni bulunmuş bilimsel verilerin, Kuran'ın anlattıklarıyla aynı olduğunu beraberce göreceğiz.)

İşte Allah'ın varlıklarında kendi sıfat ve isimlerinin manasıyla açığa çıkmasına yani Allah'ın varlık âlemine nüzul ettiği bu mertebesine (ki buna şahadet, şahit olma âlemi diyoruz, yani görme, hazır olma) rububiyet mertebesi denir.

Allah'ın zatının düşünülmesi ve idraki imkânsızdır ve nitelik olarak da bilinemez. Ve peygamberimizin hadisini unutmamamız ve doğru anlamamız gerekir.[31]

Şimdi bu bilgiler ışığında Allah'ın RAB ismine, rububiyet mertebesine gelelim.

Rab kelimesi Kuran'da Allah lafzından sonra en çok kullanılan Allah ismidir...

Rab ismi "terbiye etmek, mürebbi" gibi anlamları yanında "dinen" ise "tüm âlemi yaratan, kuşatan" demekle beraber, "senden sorumlu olan, seni terbiye eden, sana yardım eden, yol gösteren, tasarruf eden" gibi pek çok anlamı da ihtiva eder. Ve zatı ilahisinden tecelli eden Rab (mertebesi) dendiğinde, sadece terbiye etme ve sahip olma durumu değil, aynı zamanda her şeye sahip tek kudret olan Allah anlaşılır.

Kâinatta gördüğümüz her şeyde Allah'ın isimlerinin manalarının (buna gölge de denir) açığa çıkmış, vücut bulmuş halidir gördüğümüz. İsimlerin manalarının bir elbise giymiş halidir, diye de ifade edilir tasavvufta.

Hz. Muhammed'in (sav), insanların varlığının da Allah'ın esma ve sıfatlarına dayandığını söyleyen ilk peygamber olduğu anlatılır...

Allah'ın güzel isimler diye bildiğimiz isimlerinin manaları her bir birimde mevcuttur ve bu isimler yoğunlaşarak insan denilen varlığı açığa çıkarır.

---

31 Arapça hadis sözcüğü, "h-d-s" kökünden türemiştir. Etimolojik kökende, "eskinin zıddı olarak yeni, sonradan olan, yeni meydana gelen" anlamlarına sahiptir. Yalnız kelime manasıyla hadis, "sonradan meydana getirilmiş" demek olup her türlü habere "hadis" denilebilir. Nebevi ve kutsi hadis olmak üzere ikiye ayrılır. "Söz" anlamı yanında Arapçada, hem olay, vaka, haber, eser, peygamberimiz hakkında anlatılan kısa anlatılar manasını da içerir. Birbirleri yerine bu anlamlar kullanılır. Kur'an-ı Kerim'de ise, farklı türevleriyle "hadis" ve "ahadis" gibi 28 ayrı yerde kullanılmış olmakla beraber 40 sahih yani gerçek hadis olduğu bilinir.

İşte son yıllarda kuantumla beraber bilimadamları gördüğümüz her şeyin aslında bir şey olduğunu, her şeyin teklikte bir bütünlüğe bağlı olduğunu ve yokluktan varlık bulduğunu, yani İslamiyet'teki TEVHİD (vahdaniyet) anlayışını büyük ihtimalle bilmeden, bilimsel olarak ispatlamış durumdalar. Peygamberimiz bu gördüğümüz dünyanın bir "rüya" olduğunu ifade etmiştir. Bu konuyu artık bilimadamları kabul etmiş durumdalar. Gördüğümüz her şeyin bir illüzyon, bir rüya olduğu ilmen de ispatlanmış durumda.

Peygamberimizin "Ya Rabbi bana eşyanın (Arapça EŞYA, ŞEY'in çoğulu) hakikatini göster" diye ettiği dua, kâinatta her ne varsa bizler de dahil hepsinin hakikati Allah'ın isimlerinin manasıdır ve bu hakikati öğrenmek için dua etmemiz tavsiye ediliyor, diyemez miyiz?

Gördüğümüz her şey, düşündüğümüz her şey varlığını Allah'ın "Esma" denilen isimlerinin manasından alınır. Esma, isimler demektir. Hüsna ise güzel demektir. Allah'ın tüm isimleri güzeldir. Çünkü hepsi zıddıyla vardır ve hepsi farklı amaçlarla faaliyete konarak bu muhteşem kâinatı oluşturur.

İyi-kötü ayrımı, hayır-şer ayrımı, bütünü göremeyen ve nefsiyle bakan sübjektif görüşlü bizler için sözkonusudur.

Ne güzel anlatır İbnü'l Arabî Hazretleri.

Allah'ın bilinmek istemediği varlığını zaten biz bilemeyiz ama Allah'ın "Bilinmek istedim" diye belirttiği varlığı ve isimleri kendilerine ait birer beden birer varoluş istedi... Kendilerini görmek istedi...

Hani diyorlar ya (hâşâ) Allah neden yarattı bizi, ihtiyacı mı var ibadetimize?

İşte bunu canım hazretim İbnü'l Arabî Hazretleri'nden alıntılarla dinleyelim...

Allah'ın iki tür tecellisi vardır:

- Gaybi tecelli
- Şuhudi tecelli

Gaybi tecellisi (HU/HUVE diye nitelendirilen ÖZ) bizim düşünemediğimiz tecellisidir, sadece "hissederiz" O'nu... Hani bizimle her an olduğunu, bizi sarıp sarmaladığını... Nasıl da muhteşem bir histir.

Şuhudi tecellisi ise O'na ait sıfatlarından halkıyla paylaştığı tecellileri esma ve sıfat yansımalarıdır.

Allah her insanın kalbine ezelde kendi gaybi tecellisinden kendindeki bir ismini (ya da birkaç ismini Öz, kendindeki gibi) belirli bir istidatla sınırlı şekilde, her bir kuluna koyar. İşte o isim sizsiniz. O isim elbise giyip de kendini görmek tanımak istedi ya, Allah da ona onu nasip etti. İşte o isim sizin beden toprağınızda gömülü, kalbinizde derinlerde elmas olabilmek için, keşfedilmek için ve sizi Allah'a ulaştırmak için beklemekte...

Hatta bunu Hazreti Pir şöyle anlatır:

İsimler beden elbisesi ister. Önce giderler Kadir ismine "Bize varlık suret ver" derler... Kadir ismi buna kadir olmadığını, İrade ismine gitmelerini, belki onun yardım edebileceğini söyler. İrade ismine gider isimler toplanıp. İrade ismi de buna gücünün tek başına yetmeyeceğini ama Allah ismine yani tüm isimlerin cem olduğu Allah ismine gitmelerini söyler... Ve Allah ismine gidince isimler, "Senden uzaklaşıp seni sevme kabiliyeti edinelim" derler. Ve yüce Allah'ın cömertliğiyle her birine bu şans ve ayrı bir elbise, suret verilir.

Her bir isim bir elbiseye kavuşunca, birbirleriyle olan zıtlıkları yüzlerine vurmaya başlar. Çünkü her ismin zıddı vardır. Bunun üzerine kavga ve kaos çıkar isimler arasında. İşte bunun üzerine Hz. Muhammed'i (sav) yollar Allahü Azimü Şan... Hz. Muhammed (sav), Allah'ın baktığı en temiz aynadır. Onun kalbi Allah'ın isimlerinin Allah'taki gibi en kemalli şekilde yansımış halini tüm isimlerin cem ettiği halini yansıtır.

Mehmet Ali Bulut hocamın, Ruhun Deşifresi adlı muhteşem kitabında belirttiği peygamberler ve Allah dostları anlatımında bu üstün şahısların Allah istediği için mi günahsız olduğunu ya da kendi iradelerinin de buna katkısı ile nefislerini yenerek isimlerini Allah yolunda açığa çıkardıklarını tefekkür gerektiğini belirtmesi başta peygamberimiz olmak üzere tüm peygamber ve Allah dostlarına sevgimi ve saygımı katman katman artırmıştı... İradenin içinde olduğu bir sevgi ve seçimler içinde hep Allah'a ve aşkına raptedilmiş kalmak nasıl da her şeyden önce saygı duyulası, hayran olunası bir nefsi mücadeledir... Evet, Allah peygamberimizi yollayınca, tüm isimler onda cem halinde, zıddıyla dengede olduğundan, her isim onda kendi güzel halini görünce işte o zaman isimler arasında Selim, Sulh, İslam başlar... Her bir isim birbirinde sadece Allah'ın tecellisini görmeyi öğrenir... Senin kalbin, Allah'ın gaybından sana hediye edilen ismin hakitini, nefsinin dünyaya bakan tarafındaki gibi değil Allah'taki gibi açığa çıkarmaya gayret ettikçe, sende açığa çıkan o zati tecelli tüm sendeki diğer kavimleri hükmüne alır. İşte senin kalbin gönle dönüşürken gönül aynanda tecelli eden bu nur, aydınlanmanı sağlar ve tüm bedenin ve organların (isimler) kalbindeki zati tecellinin hükmüne girer...

Sen Âdem (Ruh) olarak gelmişken senden Havva halk edilir. Nefsin ruhundan halk edilir. Hak'tan Halk olursun... İsimlerin O'nun sıfatlarından zuhura gelir. Ne zaman ki Muhammedi nur ile bir mürşid-i kâmil sana "nefes" verir, bedeninin tam ortasındaki kalbin yani beden dünyanın Ay'ı ikiye ayrılır. Güneşin nuru Ay'a vurur ve sen nefsini her şeyin sahibi sanırken Havva (nefis/heves) Âdem'e (Ruh'a), yani ismin varlığını aldığı sıfatlara döner ve ayrılmış Âdem ve Havva sende yeniden birleşir. İşte ARAFAT bu idraktir. Bu ezeli hakikate arif olduğun gün bayramının öncesi arife günündür. Nefsin ruhunda "yokluğa" erer ve Rahman (sıfat) Arş'ı yani kalbi istiva eder, yani kaplar.

Biz bu idrake varmadıkça bize verilen hazineyi kendi kirli kalp aynamızda kendi nefsimiz doğrultusunda işler ve onun vasıtasıyla Allah'a iradi olarak ulaşmaktan âciz kalırız. Bize verilen ismi Allah'ın ahlakıyla değil nefsimizin ahlakıyla yönettikçe azabımıza yangın oluruz. Bunun içindir ki peygamberimiz "güzel ahlakı tamamlamak" yani Allah'ın ahlakına bizi yöneltmek için gelmiştir...

Nefsimiz Allah'ın sıfatlarından zuhura gelmiş bir mülk bedendir. O sıfatlarsa Allah'ın zatına aittir, Öz'dendir (HU). Yani biz Allah'tan ayrı değilken Allah'tan ayrı varlık bulduk sanırız. Şeytan ancak Havva'yı yani nefsi kandırır. Ruh'u, yani Âdem'i değil. İşte bu yüzden de bizi kendi ismimize yönelten Rabbimiz bizi diğer isimlerin tecellileriyle terbiye ederken kendimizdeki kendisine ve oradan da Allah'a ulaştırmak için fırsatlar vermeye devam eder.

Bizse kardeşim, babam, kocam, patronum, kaynanam dediklerimizle aslında bizi terbiye eden ve kendisini bulmamız, anlamamız ve böylece bizi Allah'a geri götürecek esmamızdan bihaber yaşamaya devam ederiz..

Oysaki kendinizi tanırsanız sizdeki esmayı, yani aslında burada olmayı neden istediğinizi, varoluş sebebinizi, nasıl tekâmül edeceğinizi anlamaya başlar ve Allah'a O'nun size verdiği isminin sizdeki tezahürü olan temiz bir yansımayla geri dönmeye çalışırsınız.

Bizler sadece aynayız. Aynı değiliz isimlerimizin. Bir beden kutusunda aslımızı bulma yolculuğudur ve aslımıza rücunun yolculuğudur İslam.

Kendindeki ismi Allah isminde yokluğa ulaştırmış bir Allah dostuyla kendinizi tanır ve O'nun vesilesi ile sadece kendi isminizden değil Allah'ın tüm isimlerinden Allah'a isminizi iade edersiniz. Emanet sahibine aittir.

Tek başınıza ise sadece sizdeki isimden dönebilirsiniz O'na. İşte kâmil-i mürşit Allah'ın tüm isimlerinin asaleten yansıması olan peygamberimizin, vekâleten yansımasını taşıyan (yalnız peygamberimizde kemal halleriyle tamamen tecelli etmiştir, başka kimsede ondaki gibi olamaz) bu Allah dostlarının yardımıyla ise Allah'a tüm esmalardan yani kapılardan varmak ve O'nun denizinde bir damlayken denize kavuşarak bir yanınla damla, yani Kul (Halk) bir yanınla ise Deniz'i (Hak) yaşayan insan olma yolculuğudur İslam.

Nefis (sıfatlardan) ve akıl sonradan "halk edilmiş", var edilmiştir. Nefis isimlerdir ama aslı ruhtur, yani sıfattır. Bu yüzden de nefis ruha iade edilirse, nefisten ruha HİCRET edilir. Hicretin aslı burada yatar. Nefis, Allah'ın sıfatlarının, isimlerinin zuhuru ve beden mülkünde tecellisi ile kimlik kazanır ve bu kişisel benlik idrakine nefis denir.

İşte bu yüzden; her şey hayırlı, iyi ve güzeldir. Bizim kötü veya çirkin dediğimiz aslında iyi ve güzel dediğimizin "derecelerinden" başka bir şey değildir. Ve bütünsel bakış içinde olmayan birine göre vardır bu ayrım. Birimizin çirkin dediğine birimiz güzel diyebiliriz, birimizin iyi dediğine birimiz o kadar da iyi değil diyebiliriz, çünkü parçasal bakışlara sahibiz.

Birisi istediği kişiyle evlenemeyince şer olarak görür, öbürü istediğiyle evlenince hayır olarak görür, ama zamanla bakış açıları değişir ve herkes yaşadıklarındaki hayrı görür. İşte bu yüzden her şey güzeldir, hayırdır ve iyidir.

"En güzel isimler O'nundur..." (Haşr 24)

Nur yapıda olduğu ifade edilen melekler, "nar" yani ateşten yapıda olduğu ifade edilen cinler de varlıklarını Esma'ül Hüsna'dan almaktadır.

İşte aslında insan Allah'ın isim ve sıfatlarının manalarının bir terkibidir.

"Bir zamanlar Rabb'in meleklere, ben yeryüzünde bir halife yaratacağım demişti de onlar şöyle konuşmuştu: Orada bozgunculuk yapmakta, kan dökmekte olan birini mi atayacaksın? Ve Âdem'e isimlerin tümünü öğretti. Sonra onları meleklere sunarak, şöyle buyurdu: Haydi haber verin bana bunların isimlerini, eğer doğru sözlüler iseniz." (Bakara 30-31)

Gördüğümüz her varlık Allah'ın güzel isimlerinin manalarının bir terkibidir denir. Bunu tam manasıyla anlayabilmek için, terkip ne demek bunu da doğru anlamamız gerekir...

Terkip; bindirme, üst üste bindirme, kompozisyon demektir. Hatta binek hayvanları için kullanırız biz merkep kelimesini, aslı "binek, taşıt aracı" anlamındadır kelimenin.

Yani Esma "terkibi" olmamız hali, bizlere âdeta bir binek gibi Allah'ın isimlerinin manalarının yüklenmesi, O'nun isimlerinin ve sıfatlarının manalarını taşıyan vücutlar olmamızdandır. Ve O'nun isimleri dışında bir varlığımız olmadığı için ayette, ilahi isimlerin bir kompozisyonu dışında, insanın hiçbir varlığı yoktur. Her varlık Allah'ın isimlerinin manalarını taşıyan vücutlardır. Bundan ötesi değil.

İnsanlar arasındaki huy, beden, yetenek, zaaf vs. gibi farklılıklarsa her insanda Allah'ın isimlerinin farklı ağırlıklarda baskın olmasındandır.

Rabb'imizin isim ve sıfatları olan Esma-ül Hüsna'nın işlev ve faaliyetlerini, hükümlerini açığa çıkartma özelliklerine Allah tecellisinin rububiyet mertebesi denir ve Allah'ın RAB ismi/sıfatı O'nun rububiyet mertebesi sahibi olduğunu ifade eder...

İşte zatı Allah olarak ifade edilen teklik sahibi Allah'ın isimler mertebesindeki adı Rab'dir. Bu mertebeye Rabbül Erbab (Rablerin Rabbi) Rabbil âlemindir denir. Ve O herkesin Rabb'idir.

Ancak herkeste Allah'ın isimlerinin manalarının farklı ağırlıkta olmasından dolayı, her bireyde bazı isimler daha baskın olduğundan, bu baskın isimler de senin "nefsine işaret ederek" sende hüküm sürmektedir. Ve işte bu da Rabbi Has dediğimiz, her bir insanda isimlerin farklı bir kombinasyonla taşınmasından kaynaklanan esma terkibidir. Kalbinde zati ilahiden gelen varoluş ismin senin amacın ve sıratı müstakindir... Onunla Allah'a hidayete gitmek veya şeytana kapılıp dalalete gitmekse senin seçimin ve kader kavşağındır.

Her birimizde isimler, mahiyetiyle Allah'tandır ancak terkibiyle Rabbi Has'tandır.

Dikkat ettiniz mi bilmiyorum ama Allah dostları denir; ehlullah, yani Allah ehli...

İşte zaten kendine ait bir varlığı olmayan ve Allah'ın isimlerini kapasite olarak taşıyan ancak o isimlerden bazılarının birleşim ve ağırlıklarının hükmünde olan bizler, nefis denilen kavramı ancak bizde hangi isimlerin manaları baskın, hangi isimlerin manaları zayıf hükümde olduğunu bulduktan sonra anlayabiliriz...

İşte "Rabbi Has" olarak "nefsini bilen Rabbini bilir anlatımı" bunu ifade eder bir anlamıyla...

Bazı insanlar sabırsızdır, bazı insanlar fazla merhametli hatta fazla duygusaldır, bazı insanlar asabidir, bazı insanlar yazmaya yeteneklidir, bazıları çok güçlüdür, cimridir vs...

Bizler bizde ağırlığı olan isimlerin kaydı altında olduğumuz için ve bu durumu kontrol edemediğimiz için ani tepkiler verip, "Ne yapayım, nefsime uydum. Ne bileyim, nefsime direnemedim..." gibi şeyler söyleriz.

Temelde olan şey bizim ruhsal dengemizde baskın olan Allah isimlerinin, bizi kayıt altına almak suretiyle istediğini yaptırmasından öte bir şey değildir.

Rabbi Has dediğimiz, kişisel esmamızı daha yakından tanıyabilmek için kişiliğimizin olumlu ve olumsuz yönlerimizi objektif bir şekilde yazmak ve hangi isimlerin bizlerde baskın ya da daha az etkili olduğunu anlamak için tavsiye edilen metotlardan biridir.

Allah dostlarının tavsiyelerine bakarsak hangi ismi taşıdığımızı araştırmaktan ziyade ismimize doğru yol almanın en güzel metodu gece gündüz demeden Allah'ın halkına hizmet edersek, bizdeki ismin tecellisine verilmiş özellikleri daha iyi anlayabiliriz ve açığa çıkartabiliriz.

Zaten hayat ve varoluşumuz sistemi, bizler ismimizin gereğini yapmadığımız müddetçe ona zıt yönde faaliyetlerde bulunduğumuz müddetçe, bizi başımıza getirdikleri ile o yola yani aslen kendi varoluş sebebimize ve Allah'a yöneltecek kadar zeki olarak yaratılmıştır.

Rab ismi istediğini yapar... O'nun faaliyet gösterdiği noktada iyi kötü ayrımı yoktur keza O her faaliyeti bir sebebe binaen işler ve anında ol deyince olmasını ister...

İşte bizler doğduğumuzda bu kuvvelerle "kişilik" dediğimiz ve bize ait sandığımız varlığımızla yola çıkarız. İşte o bizim genel olarak ilk etapta Rabbim dediğimiz, Allah'ın bizim üzerimizde ağırlığı olan isimlerinin manalarının terkibinden başka bir şey değildir.

Ama dikkat ederseniz nefis meselesi ve 7 mertebesi[32] diye bahsedilen bir durum vardır: Nefsi emmare mesela, işte bu mertebede nefsimizin aleti olmaktan öte bir durumda değiliz. Ye, iç ve vs. ne istiyorsa bizi yönetiyordur, çünkü Allah'ın isimlerinin bileşkesidir.

İşte burada "kötülüğü emreden nefis" meselesi ile ilgili İbnü'l Arabî 'nin bir anlatımı beni çok etkiler...

Allah'ın tüm isimleri güzeldir, neden bizde olumsuzluklar olur sorumuza isimlerin ağırlıklarının oluşturduğu ölçü farkı yanında bu açıklama da âdeta ışık tutar...

---

32 Nefs-i Emmare: Kötülüğü emreden ve bundan zevk alan nefistir.

Nefs-i Levvame: Kötülük yaptığında bundan pişman olup af dileyen nefistir.

Nefs-i Mülhime: Allah'tan ilham alan nefistir.

Nefs-i Mutmainne: Tatmin olmuş nefistir.

Nefs-i Radiyye: Allah'tan razı olmuş nefistir.

Nefs-i Mardiyye: Allah'ın razı olduğu nefistir.

Nefs-i Kâmile: Seçkin, saf, tertemiz nefistir.

"Allah kuluna ruhundan üflemiştir" der hazret... (Hicr 29) Yani ruhunu değil... İşte bu nokta tefekküre değer...

Allah Bir'dir... Bölünmez bir Bir... Ahad'dır.. Zıtlık yoktur... Bizler peygamberimizin nurundan bizlere yansıyan "çokluktaki birlikte" yaşarız, bir "nar" içindeki birbirinden farklı taneler gibi.

Allah zatı ilahisi, "Ol!" emri ile ruhundan üflediği nefesi ve bizde açığa çıkan ismimizle bizlerin yaratılışında ise bir üçlük vardır der İbnü'l Arabî Hazretleri... Bu üçleme, buluşma bizim yaratılışımızı anlatır. Bu yüzden dualarımızın bazılarını 3 kez okuruz ve 3 önem taşıyan bir işarettir.

Allah her nefeste bizi öldürür ve her nefes alışımızda yeniden içimize üfleyerek bizi diriltir. İşte bu yüzden her nefeste yeni bir diriliş yeni bir idrak ve yeni bir yaşam şansı vardır, diye anlatır o güzel Allah dostu.

Safi ruhla nefsin kavuşması ve nefsin aynı temizlenmiş ney gibi sadece üfleyenin nefesi haline gelmesi bizi tertemiz yapar...

"Ben nefsimi temize çıkarmıyorum... Muhakkak ki nefis, var gücüyle kötülüğü emreder... Rabb'imin rahmet ettiği müstesna... Muhakkak ki Rabbim Gafur'dur, Rahim'dir." (Yusuf 53)

Bizler bu durumu fark etmeye başladıkça Nefsi Levvame girer ve biz nefsimizi bir şekilde kontrol etmeye çalışırız, çünkü vücudumuzdan çıkan fiillerin mahiyetini fark etmeye ve bunları düzeltmemiz gerektiğini kavramaya başlarız.

İşte yavaş yavaş nefsi terbiye, nefsimizde yer alan olumsuzlukları yenme anlayışımız doğar ve bu 7 mertebe sonucu biz nefsimizi temizlemiş ve onun üzerimizdeki hükmünü kırmış oluruz. Bu yükselme ve temizlenme süreci içerisinde nefis mertebelerinin güzel manalarını üzerimizde toplar, olumsuz manalarından uzaklaşır, ruhumuzla özdeşleşir ve Allah'a ulaşma yolunda yürürüz.

İnsanların bedenlerindeki minerallerin eksikliği fazlalığı nasıl bedensel yapılarını oluşturup güçlü ve zayıf yönlerini, istidatlarını belirlerse, ruh bedenimizde de Allah'ın isimlerinden üzerimizde daha az veya daha fazla ağırlıkta olanı da bu şekilde ruhsal yönelişlerimizi belirler.

İşte Yusuf, rabler yerine bu rabbani hükümleri ortadan kaldıran Allah'a ibadet edin derken, sizde dengede olmayan ve çeşitli ağırlıklarda yer aldıkları için size hükmeden Allah'ın isimlerinin manalarının kontrolünden çıkın ve tüm isimlerin, aynı dengede olduğu Allah ismine yönelin, mesajını bize iletiyor ayette.

Bizlerin yapması gereken, aslen nefsimiz olan ve bizim kendi "kişiliğimizde" sandığımız bu kayıtları tanımak, eksiklik ve zaaflarımızı hangi isimlerin manaları bizde ağırlıklı öğrenmek suretiyle anlamak ve bu eksiklik ve zaafları dengeye kavuşturmak için gereken fiil ve ibadetleri yapmaktır.

Bunu tasavvuf ehli, kişide manası eksik isimleri belli oranlarda kişiye telaffuz ettirmek, zikrettirmek ve o manaları içeren davranışları yapmasını tavsiye etmek suretiyle yaparlar. Örneğin cimriliğin yoğunsa sana hem Allah'ın o manaları taşıyan isimlerini zikrettirir hem de hayra ve paylaşmaya yönelik fiiller yapmanı tavsiye ederler.

Biz bunları yapmadığımız ve Allah ismine varmak ve eksikliklerimizi gidermeye çalışmak gibi faaliyetleri göstermediğimiz müddetçe, gerçek anlamda Allah ismine yaklaşma yoluna erişemeyiz. Nefsimizin isteklerine esir ruhumuza kör oluruz...

İslamiyet bize Allah'a, Hakk'a ulaşmanın metotlarını gösterir... Yani tüm isimlerin dengede olduğu Allah isminin denizine, kendindeki Hak'la, sen bir damlayken, kavuşmak... Kendin ne kadar küçük bir damla olsan da denize kavuşmuş damla artık denizdendir...

İslamiyet bunu sağlar... Tasavvuf bunu anlatır... Ancak diğer öğretilerden yine üstün bilinçsel yanı ise bunu yaşayan varlığınla, Hak'la, halkın içinde yaşamanı sağlamasıdır... Yoksa inzivaya çekilip bir dağ başında yapayalnız yaşamak kolaydır... Mesele Miraç'tan gelmiş Peygamber gibi, Medine'de huzura kavuşmuş Peygamber gibi, Mekke'ne geri dönmektir ve dünya hayatı içinde ahiretle beraber yaşamaktır... (Bazı Uzakdoğu öğretilerinde idrakte belirli bir nokta ötesinde "makam" elde edilemediği için inziva ertesi yükselmiş bir bilincin halk arasına döndüğünde başladığı yerden de aşağıda bir mutsuzlukla başlama sebeplerinden en önemlisi budur ki bunu Dokuz Yüz Katlı İnsan adlı kitabında da kendi deneyimleriyle anlatan Dr. Mustafa Merter çok güzel izah eder...)

"Nefsine zulmetme!" denir örneğin. Aslında nefse zulüm, O'na istediğini vermektir. O'na istemediğini yaptırmaksa ona lütuftur. Ve nefsine zulüm, onu karanlıkta bırakmak (zulüm karanlık demekti hatırlarsanız) onun nura ulaşmasına, onun istediğini yapmaya devam etmek suretiyle aracı olmaktır.

İşte bizde hüküm süren ağırlıklı isimler terkibi, bizim kişiliğimizi oluşturan Rabb'imizdir ve Allah'tan ayrı değildir. Sadece isimlerin bizde varoluş ağırlıkları farklı olduğu için diğer bir insandan farkımızı yaratandır ve Rabbim dediğimizde fark etmesek de kimi zaman Allah'ın o isimlerine seslenmekteyiz.

Psikiyatrlar da bilir ki insanın bilinçaltı, istediğinin hemen olmasını ister, (kontrol) işte o bilinçaltı temelde esma terkibimizdir ve Rabbimiz (Has'ımız) olduğu için bu son derece normaldir.

Hedefse Allah ismine ulaşmaktır. Cemalullah'a kavuşmak için edilen dua temelde bu dileği âdeta dile getirir.

Kuran'da bahsedilen "orta yol", bir açılımıyla bu isimlerin aynı ölçüde bizde tezahürüyle kavuşacağımız yol olabilir. Tasavvuf ehline bakarsanız, sakin, huzurlu, dengeli insanlar görürsünüz. İşte bu onların kendi nefislerinin hükmünden çıkıp Allah'a ulaşma çabasında olmalarındandır.

İşte bu yüzden Allah isminin zikri çok mühimdir.

Özetlemek gerekirse mesele kişideki ağırlıklı esma yani rabbani kayıtlardan çıkıp, Allah ismi camine ulaşmak yoluyla ilahi kayıtlara ulaşmaktır. Ve bu da peygamberimiz tarafından öyle net ve özetle açıklanmıştır ki: "Allah'ın ahlakıyla ahlaklanın..."

Yurtdışında pek çok fizik profesörü ve bilimadamı her şeyin aslında bir olduğundan bahsediyor. Tek bir bilinç var ve her şey aslında bir diyorlar, biz farklılıklar görsek de.

İşte aslında bu İslamiyet'te yüzyıllar önce belirtilmiş tevhid meselesidir.

Her birimiz Allah'ın isimlerinin manalarından oluşmuş varlıklarız. Bu da bizi TEK kaynağa bağlı yapar.

Ve bu yüzden de tercüme ve meallerde "halk" kelimesi karşılığı olarak yazılan "yaratma" kelimesi bizi kavramı anladığımız şekliyle yanılgıya da düşürebiliyor...

Kuran'da "yaratma" olarak tercüme edilen ve bu anlamda genel olarak kullanılan kelime "halk" kelimesidir... Allah "halk" eder... Ve ayetlerde de bu böyle geçer...

Neden mi?

Yaratma kavramına bir örnek verelim: Diyelim ki biri bir kalem yaratıyor. Yaratma ile bizim anlayışımızda oluşan Bir kalem var bir de onu yaratanın olması hali değil mi? Yani ikilik var. Bir o var yarattığım, bir de ben varım.

Ama Allah bizi "halk" etmiştir.

Halk etmek anlatımı Türkçe karşılığında da halk etmektir aslında...

Biz "yaratma" kavramını kendi idrakimizde "yoktan var etmek" gibi düşünürüz... Oysa Allah dostlarından bazıları Allah'ın mutlak yokluktan değil izafi yokluktan halk ettiğini ifade eder...

Allah elbette yoktan da var eder... O her şeye kadirdir... Ancak burada "halk" etme kelimesiyle anlatılmak istenen tevhid anlayışı ve Allah'ın birliği ile aynı anlatımdadır...

"Yaratma" kelimesini bizim dilimizdeki anlamıyla anladığımızda kendimize Allah'tan "ayrı" müstakil bir varlık vermiş oluyoruz... Aslında bir anlamda şeytanın düştüğü Âdem'i Allah'tan gayrı görme hatasına düşüyoruz...

Yani ikilik doğal olarak geliyor ve bir biz varız bir de Allah var diye düşünüyoruz... Kendimize Allah'tan "ayrı" müstakil bir varlık izafe ederek gizli şirke düşmüş oluyoruz...

Oysaki "La ilahe Ben de, o da, şu da yokum, yokuz", "İllallah Olan sadece Allah'tır, Allah'tan başka bir şey yoktur" dediğimizi anlamıyoruz (etrafımızdaki her şeyin O'nun sıfat ve isimlerinin tecellisi olması yalnızca O'nun varlığının işaretidir diyoruz)...

Oysa kâinatta ve kendi var sandığımız varlığımızda, Allah'ın dışında bir şey mi var ki yaratmak diyelim?

Bazı Kuran meallerine bakarsanız "halk" kelimesi "yaratma" olarak tercüme edilmiş. Bu bizi direkt olarak Allah'tan ayrıyız zannına teşvik edebiliyor. Ben ve O var sanırız, oysa ne ben ne sen bir tek O vardır.

Bizdeki ve her şeydeki tek şey, sadece O'nun isimlerinin manalarının beden yani elbise bulmuş halidir.

İblis ve Elbise kelimeleri de birbirini çağrıştırır âdeta. İblis Biri İki Gören anlamındadır ve o elbisenin içindekine değil zahirindeki balçığa takılıp Âdem'i Allah'ın ruhundan üflediği bir varlık değil O'ndan "ayrı" bir varlık sandı...

Oysaki O'nun bizi var etmesini yaratma kelimesiyle ifade etmek, insanı bilmeden de olsa ikilik kavramına götüren bir durumdur. Öyle olsaydı bir O olurdu, bir de bizim varlığımız. Oysaki bizim kendi varlığımız sandığımız, O'nun isimlerinin bizim yokluğumuzda dışarı çıkmış, vücut bulmuş şeklidir. Yani bir ikilik yoktur. Yalnız O vardır. Her yerde isim ve sıfatlarının tecellisi ile yalnız ve yalnız Allah vardır.

Bu da "halk etme" kelimesiyle ifade edilmiş bir gerçekliktir Kuran'da. HAK'tan HALK olmak. İşte biz kendimizi O'ndan ayrı sandıkça, kendimize bireysellik, birimsellik ithaf ettikçe, ben sandığımız şeyin O'nun isimlerinin terkibinden başka bir şey olmadığını anlamadıkça, fizik profesörlerinin daha son yıllarda bilimsel tespitlerle kavradığı, her şeyin aslında TEK olduğu gerçeğini kavrayamaz ve O'ndan ayrı düşeriz.

İşte tevhid budur: Hiçbirimizin hiçbir şeyin, Allah'ın isimlerinin manalarının gölgeleri, dışarı çıkmış ve vücut bulmuş halinden öte bir varlığı yoktur. Ve bizler birbirimizi "ötekileştirirken" İblisleştiğimizin, onunla aynı günahı işlediğimizin ve bunun da bizim cennetten yani Huzur'dan kovulma sebebimiz olduğunun farkında bile değiliz.

Bizler kısaca Allah'ın isim ve sıfatlarının denizinde tesbih eden yani yüzen isim ve sıfat taşıyıcılarıyız... Buna tasavvuf ehli "isimlerin elbise giymiş olması" gibi bir tabir kullanıyor.

"Everything is One." Her şey birdir. Bu, kuantum fiziğinin de iyiden iyiye anlaşılmaya başladığı son dönemlerde, yüzyıllar önce peygamberimizin Kuran'da bize izah etmek istediği tevhid anlayışından başka bir şey değildir.

İman nedir sorusuna peygamberimiz, imansız cennete girilemeyeceğini haber vermiş. Ve üzerine, "Birbirinizi sevmedikçe, iman etmiş sayılmazsınız..." demiştir. Anlamadığımız, çoğumuzca hakikatiyle anlamaya çalışmadığımız için İslam gibi muhteşem bir dinin uygulamaları istenilen sonuçları vermiyor. Çünkü İslam devletlerinde de İslamiyet, genel itibariyle şeriat makamı yani bedensel şartlar üzerinde yoğunlaşıyor; tarikat, hakikat ve marifet makamları çalışmaları genelde yapılmıyor. Şeriat makamıyla dini yaşamak elbette ki doğru çünkü Abdülkadir Geylani Hazretleri'nin de dediği gibi, "Zahirini (açık) yapmadıkça batınına ulaşamayız. Ve bizden, aslında bizim için istenen, batın (gizli, saklı) denilen daha derindeki anlamalara da aynı oranda vâkıf olmamız. Yoksa sadece bedeni ibadetimiz gönlümüze kadar inmez."

"Doğu da batı da Allah'a aittir! Ne yana dönersen vechullah karşındadır (Allah'ın yüzünü görürsün). Muhakkak ki Allah tüm varlığı kapsar ve ilim sahibidir." (Bakara 115)

Anlaşılması zor gibi gelse de temelde tasavvuf Allah'a yönelmenin metot ve anlatımlarının izahını verir.

İslamiyet, Kuran ve tasavvufun birbirinden ayrılması ne mümkün... Allah'ın zatıdır KURAN. Farkların kalktığı makamdır.

Allah'ın sıfatlarıdır FURKAN. Farkların oluştuğu tecellidir. Furkan, Kuran'ın 25. suresidir. Furkan aynı zamanda "Hakk'ı batıldan ayıran" demektir. Zaten imtihan da kökünü bu anlayıştan almaz mı? Allah isteseydi her birimizi melekler gibi günahsız yaratırdı. Oysa O bizi kendi isim ve sıfatlarının manalarıyla donatıp, o manaları iyiye mi kötüye mi kullanacağımızı gösterdi bize.

İmtihanlar konusu geçtiğinde hep rutin bir cevap verilir. Allah imtihan ediyor. Bakalım kulum ne yapacak diyor.

Allah kulunu dener elbette: "Ve biliniz ki; çocuklarınız ve mallarınız, sizin için sadece bir fitnedir (imtihandır). Ve Allah ki; O'nun katında (muhakkak) azim bir mükâfat vardır." (Enfal 28)

Fitne kelimesi Arapçada F-T-N fiil kökünden türetilmiş bir kelimedir. Madeni ateşlerde eritmek, aklını çelmek, ahlakını bozmak, insanı fikrinden döndürmeye çalışmak gibi anlamlar taşır. Hatta akıl çelen manasındaki "fettan" kelimesi bu anlamdan doğar.

Kuran'da ise pek çok anlamda kullanılmıştır. Seyyid Şerif Cürcani gibi bazı âlimler, fitne kelimesini "gerçek altını hilelisinden ayırt etmek için ateşe tutmak" anlamından yola çıkarak insanın iyi veya kötüye olan meylinin ortaya çıkmasına vesile olan şey" diye tarif etmişlerdir.

İşte aslında fitne ya da imtihan diye mealen bu kelime, fitnenin olumlu yanına da dikkat çekiyor. Nitekim Kuran'da birçok ayette imtihan anlamında kullanılmış olması da bunu ifade eder.

Fitne, eskiden sarrafların altın cevherini bakırdan ayırmak için yaktıkları harlı, kuvvetli, kor ateşe verilen addır...

Biz farkına varmasak da karşılaştığımız olaylarda kendi içimizdeki kötülüklerden arınmak için fırsatlar yatar.

Yanmadan pişmiyor insan, ham kalıyor. Acı çekmeden olgunlaşmıyor. Düşünmüyor sorgulamıyor. Ama her anın şükredilmesi gereken bir lütuf olduğunu bu yanmalar sayesinde anlıyor. Acıyla yönelirken artık şükürle, hamdla yöneliyor Allah'a. Çünkü ona bahşedilen her AN'ı bir lütuf, bunu fark ediyor.

İmtihanlar Allah içindir. Allah kulunu deniyor denir. Elbette doğrudur, hangi kulunun ne yapacağını görmek ister ama bunun yanında Allah kulunu yine kulu için denemekte, temizlemekte ve bir sonraki hayatı için de hazırlamaktadır, o kadar merhametli ki...

Hani diyorlar ya, "Allah diyor ki, bakalım kulum ne yapacak..." Her şeyi bilen, dünün bugünün yarının sahibi, evvel ve ahir olan Allah kulunun ne yapacağını bilmez mi?

Elbette ki bilir güzel Allah'ım. O zaten zamansızlıkta AN'da ne yapacağımızı biliyor. Asıl mesele BİZLER İÇİN'dir! Çünkü bizler neyi neden seçtiğimizi görmek için buradayız. Bir sınava giren hemen her çocuk çalıştığını düşünür ama sınav sonuçları kendilerinin durumuna KENDİLERİNİN şahit olmasını sağlar... Yoksa öğretmen her zaman kendi öğrencisinin kapasitesini bilir, kapasitesini bilmeyen öğrencidir... Allah bu fitneler ve imtihanlarla bizi kendimize gösteriyor. Şöyle bir etrafınıza baksanıza her birimiz kendimizi dokunulmaz, prens ya da prenses sanıyor... Kim kendini tanıyor? İşte Allah tüm bu imtihanlarla bizi kendi nefsimize şahit tutuyor. "Asla yapmam" dediklerimizi, yargılamalarımız daha net olarak bu olağanüstü güçler verilmiş varlığımızı "kilitleyen" her tür kilidimizi "açmak" için bize olayları ve kendimizle yüzleşmelerimizi vesile kılıyor... Biz beden kilidimizi, nefsi kilitlerimizi, FATİH(A) olan, "açan" olmak suretiyle hakikatimize varmak üzere buradayız. Kendi fethimiz için buradayız...

"Hayır, insan kendi nefsine basirdir. Şahittir, değerlendiricidir, tanıktır." (Kıyamet 14)

O bizi bizden arıtıyor. Sadece altınlığımız kalsın diye. Bakırımız erisin aksın diye. Saf kul olalım diye. Tertemiz ve kıymetli. Hastalıklar derler mesela, günahları döker. İşte Allah sevdiği kullarını "burada", "dünyadayken" temizlemek ister çünkü bir sonraki hayatımız olan ahirette bu temizlenme çok daha çetin olacaktır.

Acı çekiyoruz diye görmeyin, Allah bizi koruyor... Bu yüzden temizliyor.

FURKAN

Kâinattaki farklılıklar "furkan" kavramıyla ifade edilir. Furkan[33] FRK (fark) kelimesiyle aynı kökten gelir. Kâinatta var edilmiş varlıklar arasındaki fark ve çeşitliliği oluşturansa isimlerin manalarının farklı bileşkelerde zuhura, açığa çıkmasıdır.

Hepimiz Allah'ın isimleri ve sıfatlarının manalarıyla donatılmış durumdayız ve bu yüzden tasavvufta Rabbül Erbab diye ifade edilen Allah hepimizin Rabb'idir, O Rab'lerin Rabb'idir. Rabbi Has ise, her birimizde Allah'ın aynı isim ve sıfatlarının manalarının farklı ağırlıklarda tezahür etmesinden kaynaklanan esma (isim) terkibimizdir.

Esma Terkibi

Yani senin Rabbinle benim Rabbim aynıdır elbette, ancak Allah'ın sendeki isim ve sıfatlarının manalarının varlık bul-

33 Furkan: Aslında fark ve tefrik etmek, yani ayırmak, ayırt etmek manalarından mastardır. Genellikle "fark" aklen bilinen şeylerde; tefrik, hissen bilinen şeylerde kullanılır. Sonra "furkan" farık (ayıran), "mefruk" (ayrılmış) manasına da gelir; bu suretle mühim davaları çözüp neticeye bağlayan kesin delillere, mucizelere "furkan" denilir. Bu manaya göre Kuran'ın bir ismi de el-Furkan'dır. (Elmalılı Hamdi Yazır.)

ma şekli bir diğer insandakinden daha farklıdır. İşte o varlık bulan Allah'ın isim ve sıfatlarının manasıdır yine kâinattaki her şeyde olduğu gibi, ancak o isimlerin bir kısmı her birimizde daha yoğun veya daha azdır. Buna tasavvufta "esma terkibi" denir ve senin nefsini oluşturan bu terkip anlaşılmadan, eksiklik ve yeteneklerimizi de keşfetmemiz zordur.

Şöyle örnek verilebilir:

Allah dostlarından Abdülkadir Geylani vardır. O pek çok kerametiyle, yardıma ihtiyacımız olduğunda bizlere yardım etmesine Allah'ın izin verdiklerinden biridir.

Adına dikkat ettiniz mi? ABDÜL-KADİR...

Abd kul demek, Kadir ise kadir...

Yani Allah'ın KADİR isminin kulu demektir ismi. Hepimiz gibi Allah'ın kuludur elbette o, ancak, Ene'l Hakk mevzuunda kısaca değindiğimiz gibi, varlığını oluşturan Allah isimlerinin yoğunluğunda Kadir ismi, ön plana çıkmış olan bir Allah dostudur...

Demek ki O'nda KADİR isminin ağırlığı o kadar yoğun ki, muktedir olduğu şeyler Allah'ın ona Kadir ismiyle tecelli etmesi yüzündendir.

Mesela, Allah'ın velisi (dostu) dediğimiz kişiler kimdir?

Allah'ın Esma'ül Hüsna'sında bulunan el-VELİ ismi manası kendisinde açığa çıkan Allah kulları... yani Allah'ın el-Veli ismi manası o kişinin varlığında açığa çıkıyor.

İşte her kişinin "Esma karışımı" bir diğerinden farklı olduğu ve Allah'ın tüm zıt isimlerinin her bir insanda farklı farklı oranlarda açığa çıkması sonucu, farklı karakterler oluşturmasından oluşur insan nefsi.

Yani aslı Rab terkibidir.

Bu yüzden "Rabbül Erbab" Rablerin Rabbi yani hepimizin Rabbi, Rabbi Has ise her birimizin esması ve esma karışımını ifade eden kendimize has Rabb'imizdir.

Peygamberimizin veya Hz. Ali'nin bu sözü işte bu anlamda nefsimizin bu ağırlık veya eksikliklere göre zaaf ve becerilerini tanımamamız açısından çok önemlidir.

Bu konunun anlaşılması çok mühim aksi halde kişi kendi kişilik profilinde zaaf ve istidatlarını doğru tespit edemez ve bunu doğru yönlendiremez.

Nefsindeki bu Rabbi tecelli sonuç itibariyle Rabb'in zuhuru olduğun için, istediğin şeyin hemen olmasını ister. Hatta az önce de belirttiğimiz gibi psikolojide de bilinir ki bilinçaltı istediğinin hemen olmasını ister. İşte temel sebep de budur.

RAB istediğinin hemen olmasını ister, iyi ve kötü ayrımı yoktur, çünkü Allah ismi altında hep tam karşısında aynı dengede bir isim olduğu için olan her şey HAYIR'dır.

Bunu şöyle düşünelim:

Bedenimiz için tahlil yapıyoruz. Kanımızdaki demir düşmüş, potasyum artmış, magnezyum eksikliğinden vitamin alıyoruz vs. deriz, değil mi?

Evet, işte bu her birimizdeki bedensel tahlillerimizde, neyimiz limitin altında neyimiz üstünde onu bilip "bedensel sağlığımıza" kavuşmamız için gereken bir tespittir değil mi?

İşte bu durumun aynısını ruhsal bedeniniz için de düşünün. Aslında konu göründüğü kadar karışık değil ve bu konuyu çözmeden doğru yolda devam etmek gerçekten mümkün mü bilemiyorum.

Tıpkı bir doktora gidip tahlillerimizi yaptırıp onun vereceği reçeteyle sağlık bulmak ve gereken bedensel takviyeleri yapmak suretiyle bedensel sağlığa kavuşacağımız gibi, ruhumuzun doktoru olan mürşit (ruhu irşat eden, yani olgunluğa ulaştıran) tasviri de ruhsal varoluş ve hakikatimizi kazanmak için gereken bir yol göstericidir, kılavuzdur.

Allah'a varıp da eren, Allah'a ermiş olanlar, Allah'a varma yolundan kendileri geçtikleri için o yolu, detaylarını, karşılaşılacak tehlikeleri, incelikleri bilirler ki, o yolda yürümeyi murat ve irade eden müritlere yol gösterebilsinler. Çünkü bu yol, Sırat-ı Müstakim denen istikamet üzere olan yol ve kaybolması kolay bir yoldur.

Kuran'da her birkaç ayetten birinde "sebil, sıret, sünen" gibi terimler kullanılır, "yol ve yolculuk" anlamlarındaki bu terimler bize bu dünyada aslında sadece misafir olduğumuzu ve varmamız gereken hedefin Allah olduğunu gösterir.

Bizler Allah'a şükür etmenin sadece sözle ve güzel hareketlerle, iyiliklerle olduğunu düşünürüz. Bu da doğrudur ama yine büyük bir büyük şükür bize Allah tarafından verilmiş isimlerin (esmaların) sıfatların manalarının hem bu saydıklarımız ve hem de ilmen idrak ettiklerimizle bizlerde açığa çıkması suretiyle varlık bulmasına araç olmaktır.

Bizler çoğunlukla "nefsim" derken bir yandan "Rabbim" dediğimizi kavramadan ve bizdeki isimlerin ağırlığına göre kontrol edemediğimiz davranışlar sergilerken kendi kurtuluşumuzdan uzaklaştığımızı bilmeyiz.

Nefsini terbiye etmenin en önemli yolu, sende hangi isimlerin manalarının hüküm sürdüğünü ve hangi isimlerin ağırlıklı ve az olduğunu teşhis edecek bir Allah dostundan yardım almaktır.

O size, sizdeki kontrol edemediğiniz zaaflar ve mustarip olduğunuz eksik niteliklerin hangi isimlerle dengeye ulaştırılacağını gösterecek ve sizde hüküm süren nefsinizi dengelenmek suretiyle sizin asıl hedef olan Allah ismine ulaşmanıza vesile olacaktır.

Kuran'da Peygamber kıssaları (hikâyeleri) adı altında anlatılan her şey bu amaç içindir.

Kuran'da 28 harf, 28 peygamber vardır. Her biri bu nefsi terbiye tırmanışında bizlere nelerle karşılaşacağımızı ve ne durumda nasıl davranmamız gerektiğini anlatır.

Terkibiyet kayıtlarını aşmadıkça, yöneldiğin şey, her kim veya ne olursa olsun senin ilahın ve Rabb'indir.

Örnek olarak zaafın kumarsa, bir aşksa yöneldiğin, bu senin Rabbin olur. Kısaca tutku halinde olan her şey Allah'ın sende oluşturduğu esma karışımı (terkibi) ile oluşur ve senin cehennemini meydana getirir.

İnfitar Suresi'nin 8. ayetinde bu durum şöyle açıklanmaktadır: "Dilediği surette (şekilde) seni terkip etti."

Renkler halihazırda vardır. Biz oturup sarı, mavi ve yeşili karıştırınca başka bir renk elde ederiz. Kırmızı, mor, siyahı karıştırınca farklı... Olan bir varlığın farklı birleşmişliklerinden başka bir şey değildir ortaya çıkan renk, yani kendine ait bir yapısı yoktur.

Kişideki bu terkip ruhunu oluşturur, o da onun benliğini.

İşte insanlardaki benlik, ruh yapısı arasındaki yegâne fark isim ve sıfatların manalarının farklı bileşimleri ve zuhurlarıdır.

Kişi fikirlerini uyguladığında nefsine dönük sonuçlar alıyorsa, kendi ruhunu ve varlığını müstakil bir beden, varlık sanır.

(Doğduğumuzda bu terkiple doğarız ve bu terkibin etkisi altında kişiliğimiz, benliğimiz oluşur. Bu ruh –enerji– terkip neticesiyle oluşmuştur ve müstakil bir ruh gibi görünse de Mutlak Ruh'tan –Kutsi Ruh– ayrı değildir. Ama Mutlak Ruh'un mertebesidir diyebiliriz.)

Nefsini bilen Rabb'ini bilir anlatımının bir diğer açılımı ise; kişinin hayat içinde örnek olarak hastalandığında, Allah'ın Şafi isminin manasına vâkıf olmaya başlayıp Allah'ın o isminin tecellisiyle sağlığına kavuşması, rızıklarla "Er-Rezzak" ismini anlaması; hayat içinde yaşadığı bollukta ve darlıkta tüm zıtlıklarda, olan bitenin Allah'ın farklı isimlerinin tecellisinin mazharı olduğunu anlamasıdır... Kısaca Rabbini bilmek Allah'ı isimleri yönüyle tanımak, O'nu bu mertebede bilmek anlamına gelir... Ancak unutmamalıdır ki Allah ismi Allah'a ait tecelli mertebelerinin tümünü kapsar yani esma mertebesiyle beraber sıfat ve zat mertebelerini de kapsar...

Ancak rububiyet mertebesine ait Rab ismindeki "Rabbi bilmekse" Allah'ı Esma mertebesi itibariyle bilmektir.

İşte her insanın kalbindeyse zatı ilahiden gelen (HU) isim (birkaç isim de olabilir) ki zaten temel amacımız o ismimize oradan da Allah ismine kavuşmamızdır.O ismi açığa çıkardığımız zaman bizdeki tüm kavimler yani isimler o ismin hükmü altına girer.. İnsan kendinde beden toprağına gömülü hazinesi olan esmasını anlayabilmek için 2 tür aynaya ihtiyaç duyar ki hakikatini tanıyabilesin, görebilesin. Bunun bir aynası şeytandır ki kişideki ismin zıddıyla tezahür eder. Örnek verirsek bir insanda hazzetmediğimiz bir huy o insanın bizdeki isme zıt olan isim tezahürüdür. Yani temelde biz hazzetmediğimiz şeyde zıt ismimizi görürüz. Öte yandan bir insan-ı kâmilde ise kendi ismimizin en kâmil ve mükemmel halini görürüz. İşte nefis dünyaya/şeytana ya da Rahmana dönmek suretiyle iki yönde yol alabilir. Nefsin ruha dönük yüzü eğer olgunlaşarak mertebelerini tırmanırsa temizlenmiş nefis mertebesine ulaşarak artık ortadan kalkar ve kişide sadece Hakk'ı, ruhu kalır.

Her bir anlatım göze alındığında temelde fark edilen şudur ki bizler nefsimizdeki olumsuzluklardan temizlenmek suretiyle kendi esmamıza varma yolunda olaylarla çevriliyizdir. Çünkü Allah ezeli ve ebedi öğretmenimiz olarak herkesten tecelli ederek bizi ezeldeki ismimize ulaştırmaktadır... Bu süreç bu dünyada daha kolay ve acısız olduğu için Allah bizi bu dünyadayken temizlemek ister ve bizden hiç vazgeçmez. Bizi eğitmek ve terbiye etmek için onlarca yüzlerce insan ve olay yaratır ve bize her an yardım eder. Oysa biz bu dünyaya bu amaçla geldiğimizin farkında bile değilizdir...

Kuran bize temelde başkalarını değil, bizi anlatmak ister. Biz daha kendi özümüzü bulmadan önce bize ne başkalarından... Ne yapmışlar bize? Önce doğru düşünüyor muyuz, yaşıyor musunuz onu bulmalıyız.

Önce biz kurtuluşu bulmalıyız ki başkalarına da hakiki ve sağlam bir kurtuluş eli uzatabilecek vesile olabilelim. Zaten kendini keşfeden kâinatı keşfeder... Kuran bize Allah'a yolculuk olan teslimiyet yani İslamiyet'in, doğuştan gelen ve nüfus cüzdanımızda yazan bir etiket değil, uzun bir yol ve idrak makamlarından oluşan bir öğreti olduğunu anlatır.

O yolda "benliğiniz" size karşı ayaklanır. Egolarımız âdeta bizim taklidimizi yapan iblisler gibidir... Kuran'da "kavim" ayaklanmalarını okuruz... Yüzlerce, binlerce yıllık hikâyeler olarak bakarız... Oysa o "kavimler" bizde hüküm süren hidayete yönelmemize zıt yönde hareket eden isimlerin manalarıdır... O ayaklananlar içinizdeki Allah esmasının hükmüne girmek istemeyen, sizi delalete sevk etmeye çalışan esmalardır.

İbnü'l Arabî Hazretleri, Allah ondan razı olsun, namaz anlatımında nefis bir ifade kullanıyor ve diyor ki biz namaza durduğumuzda kendi içimizdeki kavimlere ve etrafımızdaki meleklere de imamlık yaparız, namazlarını kılarken bize uyarlar...Kuran'da cemaat halinde namaz anlatımını ileride ilginç bir anlatımla inceleyeceğiz ancak bu konu altında değinmeliyim ki "cemaat" yalnız "dışarıdaki halkı" kastetmez... Her şeyi dışarıda aramaktan vazgeçelim... İçimize dönmeden dışarıyı tanıyamayız... İlk cemaat içimizdeki kavimleri, isimleri ve manaları, aklımızı, kalbimizi, düşüncelerimizi SAF haline getirmek (cemaat halinde namaz kılarken safları sıklaştırmamız aksi halde aramıza şeytanın gireceği söylenir, burada namaza durduğumuzdaki duygu ve düşüncelerin arasına "şeytan" girmemesi de derindeki anlatımlardan biridir) içimizdeki kavimleri BİR haline getirerek Allah huzurunda namaza durmaktır... Allah'ın güzel isimlerinden Celal gibi, Mütekebbir gibi, Cebbar gibi isimler de vardır. Bu isimler kötü değildir yanlış anlaşılmasın. Allah'ın bütün isimleri Hüsna yani "pek çok ya da en güzel" olarak nitelendirilmiştir... Fark isimlerin kişideki tecellisinde kişinin niyetine göre ne yönde, ne niyetle faaliyette olduklarıyla ilintilidir ve tahrip edici bir niyete bağlı olarak isimler kuvveleriyle tahrip edici olabilir. "Dua müminin silahıdır" sözündeki anlatım buna çok uygundur, âdeta birer silah gibi, isimlerin manaları güçleriyle sizin niyetiniz yönünde kuvvetlerini ve faaliyetlerini gösterirler...

İşte burada akıl ve iman devreye girer. Ve benliğinizde, nefsinizde ayaklanmaya çalışan kavimleri İslamiyet'e yani teslimiyete ve Sırat-ı Müstakim denilen doğru yola davet eder.

Sizin bedeniniz Allah'ın isimlerinin manası için bir mekândır. Sizdeki varlık Allah'ın varlığından başka bir şey değildir. Tek fark şudur, sizde bütün isimlerin dengede olduğu ve kapsandığı (İsmi Cami de denen) Allah ismi değil de, diğer isimlerden daha yoğun ve baskın olduğu için Celal ismi hüküm sürmektedir. Celal'in dengelenmesi için zıddı olan dengeleyici ismin o ismin zikri aracılığıyla ruhsal bedeninizde faaliyetinin artırılması izlenen bir yoldur... (Örn. "Şu kadar Cemal ve şu kadar Allah'ın ismini zikret" der mesela sizin mürşidiniz.)

İşte içinizdeki ayaklanmaları bastıran da isimlerin dengede olmasıdır. Kuran'da tavsiye edilen "orta yol", "ne ifrat ne tefrit" anlatımının açılımlarından biri budur.

Bir yılanın zehri bizi öldürebilecekken, aynı yılanın zehrinden bize hayat verecek olan panzehir, yine zehirden yapılan şey değil midir?

Aynıdır. Aradaki fark ise ÖLÇÜ'dür...

Allah'ın Kahhar ismi vardır. Biz bizde de var olan bu ismi kötülük yapmak için kullanırsak kahredici oluruz, oysaki içimizdeki kötülükleri kahretmek için kullanırsak insan olma yoluna gireriz.

İşte bunun gibi, aslında Allah'ın kötü bir ismi yoktur. Onların hepsi güzeldir. Mesele ona bizim ne niyetle yöneldiğimiz, bedenimizi ve varlığımızı o ismin nasıl tezahürü için vasıta ettiğimizle ilgilidir.

İslam dini niyete bakar. İmtihan denilen konu da burada yatar... "Ellezine iza esabethum musibetun, kalu İnna lilla-Hi ve İnna İleyhi Raciun..." (Bakara 156)

Bu ayet bu konuyu âdeta özetler... Cenazelerde tabut üstüne yazılır bu ayet. Meallerde nasıl geçiyor yazıyorum:

"O sabredenler, kendilerine bir bela geldiği zaman, biz Allah'ın kullarıyız ve biz O'na döneceğiz derler."

Elbette ki mealler de kısmen açıklayıcı olabilir ama Kuran kadar katman katman mana giyinmiş bir kutsal kitapta mealler aracılığıyla yine de "özde" almamız gereken anlamlara ulaştığımız söylenemez... Burada Arapça kelime kökleri ve Allah dostlarının kitaplarından aldığım bilgiyle yazıyorum şimdi:

Onlar kendilerine bir musibet (hoşlanmadıkları bir olay, bela) isabet ettiğinde derler ki: "Muhakkak ki biz Allah içiniz (yani Allah'ın isim ve sıfatlarının manalarının bizde zuhura gelmesi için) ve O'na döndürüleceğiz!"

İbnü'l Arabî Hazretleri'nin, bu ayeti sufilerin başlarına bir sıkıntı geldiğinde zikrettiklerini ifade ettiğini ve o belanın bir süre sonra üzerlerinden kaldırılabileceğine ilişkin bir ifadesini okumuştum. Allahüalem. Her şeyi Allah bilir.

Ama asıl mesele şu ki, meallerde genellikle verilmeyen, belki de o kısa anlatım içinde verilemeyecek olmasından mı bilemiyorum, özdeki anlayış maalesef bizi mealle sınırlı bir İslamiyet'in gerçek yerini bulamayacağına götürüyor.

Sadece mealle bir şeyler okuyup İslamiyet'i anlamaya çalışmak ve yermek gerçekten çok yanlış olur.

Her bir ayet onlarca anlam taşırken bu gerçekten haksız yargılama dışında bir şey değil. Peki bu yargılamamız kime zarar verir? Tabii ki yine bize zarar verir. Çünkü hem dünya hem ahiret hayatının kolaylaşmasını sağlayan bu muhteşem kitap, bizim gözümüzün önünde olmasına rağmen göremediğimiz en büyük hazinemizdir.

Biz Allah içiniz. Her varlık Allah'ın isimlerinin farklı ağırlıklarla açığa çıkmış halinden başka bir şey değildir.

İsimlerin manaları bir beden bulmuştur, buna Kuran zaman zaman dünya ya da şehir der. "O şehirdeki" vb. gibi derken, o bizim benliğimizde kendi hükümdarlıklarını kurmak isteyen isimleri de kastetmektedir. O isimler zıtlarıyla her birini dengeleyen zıt isimlerle aynı nispette buluşmazsa, zatındaki gibi bir ahlakla yansıtılmazsa sizin firavununuz olurlar.

Firavun yüzlerce yıl önce yaşamış, bana ne firavundan demeyin. Firavun ne demek biliyor muyuz?

İslam âlimlerine göre FİRAVUN = KİBİR ve GURUR anlamına gelen "fer'ane" ya da "tefar'ane" kelimesinden gelir. Çoğulu da FERAİNE'dir. Kelimenin bu anlamı nedeniyle de kibirlenen, zulüm işleyen kişileri anlatmak için "tefer'ane'r reculu" denir. Bunlar dışında bu kelime "saptıran, başkalarını bozan, zarara uğratan" anlamında yaygın olarak kullanılır.

Firavunlar halkına Rab olduğunu kabul ettirmek ister. Evet bizde baskın esmalar arasında da bu vardır demek ki. Ve bakın neden İslamiyet, Allah'a ulaşmaktır...

Çünkü tüm isimlerin dengede olduğu ve tüm isimleri kapsayan esma "Allah" esmasıdır. Tarikatlarda bu esma bolca zikrettirilir ve insanı ruhen yükseltir. Ama kişinin ruhunun esma terkibini (karışımını) bilmeden ona zikretmesi için verilen esmalar, kişide halihazırda baskın bir isimse, nefsini o ismin yönünde daha da ağır baskı altına alır. Bu sağ kol kasını şişirip sol kol kasının çok zayıf kalması sonucu oluşan dengesizlik gibi bir şey olur.

İşte sonuç itibariyle bağımsız ve kayıtsız bir akıl için önce kendi cüzi aklımızı (parçalı/sübjektif aklımızı) oluşturan "nefsimizin" kaydından çıkmak ve "Allah'ın aklıyla akıllanmaya" çabalamak gerekir.

Allah'ın ahlakıyla ahlaklanmaya çalışmak ve Allah'ın aklıyla akıllanmaya çalışmak kendi izafi varlığımızı Allah'la aramızdan çıkarmamızla olur.

Nefis perdeni aradan kaldırırsan sadece ruhun kalır... O zaman Allah'ın nuru sana direkt tecelli eder. Unutma her perde insanı güneşten mahrum eder...

Nefis dişidir, der Cemalnur hocamız, hevaya işaretle olsa gerek. Her Âdem Havva'sıyla (hepimizin eşlerimizle yaratılmasının bir açılımı) yani her ruh nefsiyle beraber halk edilir... Ne zaman ki insan heva ve hevesini (yani Havva'sını) Âdem'e, yani Allah tecellisine (ruha) ulaştırır, dişi olarak nitelendirilen nefis öyle güzelleşir ki HURİ olur. Huri, yani nefsin en güzel hali...

Nefsin "nefese" ulaşırsa harika anlamındaki "nefis" olur..

Çekil aradan, kalsın Yaradan... O zaman yağar rahmet Sema'dan...

BİR ANNEDEN DOĞAN ÇOCUKLAR

"Hayat yoklama alır...
Hem de en çok kaçtığın dersten..."
– Deniz Erten

Vaveyla

VAV'da kalmalı insan...

Ve Allah diyor ki: "Yaratılmış her şey benim ailemdir, benim ailemi memnun et ki ben de senden memnun olayım..." Medine'deydik. Ezan okunmuş namaz vakti olmuştu.

Mescid-i Nebevi'deydik (Peygamber'e ait mescit), yerimizden doğrulduk ve hazırlanmaya başladık.

O sırada koşturarak kucağında bebeğiyle bir Arap kızı geldi bizim olduğumuz bölüme. Namaz kılacak yer arıyordu kalabalığın içinde. Hemen ona işaret edip yer açtık. Usulca bebeğiyle yanımıza sokuldu.

Ezanı bekledik ve ezan bitince namaza durduk.

O da uyuyan bebeğini yavaşça seccadeye bıraktı ve bizimle namaza durdu.

O ana dek çıt çıkarmadan melekler gibi uyuyan bebeği, annesinin kucağından yere bırakıldığını hissedince, âdeta nefessiz kalmış gibi birdenbire ağlamaya başladı. Sanki ne olduğunu tam olarak bilmese de, o an hissettiği annesinden kopma hissiyle acıyla vaveyla (feryat) ediyordu.

İlk kez böyle bir şeyle karşılaşmıştık.

Namaz içindeydik ve Allah'ın huzurunda olduğumuzu unutmamak için hemen bilincimizi toparladık.

Namazımız bittikten sonra Arap kızı bebeğini yerden aldı. İşte o anda, birdenbire, bebek ağlamayı kesti. Annesinin yüreğine, kucağına, kokusuna geri dönünce tekrar o eski meleksi haline döndü ve sustu.

Artık biz ağlamaya başlamıştık.

Çünkü anlamıştık...

Biz de anne kucağından yere bırakılmış o bebek gibiydik. Allah'ın merhamet ve sevgisinden kopmuş, yere bırakılmıştık. Belki de peygamberimizin "Bana koku sevdirildi" demesindeki sebeplerden biri de buydu. Anne kokusu cennet kokusu bizi acımızdan huzura kavuşturan tek şeydi. Ve annemizin kucağı.

O gün ilk kez düşündüm "Benim bütün endişem, üzüntüm ve kederim, benden sonra geride bıraktığım ümmetimdir" diyen peygamber efendimizi...

Ve Miraç'ta bile "Ümmetim... ümmetim..." diye bizleri düşünüp ağladığını...

Bunları düşündüğüm bir gün ÜMMET ne demek acaba, dedim kendime. Binlerce kez duymama rağmen, bildiğimi düşünmeme rağmen, tam anlamını aslında bilmediğim binlerce kelime ve kavramdan biriydi. Hemen anlamına baktım.

Ve o an yanarcasına acıyan kalbimden gözlerime ıslak bir ateş düştü.

ÜMMET ne demekti biliyor musunuz? Bir anneden doğan çocuklar.

"Her şey insanoğluna feda iken insanoğlu ise kendine cefa olmuştur." (Şems-i Tebrizi)

Yarım bir resim olarak geldik bu dünyaya. Diğer yarımız, özümüz, yani ikizimiz perde arkasında. Belki de bilimin ispatladığı gibi, insanlar bu yüzden gözleriyle baktıklarında karşılarında gördüklerini sandıkları insanın bütün resmini göremiyorlar. Ve bunu beynimiz tamamlıyor.

İşte her birimiz yarım geldik bu dünyaya. Tamamlanmak için. Ve perde arkasında kalan aslımıza, özümüze, hakikatimize kavuşmak için. Karşımıza çıkan her olay acı ya da tatlı diye değerlendirsek de, temelde bizim yarım kalan resmimizin eksiklerini tamamlamak için bir fırsattı meğerse.

Allah'ın isimlerinin manalarını taşıyoruz her birimiz. Kimimizde bazı manalar az kimimizde çok... Karşılaştığımız her olay o isim ve manaların bizdeki olgunluğa kavuşması, eksik olanlarının da tamamlanması için bir fırsat.

Biz bazı olayları ve insanları kabul etmeyiz, edemeyiz. "Böyle de insan mı olur?" deriz. Oysaki onlar da aynı bizim gibi, Allah'ın isim ve manalarını taşırlar. Aynı isimleri farklı bir ağırlıkla taşır. O yüzden yabancı sanırız, onu bizden "başka" sanırız. Onlar da bizi kendinden "başka" sanırlar aynı anda. Ne ironi...

Oysaki her insan her olay bize ait bir parçadır, çünkü gördüğümüz her varlık sadece Allah'ın isimlerinin yansımasıdır. Tasavvufta bu hayatın bir ayna olduğu anlatılır. Aslında her insan bize kendimizi aksettirir, bize kendimizi anlatır. Ve biz o manaları reddettikçe o isimler bizim karşımıza aynı mana ve muhtevayı taşıyan yeni, farklı insanlar ve olaylar şekline bürünerek çıkmaya devam eder defalarca. Ta ki bizdeki varlıklarını kabul ettirinceye kadar peşimizi bırakmazlar.

Aynı, bir dersten bütünlemeye kaldığında, o dersi veremediğin müddetçe bir üst sınıfa, kademeye geçemeyeceğin gibi. Her defasında dersine giren öğretmen değişse de, o konunun temelini anlamadan ve o dersin sınavını geçmeden bir üst kademeye geçemezsin. Ve insan idraki merdiven gibidir. Her yeni tırmanışta eski halinden arınır ve olman gerekene doğru yükselirsin. İşte kelime anlamı "Merdiven" olan Miraç (uruç kelimesi aynı kökten) idrakte yükselmeyi ifade eder. Kim ki kendi ruhundaki merdivenleri tırmanır o Allah'a yaklaşır ve kâinatı aynı oranda tanır.

Etrafımızda gördüğümüz her şeye Allah'ın bir tecelli ve manasını taşıyan bir beden gözüyle baktığımızda, etrafımızda gördüğümüz eşimiz, kayınvalidemiz, evladımız, patronumuz, her kim olursa olsun, onları diplomamızı almamıza yardımcı olan öğretmenler, terbiye ediciler gibi görmeye başlarız. Bu dünyaya gelmemizdeki amacımız olan "kemalatımıza" ulaşmamız, eksik parçalarımızın tamamlanması için yine Allah tarafından seçilmiş vasıtalar.

Etrafınıza bir bakın. Hayatınızda tekrar eden sıkıntılara bir bakın. Farklı isimlerle de olsa hayatınızda hep aynı şeyi yaşatan insanlara bir bakın. Onlar sadece bizim terbiye edicilerimiz.

Bir insanın parasal sıkıntıları hiç bitmiyorsa paraya, mala mülke zaafı, olması gerekenden fazladır büyük ihtimalle. Evladıyla sıkıntısı hiç bitmiyorsa, evladına tapma derecesinde düşkün olma ihtimalindendir.

Eşiyle bitmiyorsa, sevgide ya da sahiplenme egosunda aşırı gitmiş olma ihtimali çok yüksektir.

Hepimiz zaaf veya eksikliklerimizin olduğu yerlerden törpüleniriz. Yunus'un 40 yıl boyunca eğri odunları değil de, düz odunları toplaması gibi. Odun dediği nefistir. Nefsin eğrilerini alınca öyle güzel yontulmuştur ki içinde gizlenen sanat eseri açığa çıkmıştır. Taptuk Emre'nin yanında eğitilmiştir. "Taptuk", "razı" demektir. Razı olmak nasıl bir eğitimden geliyor görüyor musunuz?

Allah'ın isim ve manaları bedenlere bürünür ve bize O'nun yolladığı eğitimi verir.

Teşbihte hata olmaz şöyle düşünün: Hayatımızdaki herkes, yurtdışına gönderildiğimiz okulda anne babamızın manasını taşıyan ve bizim için seçtiği öğretmenler gibidir. Her birimiz farklı yetenek ve becerilerle farklı okullara gider ve farklı dersler alırız. Farklı eğitimler veren öğretmenlerimiz vardır.

Her birimiz bu okula gelirken belli amaçlara ulaşma yolunda dersler alırız ve o yetenek ve amaçlarımızı kemalata erdirmek suretiyle bir diploma peşinde gideriz.

İşte hayat okulu da böyle bir şey değil mi? Yuvamız Allah'ın yanıyken dünyaya gönderildik ve bunu da istedik. Amacımızı tamamlayıp, olgunluğumuza erip, eksiklerimizden arınıp, geldiğimiz yere en güzel şekilde geri dönmemizdi amaç.

Geldiğimiz yere dönerken bize, biz fark etmeden verdikleri sıkıntılarla bile öğretmen olmuş herkese bu yüzden müteşekkir olmalıyız aslında. Çünkü buradan giderken o eksik resimle gidersek, er geç bir yerde tamamlanmak zorunda kalacağız. Ve bu tamamlanma süreci burada düşündüğümüzden çok daha acılı olacak.

Çok daha acılı olacak çünkü bu dünyada algılarımız "sınırlandırılmıştır". Sesleri, cisimleri, tatları hep belli bir ölçüde hissetmemize izin verilmiş imtihanımız gereği, aksi halde zaten inkâra düşmezdik. Burada hissettiğimiz acı kısıtlı algılamalarımız nedeniyle minimumdadır. Keza güzellikler de öyle.

Ama diğer âleme geçince bütün algılarımız gerçek boyutlarına ulaşacak. O zaman yangınlarımızın veya mutluluklarımızın, haz ve acılarında kısıtlanma kalkacaktır. İçim her yandığında düşünürüm bunu. Oradaki iç yangınını düşünün, nasıl bir şey...

Yine bu yüzden derler ya, "Hastalandın mı? Şükret günahlarını döküyor Allah. Seni bu dünyadayken temizliyor. Demek seni ne kadar seviyor ki günahlarını bu dünyadayken döküyor ve seni temizliyor. Öbür dünyaya bırakmıyor..."

Allah dostları "Allah'ım bugün bana sıkıntı vermedin. Yoksa beni sevmiyor musun?" dermiş. Allah'a dost olmuşlar, sıkıntının aslında kemalat vesilesi olduğunu da biliyor çünkü...

Allah bize İNSAN demiş.

İNS-AN... AN'daki ins...

Ya sin demiş. Yani "Ey insan!" Neden?

İNSAN bir anlamıyla "ünsiyet, yakınlık" demektir. Allah'a diğer tüm varlıklardan daha üstün bir yakınlık kuran, anlamında. Ne güzel...

Ama İNSAN diğer anlamıyla ise "unutan" demektir. Neden? Bizler Allah'tan kopup da "aşağıda olan" anlamına gelen Dünya'ya gönderildiğimizde, insan kelimesinin iki açılımdan biri olmayı seçtik.

Ve eğer "Allah'a yakınlık kuran" yerine "unutan" olmayı seçtiysek; o zaman "hatırlatılmadan" ve eksiklerimiz tamamlanmadan özümüze tekrar dönemeyeceğimizi de kabul etmişiz demektir.

Allah kıyamete kadar gelecek tüm insanların ruhlarıyla anlaşma yaptı. SÖZ verdik hepimiz.

Ve Allah elest bezminde sordu: "Ben sizin Rabbiniz değil miyim?" (ELEST: Ben değil miyim, BEZM: Farsçada "Sohbet Meclisi".)

Ve biz de cevap verdik. "Evet, sen bizim Rabbimizsin."

Ama sonra kendimize ve başkalarına, başka şeylere Rabbimiz gibi davrandık. Bizdeki ve var olan her şeydeki varlığın sadece O'nun varlığı olduğunu ve verdiğimiz SÖZÜ unuttuk, çiğnedik.

Kendisine hiçbir canlının yüklenmeye cesaret edemediği "emanet" verilmiş olan insan, ne emaneti hatırladı ne de sözünü.

Kalu bela, insanların, yüce Allah'ın birliğini ikrar, Rabliğini tasdik ettikleri vakittir. Elest bezmi, bu anlaşmanın yapıldığı toplantıdır. Anlatımlarda Allah'ın kıyamete kadar gelecek tüm insan ve ruhları ve zürriyetleriyle bir ahitleşme yaptığı anlatılır ve bu Kuran'da şöyle ifade edilir: "Ey resulüm! Onlara o vakti hatırlat, hani Rabbin,

âdemoğullarından, bellerinden zürriyetlerini çıkardı, onları kendi nefislerine şahit tutarak: Ben sizin Rabbiniz değil miyim? dedi. Onlar da: Evet, sen bizim Rabbimizsin dediler. (Onlarla birlikte biz ve meleklerimiz buna) şahitlik ettik ki, kıyamet günü: Biz bundan gafildik, haberimiz yoktu demeyesiniz. Yahut, bizden önce babalarımız Allah'a ortak koştu, biz de onlardan sonra gelen bir nesildik; onların izinden gittik. Batıla dalanların yüzünden bizi helak mi edeceksin şeklinde küfrünüze mazeret ileri sürmeyesiniz diye böyle yaptık." (Araf 172-173)

Oysaki insan o kadar kıymetlidir ki Allah katında, Allah'ın insana olan sevgisine tüm canlılar öyle gıpta eder ki, hepsi insana benzemek istediği için garip bir şekilde her bir canlı insana benzer... Etrafımızda gördüğümüz insanları, yaşadığımız olayları Allah'tan gayrı görürsek onları ve kendimizi "ilah" edinmiş oluruz. İşte la ilahedeki "ilahe" aslında bunu ifade eder. "İlah ve şey" anlamındadır daha ziyade.

Ve o zaman ezelde şahit olup, tekliğini kabul ettiğimiz, O'ndan başka bir şey olmadığına şahit olduğumuz ve "Eşhedü en la ilahe illallah" (Şahidim ki Allah'tan başka bir şey yoktur) dediğimiz Allah, "Allah'tan başka bir şey yoktur" şahadetimizi unuttuğumuz için, bize sözümüzü hatırlatmak üzere olaylar yaratır.

Allah bu soruyu birkaç kez sordu derler. Belki de her an her karşılaştığımız olayda bu soruyla yeniden muhatap oluyoruz. Gerçeği yalnız Allah bilir. Allahüalem...

Bir işimizin hallinde, "Ahmet yardım etseydi şimdi tayinim çıkmıştı..." "Kızıma iş lazım ne yapacağız, torpil bulabilir miyiz?" "Torpilim yok ki istediğim gibi bir işim olsun..." "Ne yapacağım ben hastalığıma bakacak doktor yokmuş..." dediğimizde Allah bize bu soruyu sormaya devam ediyordur aslında.

Umutsuzum diyorsun. Her şeyin bana ait olduğuna şahit olmuşken hem de.

Şahidim ki senden başka bir şey yoktur. O zaman? Tayini halletmesini istediğim Ahmet kim? O'nun aracı. Ben O'ndan isteyeceğime, O'nun bir kuluna bel bağladım.

Etrafım sadece O'nunla çevriliyken, kızıma işi kim verebilir? Herkes zaten O'nun gölgesiyken. Tabii ki O verir. Niye doğrudan O'ndan istemedim? Niye aklımdaki vesveselerden dolayı O'na güvenmedim? Niye yanıldım?

Şifa arıyorum, şifanın sahibi O. Şafi ismi bile O'nun. Ben nerede, kimden şifa dileniyorum, istemem gereken O iken?

Rabler edinmişim de haberim yok benim. Bir tek O varken unutmuşum, gayrısı var zannediyorum. O ise bana sormaya devam ediyor o esnada: "Yetmedi mi çektiklerin? Ben senin Rabbin değil miyim? Benden neden istemezsin? Bırak aracımı da ben seçeyim. Güven ve teslim ol!"

Unuturuz. O'nu yukarıda bir yere koymuşuz kafamızda, O'nunla kuşatıldığımızı unutmuşuz. Her yer ve her şey yalnızca O ve O'nun...

Ya da yargılarız, ama başkalarını!

Yargı... neden kötüdür? İnsanlar "yargılamayın, başınıza gelir" der ama bunu neden söyler tam olarak bilmez.

Yargılamak, bir konuda "hüküm" vermektir. Dolayısıyla o konunun "zıddına" kendini kapamaktır. Aynen kader kavramındaki kaza gibi. O da yargıdır, çünkü hükümdür. Gerçekleştikten sonra kaçış yoktur, yaşanacaktır ve kaderimiz olacaktır.

Oysaki Allah Tevvab isminin, Settar isminin, Gaffar isminin faaliyette olması için günah işlenmesine izin vermiştir.

Aksi halde isimlerinin faaliyeti olmazdı ve bu da dengesizliğe yol açardı. Oysaki zıtlıklarda denge vardır. İşte biz bir konuda "bu böyle" dediğimiz an evrensel mekanizmadaki mayınlardan birine basmış oluruz. Ve o mekanizmayı harekete geçirmiş oluruz. Kendimizi bir konunun var olan zıddına kapamak o konuya varlık veren Allah ismini inkâr etmek gibidir...

Allah'ın bütün isimleri bizde mevcuttur. Ve biz O'nun ne kadar çok ismini kendimizde faaliyete geçirebilirsek, onları nefsimiz değil Allah'ın rızası yönünde varlığımızda ortaya çıkarabilirsek, işte o kadar "unutan" değil, "yakın olan" anlamındaki "insan" olmaya başlarız...

Yargılamak, "yarmak" gibidir. Bizde var olan ama faaliyete geçirmediğimiz Allah isimleri âdeta göğsümüz, bedenimiz, beynimiz yarılmak suretiyle bize belli bir acıyla gelir ve bizden dışarı çıkmaya çalışır.

İşte bu yüzden yargılama yaptığımız konularda muhakkak yarılacağız. Ve bize bu kesik atılan, yarılan yer ister evladımız, ister sevdiğimiz, ister kendimiz kim olursa olsun, çok acı verecek.

Kendimizi şartlandırdık. Beynimizi bir hükümle kilitledik. Ve o olay veya şahıstaki Allah'ın ismini fark etmeden reddettik. İşte reddettiğimizi kendimiz yaşayıp da kabul edinceye kadar acıyı çağırdık fark etmeden, bilmeden.

Dışarıda gördüğümüz hiçbir şey Allah'tan bağımsız değildir. Bizse başımıza gelenlerin, herhangi bir durum veya kişiden kaynaklandığını sanırız, en büyük hatamız da budur.

İçimizde var olan manaları Allah yoluna yakışır şekilde dışarı çıkarmanın yolu, öncelikle onların hepsinin zıtlıklarıyla bizim içimizde de var olduğunu kabul etmekten geçer.

"Ne mutlu o kişiye ki, kendi ayıbını görür. Kim birinin ayıbını görürse, o ayıbı satın alır, o ayıbı kendinde bulur." (*Mesnevi*, II, 3034). "İnsanı öğrendim. Sonra insanların içinde iyiler ve kötüler olduğunu... Sonra da her insanın içinde iyilik ve kötülük bulunduğunu öğrendim." (Mevlânâ)

Hz. İsa'ya sorarlar:

"Allah'ın bana gazap etmemesi için ne yapmam gerekiyor?"

"Sen de kimseye gazap etme" yanıtını verir. İnsan ancak kendi hiç günah işlemediyse birini yargılama hakkı vardır, gibi bir anlama gelen "taşlama" hikâyesi (Mecdelli Meryem'in hikâyesi) nasıl da elimizi kolumuzu bağlar ve kendi günahkârlığımızı görmezden gelip bir başkasına söz etme hakkımızın olmadığını ve kendi acziyetimizi zarifçe, bilgece nasıl da yüzümüze vurur...

Kulun Allah ile ilişkisini nasıl görüyorum, biliyor musunuz? Bir annenin evladıyla olan ilişkisi gibi. Zaten Allah pek çok ayet ve hadiste bize olan sevgisini annelerimizin sevgisiyle kıyaslayarak anlatmıştır. Ve bizi ne kadar sevdiğini ve bize ne kadar merhamet ettiğini, şefkatini anlatmayı murat etmiştir. Bizler aslında Allah'a isyan etmiyoruz.

Annelerimize de isyan etmediğimiz gibi... Biz sadece varlığımızı ispat etmeye çalışıyoruz. Biz varız! Bir çocuğun aynı anne babasına "Ben de varım! Ben de varım!" diye varlığını ispat etmeye çalışması gibi.

"Ben de varım!" diye kendi varlığını ispat etme, kabul ettirme ve taltif etme çabası, cehaletimizden başka bir şey değildir. İşte bizler Allah'a âdeta anne babamıza yaptığımız bir tür kendi varlığını kabul ettirme çabası gibi, "Ben de buradayım!" demeye çalışıyoruz.

Bir anne rahmindeki bebeğe, tam 120 gün sonra ruhu üflenir der hadis. 120 gün boyunca o bebek annesinin ruhunda yaşar ve annesinin "ruhunu paylaşır". Bu yüzden yıllarca annesini anlamadığını düşünse de, yıllar ilerledikçe annesine benzemeye başlar. İşte bunun sebebi de bu olmalı; paylaşılan ruhlar.

Sonra ruhu annesinin ruhundan aldıklarıyla da oluşan bebek, kendi ruhuyla varlık âlemine çıkar.

Allah da kendi isimleriyle donattığı kulunun kendine benzemesini murat eder. Buna da tasavvufta "Allah'ın ahlakıyla ahlaklanmak" denir. Ben bunu hep, anne babaların çocukları kendilerine benzediğinde duyduğu mutluluğa benzetirim.

Hac görevinde ihrama girmek vardır. Bu sadece şekli bir tören ya da bir kıyafet değil, bir anlayışı giyinmektir temelde. İhramdayken Allah'ın hiçbir kuluna zarar veremezsin, bir böceğe bile. Çünkü Allah'ın ahlakıyla ahlaklanmış hissinde yaşarsın. İşte bu yüzden haram aylarda savaş yasaktır. İhram Allah'ın ahlakıyla donanmaktır ve bizden istenen sulh içinde yaşarken Allah'ın ahlakıyla ahlaklanmamızdır.

İşte her birimizdeki durum da bundan farklı değil. Hatta annemizle olan tensel göbek bağımız doğum sonrası kesilir ama Allah'la olan göbek bağımız hiç bitmez.[34] Nasıl mı? Allah da bize Kuran'da şöyle seslenir: "Allah'ın ipine sarıl."

Allah'ın ipi, insanı Allah'ın Rahim isminden, sanki anne rahminden gelmiş insan gibi, varlık âlemine çıkartır. Rahim isminin anlamlarını incelerken Allah'ın varlıkları açığa çıkardığı isminin "Rahim" olarak adlandırılması bir tesadüf olamaz diye düşünmüştüm. Hatta Rahim isminin manalarının en kapsamlı şekilde ortaya çıkacağı yerin cennet olacağını öğrendiğimde "Cennet anaların ayağının altındadır" sözünün aslında daha neler anlatmış olabileceğini hayret ve heyecanla düşünmeye daldım.

Belki de bu yüzden "anneli" şarkılar her birimizi bu kadar çok acıtır. Ne muhteşem bir güzellik. Ne muhteşem bir zekâ.

Bilimde artık varlıkların birbiriyle bağlantılı olduğu, her varlığın birbiriyle ve tek bir bilince "iplerle bağlantılı" olduğu (aslında her varlığın tek bir bilincin kendisine ait parçasını

---

34 Peygamberimizin ahirete göçü anında "ebherim koptu" dediği ifade edilir... Ebher "bahir" yani "en parlak, en aşikâr" anlamlarına gelmekte olup onun da bizi bu dünyaya bağlayan ve Bakara Suresi'nde de bahsedilen renk olan "altın sarısı" renkte olduğu söylenir.

ispatlama çabasını) kuantum mekaniğiyle ispatlanmış durumda.

Belki de o yüzden "VAV'da kalmalı insan" denir. VAV'ın şekline bir bakar mısınız; ana rahmindeki bir çocuk gibi...

İşte bu yüzden Mevlânâ Hazretleri'ni, Allah ondan razı olsun, yâd ederek yine diyorum ki... FİHİ MA FİH. "Onun içindeki içindedir."

Mesela birine kefil oldunuz. O ne yaptı? Kaçtı! Ve borç üstünüze kaldı. Oğlunuzun onca çalışıp didinip elde ettiği malına el konuldu. Kızınız işinden oldu, eşinizi dolandırıldı ya da arabanız çalındı.

Baktığımızda göremesek de, ailemizden, sevdiklerimizden birinin ya da bizim şahsımızın başına gelen maddi zararlar, biz bilmesek de aslında Allah'tan rahmettir.

Allah cana gelecek zararı merhametiyle mala yönlendirerek aslında kuluna rahmet gösterirken, biz kullar buradaki hikmet ve merhameti göremez ve sızlanırız.

Biliyorum biz büyük bir anlayış kargaşası içindeyiz. Hepimiz. Zaten "aldatma, biri iki gösterme, beğenmeme" görevi olan "şeytani benliğimiz" her an işbaşında ve Allah'ın bizi unuttuğunu düşünmemiz için bizi sürüklemekte.

Oysaki Allah kullarına merhametinden bahsederken çeşitli örneklerle merhametini anlatır. Mesela, Alak Suresi'nde anne rahminde bir çocuğun gelişiminden bahseder ve burada öyle ince anlamlar yatar ki.

Şu anda halihazırdaki dünyanın önde gelen fizikçileri, string teori diye bir teoriyi yıllar önce ispatlandı.

String teori aslında kuantumun da ta kendisidir. Ama burada benim dikkatimi çeken şu oldu:

String teoriye göre, hiçbir madde katı, sıvı veya gaz değildir. Maddelerin köküne indikçe atoma, oradan atom altı partiküllere ulaşılır. Ulaşılabilinen en son noktada ne katı, ne sıvı, ne de gaz olmayan, bir enerji formu halindeki stringler bulunur. Bütün evrenlerdeki her şey bu stringlerden oluşmuştur.

- String teoriye göre, stringler 11'inci boyutta hareket eden partiküllerdir.
- String teoriye göre, eğer 11'inci boyutu görebiliyor olsaydık, maddeleri ayrı değil sadece stringlerin birbiriyle etkileşimi olarak görürdük.

Evrendeki her şey "stringlerden" oluşmuştur ve enerjidir. Ve enteresan bir şekilde bir "iple" ana kaynağa ve birbirlerine bağlıdırlar.

Kuran'da aşağıdaki ayette belirtilen Allah'ın İpi (Hablullah) kavramı âdeta bu teoriyi anlatır. Rahman ve Rahim olan Allah'ın, çeşitli anlatımlarda da bahsettiği, teşbihte hata olmaz, bize olan sevgisini anne sevgisi benzetmesiyle ifade ettiği gibi, aslında O, her birimizi O'nun "rahminde" büyütüyor, besliyor ve koruyor. Yeter ki biz aslında dışarıda bizi aldatan "sanal görüntüler" ne olursa olsun, halen ve sonsuza dek o rahimde olduğumuzu unutmayalım ve o huzur ve mutlulukla yaşamaya devam edelim...

"Hep birlikte Allah'ın ipine sımsıkı sarılın. Parçalanıp ayrılmayın. Allah'ın üzerinizdeki nimetini düşünün. Hani siz birbirinize düşmanlar idiniz de, O, kalplerinizi birleştirmişti. İşte O'nun (bu) nimeti sayesinde kardeşler olmuştunuz. Yine siz, bir ateş çukurunun tam kenarında iken oradan da sizi O kurtarmıştı. İşte Allah size ayetlerini böyle apaçık bildiriyor ki, doğru yola eresiniz." (Âli İmran 103)

Ebu Said el-Hudri Hazretleri'nden rivayet edildiği üzere Allah Resulü (sav) şöyle söylemiştir:

"Gökten yeryüzüne indirilmiş olan Hablullah (Allah'ın İpi), Allah'ın kitabıdır."

Bir bebek dünyaya geldiğinde anne rahmindeki yaşama formundan ve beslenmeden "dünya yaşam formatına" naklolur ve ilk kez anne "nefesini" değil de dünya "nefesini" ciğerine çektiğinde, dünya nefesindeki oksijen akciğerini yakar. Ve o anda yeni doğan bebek ağlamaya başlar.

İşte bu yüzden Allah dostları, dünya nefesini içine, ciğerine fazla alma çünkü dünyayı içine fazla alırsan aynı o bebek gibi yanar ve ağlarsın, der.

Biz Allah'ın nefesiyle besleniriz. O bizi anne merhametiyle dolu Hannan ismiyle ve diğer isimleriyle kollar, sakınır. Bizim (bilinç olarak) O'ndan kopunca acı çekeceğimizi bilir ve bu hatamızı merhametinden dolayı bertaraf etmek ister. Bu yüzden bize, bizim sıkıntı ve şer sandığımız ama aslında amacı ve sonucu itibariyle hayır olan sayısız fırsatlar verir. Amaç bizi bizden korumaktır, amaç korkutmak değil uyarmaktır.

O'nun bizim korkumuza ihtiyacı yoktur. İbadetimize ihtiyacı yoktur. Umutsuzluğa, yalnızlığa düşmemizi istemez.

Bir anne evladının üzülmesini ister mi?

İmam, ümmet, ümmi kelimeleri hep bu yüzden seçilmiştir, tesadüfen değil.

İMAM kelimesi ÜM kelimesi kökünden gelir. Üm, yani anne.

İMAM'ın ise "anne şefkatiyle İslam'ın kayıp çocuklarını yeniden huzur yoluna doğru yola çağıran" demek olduğunu belirtmiştik.

İnsansa annesine güvenir teslim olur da Allah'a teslim olamaz. Bu kadar net yazıyorum. Allah İMAN ister. İMAN ise EMİN olmaktan gelir...

Emin olanda korku kalır mı?

Anneniz sizin zararınıza bir şey yapar mı, sizin için en güzelini istemez mi?

Canınız yansın ister mi?

Soruyorum, tefekkür edin, düşünün diye. Düşünün çünkü Allah düşüneni sever.

Korkularla bizi sağımızdan solumuzdan, önümüzden arkamızdan çevrelemeye çalışan şeytan der ki: "İşinden de oldun. Hah! İşte şimdi görelim bakalım, evlatlarını nasıl besleyeceksin? Git çal!"

Ve biz ne yaparız; neden bunu yaşıyorum diye sızlanır, bilip istemeden Allah'a sitem ederiz.

Annen seni üzer mi? Bir kez de EMİN ol ve TESLİM ol...

Bu bilimselliği şiirsellik içinde özetlemek istercesine büyük bir dehayla, Kuran ve hadislere bağlı söylemlere dayanarak birimizin günahından bütün varlık ve kâinatın etkileneceği ve bir günahımızdan dolayı denizler altındaki midyelerin bile bizden davacı olacağı, şeklinde ifade edilir.

Çünkü her birimizin seçimi kâinattaki her varlığın kaderine etki eder. Ve birimizin sevabından yine kâinattaki her şeyi etkilenecek ve birimizin sevabından denizlerin dibindeki midyeler dahi duacı olacaktır.

İnsanın hayatında karşısına çıkabilecek en büyük düşmanı yine kendisidir. İnsanın içinde âdeta bir muharebe alanı vardır; Mekke de içindedir Medine de. Kendinden kendine göç etmesi gerekir. Kendinden İHRAÇ olması gerekir. Bu yüzden de aynen şöyle denir; HİCR-ET... Yani aynı KIYAM-ET'teki gibi kendinden çık, harice çık ve göç et! İşte ihraç, hariç gibi anlamları olan Hicr; hayatımızda yanlış algılarımızdan göç etmemiz, nefsimizi besleyen arkadaşlık ve birlikteliklerimizden, nefsi idraklerimizden, bize zarar veren anlayışlarımız ve inanışlarımızdan, şartlanmışlıklarımızdan göç etmemizi anlatır. Biz içimizdeki asabiyet ve ilkel nefisten, terbiye edilmiş ve Allah'la var olmaktan dolayı gelen medeniyeti bulmuş Medine'mize... ("Medine", "medeni" anlamını da taşır ve peygamberimiz eski adı "Yesrib" olan bu şehre Medine ismini koymuştur.) Kendi içimizdeki ilkel nefisten Allah'ın medeniyetini taşıyan Medine şehrimize ulaşmadıkça hakiki medeniyeti bulamayacağımızın ifadesidir HİCR-ET...

Başkalarına değil kendimize konsantre olmamız gerek aslında...

Çünkü insan değiştikçe dünya değişir.

"Herkes dünyayı değiştirmek ister, Oysa kimse kendini değiştirmeyi düşünmez" der Tolstoy.

Herkes kendini değiştirse zaten dünya değişir.

Biz özümüzde kalmış gerçek resmi tamamlamak için Allah'ın bütün isim ve sıfatlarıyla hazır ve nazır olarak birlikte olmaya azmetmeli ve onların faaliyet alanımıza girmesini sağlamalıyız. Bu yüzden tasavvuf yoluna girmiş dervişlere o yolu alırken kendilerine o anki idrakleriyle anlayamadıkları ama idrakleri arttıkça kavramaya başladıkları şeyler de yaptırılmıştır.

Mesela Şems, Mevlânâ'yı bir meyhaneye yollamış ve kendisine şarap almasını söylemiştir. Bunu neden yapmıştır?

Çünkü reddettiğimiz her şey yine Allah'tandır.

Biz onu reddettiğimiz müddetçe ona ayrı bir varlık vererek âdeta "ilah" edinmiş oluruz. Ve İblis'e şeytan ismi verilmesine neden olan, Âdem'i Allah'tan gayrı sanma günahına düşer ve şeytanlaştığımızı yani aldanmışlığımızı ve cennetten kovulmuşluğumuzu fark edemeyiz bile. Allah yolunda olan da olmayan da O'na dönecek. Her ikisinin de YOL anlamındaki SIRAT'ı vardır. Her ikisi de sıratları üzeredir. Kaçış yok. Varış her zaman kim olursak olalım Allah'a olacaktır. Ama biri "Sırat-ı Müstakim" yani istikamet üzere olan doğru yoldur, diğeri ise sapmışların yolu. Cennet de O'nundur cehennem de. O'nun dışında bir şey yoktur ki...

Bu yüzden ne düşündüğümüze ve ne söylediğimize her zaman dikkat etmeliyiz. Zira Kuran'da ifade edildiği gibi güzel bir söz âdeta bir ağaç, tohum gibidir. O tohum, sağlam bir kökle toprağa bağlıdır, dalları her yana yayılır. Oysa çirkin bir söz köksüz bir ağaca benzer, işte bizler bu dünyadayken ne kadar çok fidan dikersek öbür dünyada o kadar büyük olacak ormanlarımız.

"Allah nasıl örnek verdi, görmedin mi? Güzel bir söz, güzel bir ağaç gibidir. Onun aslı sabittir (kökü topraktadır). Ve onun dalları semadadır." (İbrahim Suresi 24)

Allah'ın Halil'i yani dostu Hz. İbrahim Halilullah, annesine sorar: "Anne senin rabbin kim?"

"Babandır."

"Onun rabbi kim?"

"Firavundur."

"Onun rabbi kim?" dediğinde annesi onu susturur.

Sonra putları kırıp büyük putun boynuna bir balta asarak, "Mademki bu putlar ilahtır bu büyük olan diğerlerini öldürmüştür" der.

İşte Rab kelimesi, bizim Allah'ın dışında zannedip ilahlaştırdığımız her şey, biz onu kırıp onun kaydından, ona fark edilmeden yapılan kulluk ve köleliğimizden kurtuluncaya kadar, sürekli olarak karşımıza çıkacaktır. Oysaki Allah'ın dışında hiçbir şey yoktur. Karşımızda, Allah'ın, eksik yönlerimizi tamamlamak, eksiklerimizi kabul etmemiz ve kemalata ulaşmamız için vasıta olarak çıkardığı etten kemikten varlıklar ve onları sebep kılan olaylar dışında hiçbir şey yoktur.

Allah her bir kuluyla sürekli diyalogdadır ve bunu elbette ki kulları aracılığıyla yapacaktır. Nasıl yapacak? Gökten bir ses mi gelmesini bekliyorsunuz? Denir ki; Allah kullarına kulları aracılığıyla mükâfat verir ve kullarına yine kulları aracılığıyla cezasını gönderir.

Bir hırsızlığa mı uğradınız? Hırsıza değil kendinize konsantre olun. O hırsızlık Allah'tandır ve yaptığınız bir şeyin karşılığı olarak evrensel mekanizmanın size yaptığınız bir hatayı döndürmesinden başka bir şey değildir (ya da size bir sınıf atlama imtihanıdır bu Allah'tan)... Kime ne yaptım diye düşünün. Unutun hırsızı, yani, vasıtayı çıkarın aradan. Kalınca Yaradan, zaten siz öfkeye düşmezsiniz. Kime kızacaksınız kendinizden başka? Allah isimlerini seferber etmiş, size yaptığınızın hak ettiğiniz "karşılığını" yollamıştır. Bütün olan bu! Hırsızdan size ne? O, onunla Allah arasında, siz asıl o hırsızı neden çağırdığınızı düşünün. Ne yaptınız kime? Ya da nefsinizde yenemediğiniz zaaflarınız neler ki bunu yaşıyorsunuz?

Altında yatan sebepten bağımsız olarak olayları değerlendirmeye çalışırsanız, bahçenizde çıkmış zehirli bir otu sadece yapraklarını yolmaya çalışmak suretiyle ortadan kaldırmaya çalışan bir insandan farkınız kalmaz. Olayları değerlendirirken başınıza gelen şeyin NEDEN sizin başınıza geldiğini düşünmeniz gerekir. Yani konsantre olmanız gereken şey birinin sizin arabanıza girip bir şeyleri çalmış olması halinde o kişiye konsantre olup ona buğuz etmek değil, bunun Allah'tan geldiğini hatırlamak suretiyle bunun SİZİN yaptığınız (ya da olayın durumuna göre anne babanız ya da aileden birinin yaptığı) bir şeyin karşılığı olması ihtimalini düşünmenizdir. Çünkü insanlar olayların yüzey görüntüsüyle savaşırlar. Oysaki köke inilmedikçe ve kökteki SEBEP bertaraf edilmedikçe, bahçenizdeki o zehirli ot çıkmaya devam edecektir. Gölgeyi ortadan kaldırmak için gölgeyle değil bedenle savaşmak gerekir...

"Bunu yaşamamın altında yatan sebep ne?" Tek soru bu.

Belki bir yargılama, belki bir hor görme, belki yaptığınız bir şey, belki anne babanızın dedenizin başka birinin evladına yaptığı bir şey. İşte bunlar yüzünden 7 nesil öncenizden itibaren tüm ailenizi temizlemek için ve bu enerjiyi üzerinizden kaldırmak adına temizlenmemiz, yani Allah'tan merhamet istemek demek olan tövbe istiğfar etmemiz ve bu tövbe istiğfarı sadece lafzen değil idrakimizde de faaliyete koymamız gerekir. Çeşitli İslami prosedürler de bunu sağlamak için tavsiye edilmiştir (helalleşme, diyet vb. gibi). Bunu yaptığınızda üzerinizdeki bu sıkıntıyı oluşturan enerji kökünden kalkacaktır.

Âdem olmanın ilk şartını hatırlayın önce, yokluğumuzu idrak etmek. Biz yok olmadıkça yok edilmek için bu rüya âleminde çektiğimiz acı, sonraki âlemde çekeceğimizin yanında kıyaslanmaz, buradaki hiçbir şeydir. Allah bize merhametinden isimlerini kabul etmemizi ve eksik parçalarımızı tamamlamamızı murat etmektedir.

Hannan ismiyle evladını çırpınarak korumaya çalışan bir anne sıfatını kendi isimleri arasına koymuş Allah'tan sadece korkutucu ifadelerle "gazap eden, azap eden, cehenneme atan" olarak bahsedilmesi gerçekten ağırıma gidiyor.

Evet Allah her bir kulunu sevdiği ve her biri kulunu kolladığı için, bir kulun Allah'ın diğer bir kuluna verdiği zarar ölçütünde, elbette ki onu azaba duçar eden bir karşılık bulacaktır, ama o azabın altında bile o hatayı yapan kula gösterilmiş bir merhamet vardır. Amaç onu doğru yola sevk etmek içindir. Allah evlat ayırt eder mi? Hepimizin doğru yola girmesini istemez mi?

Biz başka bir kula verdiğimiz zararla bilmesek fark etmesek de Allah'ın tüm kullarının kaderini değiştirmesine vasıta oluyoruz, nasıl mı? Bir çocuğun babasına, alkollü araba kullanırken dikkatsizlikle çarparak ölümüne sebep olmamız halinde, neler oluyor hiç düşündünüz mü?

Belki o çocuk babasız kaldığı için artık okuyamıyor, annesi yeniden evleniyor ve üvey babasıyla bambaşka sıkıntılar yaşamaya başlıyor. Belki iyi bir insan olacakken yanlış yollara sürüklenmesine sebep olmak bize nasıl bir his verir?

Elbette ki Allah istemese o çocuğun babası ne ölür ne de sakat kalır... Buradaki mesele, bir olayla kâinattaki tüm varlıkların aynı anda kaderinin değişmesidir; Allah'ın her an yeni bir şanda olması tabirinin ifade ettiği şeylerden biri de bu olsa gerek. Bir olayla her şey yeniden yapılandırılıyor. Her şerde elbette bir hayır vardır ama hatalarımızın sadece bizleri değil kâinattaki tüm varlıkları etkilediğini ve bundan davacı olacaklarını bilmek bizi hatalardan daha da uzaklaştırmalı değil mi?

Allah'ın bize yaşattığını düşündüğümüz ve aslında muhakkak bizim ister yaptıklarımız ister imtihanımız gereği karşılaştığımız her sıkıntı ya da gazabın altında, yine de merhamet vardır. Biz Allah'ı tanımıyoruz. Zanla değerlendiriyoruz O'nu ve yaşadıklarımızı, bu da âdeta, söylemeye bile utanıyorum ama hâşâ; O'nu suçladığımız olaylar yaşar ve yaşadığımız şeyin O'nun gazap edici olmasıyla ilgili olduğunu düşünme hatasına düşmemize sebep olur.

Üç tane evladınızı birden idare etmeye çalışın ve bir adalet sistemi içinde kaybolduğunuzu görün ve hatta evlatlarınız tarafından nasıl da sorgulandığınızı fark edin. Oysaki O hiç aksamayan bir adaletle, yorulmadan, tüm kudretiyle kâinattaki insandan, bir yaprak üzerindeki kurtçuğa, bir karıncaya kadar her bir kulunun hayrını ve rızkını düşünmüştür ve dolayısıyla bu yönde faaliyet ve olaylar yaşamamızı sağlar.

Oysaki Einstein'ın dediği gibi, "Sorunu, onu yaratan mantıkla çözemeyiz." Biz insanın aklıyla bakıp bu daha "bütün değil parça resim" olarak kalmış halimizle bakarak bütün resmi göremeyiz. İşte tam orada teslimiyet devreye girer. "Sen göremezsin, ben görüyorum ve biliyorum. O zaman bana teslim ol, benim sende tecelli etmeme, benim sende aşikâr olmama razı ol ve ondan sonra gör bak; hikmet dediğim ismim, yani her şeyin nasıl da gerekli ve düşünülmüş olduğu Hâkim ismim, sende nasıl da açığa çıkıyor..."

Biz bunu göremiyorsak bu bizim cahilliğimizden ve önyargılarımızdandır.

İnsan hata yapmadan kendini tanıyamaz, insanlık mertebesine ulaşamaz, bu yüzden hatalarımızla barışıp onlardan almamız gereken dersleri alıp, bir kere misafir edip ve bir daha yapmamak üzere uğurlayalım.

Allah bizi böylesine sevmeseydi, bizi bizim için düşünmeseydi, bize merhamet etmeseydi; her şeyi bırakın bizim O'ndan razı olmamızı ister miydi?

Eğer Allah gazap eden olsaydı ve bizi cehennemde kaynatmak isteseydi, neden kulunun ondan razı olmasını istesin?

"Allah onlardan, onlar da Allah'tan razı olmuşlardır." (Beyine 8) Allah'ın rızasını kazandıktan sonra onu muhafaza etmek daha zordur ve ilk yapmamız gereken, O'nun bizden razı olduğu gibi, bizim de O'ndan razı olmamızdır.

"Allahü Teâlâ sağlam sözle iman edenleri hem dünya hayatında hem de ahirette sapasağlam tutar. Zalimleri ise Allah saptırır. Allah dilediğini yapar." (İbrahim 57)

"Allah onlardan razı olmuştur. Onlar da Allah'tan razı olmuştur" (Mücadele 22)

Hadi, nefsinizi yenin ve işteki en büyük rakibiniz için dua edin. Hadi!

Hadi, kızınızın mutluluğu düşerken, mutluluğunun doruklarına ulaşmaya başlayan komşunuzun kızı için dua edin. Hadi!

Hadi, size zarar veren birine hidayet bulsun diye dua edin. Hadi, bu kadar zor mu? Ne kadar zor değil mi? Niye?

Gerçek Müslüman değil midir komşusu açken yatamayan, uyuyamayan?

Aslında ben, sen, biz, komşumuz için dua ederken, kendi mutsuzluğumuzda başkasının mutluluğuna sevinir ve Allah daha da mutlu etsin diye Allah'a çağrı yaparken ettiğimiz duaya "âmin" diyen melekler, "Allah sana da bu mutluluğun onlarca, yüzlerce, binlerce katını versin" diyor. Âmin diyor duamızın üstüne. İşte bu yüzden Mekke ve Medine'ye gidenler sesli şekilde "Âmin!" derler, çünkü o sırada sadece görünen insanların değil görünmeyen meleklerin de sana eşlik ettiğini ve onların iştirakiyle yüzlerce kişinin duasının binlerce, on binlerce, yüz binlerce katı tesire ulaştığını biliyor bunu öğreten.

Diğer öğretilerle karşılaştırdığınızda İslamiyet'in en güzel yanlarından biri "bireysel" gelişim ve idrak için değil "kolektif gelişim ve idrak" için düzenlemeler getirmiş olmasıdır... Sadece kendi selametin için değil ve hatta duaların kabulü bir metot olarak da, önce insanlığa dua etmen ve düşünmen ve daha sonra mertebe mertebe inmek suretiyle en son olarak da kendin için dua etmen önerilir...

Aslında sen, başkaları için dua ediyorum derken bile, kendine iyilik yaptığını bilmiyorsun. Başkaları için yaptığın her duana, "Sana Allah katbekat daha fazlasını versin" diyen melekler senin için Allah'a yalvarıyor, senin için ağlıyor.

Allah'ın seni yapmaya vesile kıldığı her iyilik aslında O şahsa değil, sana yapılmış bir iyiliktir.

Hz. Ayşe'nin kapısına bir dilenci gelir. Hz. Ayşe ona (evde olan bir şeyler) hurma verir. Dilenci giderken, "Allah senden razı olsun" der.

Peygamberimiz Hz. Ayşe'ye, "Ya Ayşe, sen de ona Allah senden de razı olsun de" der.

Niye?

Kim kime iyilik yapıyor belli değil bu dünyada buna emin olun. Siz birine iyilik yaptığınızı zannedersiniz ancak firavunlaşırsınız. Biz olsa olsa Allah'ın bir kuluna gönderdiği iyiliği o kula taşıyan vasıta oluruz. Ve sırf Allah'ın mülkünü Allah'ın kuluna yollamakta aracı olarak seçildiğimiz için, önce Allah'a sonra o kişiye müteşekkir olmalıyız.

Mülk Allah'ın, kul Allah'ın, bizim yerimize başkasını da seçebilirdi o iyiliğe vasıta etmek için, ama O sizi seçtiyse dua edin O'na ve buna vasıta olmanıza neden olan diğer kula.

"Kula şükretmeyen Allah'a şükretmemiş sayılır..."

Allah'ın iyilikler ulaştırmamıza vasıta kıldığı herkes baş tacımızdır. Aslında, Allah öyle istediği için, onlar farkında olmadan bize yardım ediyor... İşte bu yüzden Allah onlardan razı olsun.

Bu yüzden "Büyüklük hissiyle yaptığınızı, onların başına kakmayın" diyor ayet.

Tersinden yaşıyoruz diyorum ya. Ne kadar cahilim ah. Ne kadar...

Bir duanın kabul olmasını istiyorsan o dua içinde ne kadar çok kişiye dua edersen o kadar kabul olur denmesi ve duaya "ümmeti müslimin" tabirini katmamız işte bu yüzdendir. Bu, enerji için var olan her şey ve herkesin o duaya onları göremediğimiz halde iştirak etmelerinden dolayı böyledir.

Kadir gecesi Kâbe'nin dibinde namaz kılmama izin verdi Allah'ım. O kadar dilemiştim ki bunu; o an içimden bir ses "Allah'ım duamı kabul etti" dedi.

Sonra durdum. Hemen tövbe ettim. Ben kimdim ki?

Duası kabul olmuş biri gibi böbürlenmiş hissettim, "Allah'ım affet" dedim. Ve sonra düşündüm o gün Kâbe'ye girerken bir dilenciye yemeğimi vermiştim.

Onun duasıydı belki de o an orada dilediğim şeye kavuşmamın sebebi. Belki de sabah "Anneanne bana dua et bu gece Kâbe'ye yakın namaz kılayım" dediğimde, "İnşallah, Allah isterse olur kızım..." diyen anneannemin duasıydı kabul olan.

Ya da çok sevdiğimiz bir aile dostumuzun sıkıntılar içindeki kızının ablasına "Onun için de dua edeceğim o gece" dediğimde, bana "Allah gönlündekini nasip etsin Deniz. Allah dualarını kabul etsin" diyen ablasının duasıydı o kabul olan.

Belki biriydi belki de hepsi.

Önemli olan şuydu; bu dünyada para, pul, araba biriktirmesi (koleksiyonu) yapmak da mümkündü, dua toplayıcılığı da...

Dua toplamalıydım. İçimden gelerek sevgiyle yaptığım, kimi zaman nefsimi yenmek için egoma yenilmemek için yaptığım şeylerle dua toplamalıydım, farklı farklı insanlardan. Bunu bir karşılık için değil ama en güzel şey bir dua kazanmak, asıl amaç olan Allah'a, bir duayla daha yaklaşmak olduğu için yapmalıydım.

Allah Musa'nın kavmine O'nun gönderdikleriyle yetinmedikleri ve kıymetini bilmediği için açlık yaşatmaya başlamıştı. İnsan ancak kaybedince anlar ne tür hazinelerle donatıldığını, maalesef bu böyle. Nefis terbiye edilmedikçe zaafları ve kötü yanları insanı kontrol eder ve azmak suretiyle bir gün sahip olduklarından da eder.

Sağlığını, parasını yitirmiş insanlara bakın göreceksiniz, ya şükrünü eksik yapmıştır, haksızca siteme girmiştir Allah'a ya da "Bana bir şey olmaz" yanılgısına düşmüştür. Çağırmıştır o sıkıntıyı belayı, farkında değildir...

Ben evde duramam diyelim kırk gün. Birdenbire beklenmedik şekilde o eve mahkûm olduğumuzda anlarız sistemdeki mayınları...

İşte Musa'nın kavmi azıp da şükürsüzlükten açlıkla terbiye edilirken bir gün birden o Rauf ve Rahim olan Allah, onlara yeniden yemek yollamaya başlar.

Musa şaşırır ve Allah'a sorar edebiyle: "Allah'ım yeniden rızık dağıtıyorsun, şükürler olsun. Sebebini bilebilir miyim?"

Ve Allah der ki: "Vermeyecektim ama bu kavimle yaşayan bir eşek var. Çok aç kaldı, bir deri bir kemik kaldı. Dün öyle bir içten yemek diledi ve dua etti ki, kıramadım..."

İşte belki de ben en son sokakta beslediğim köpeğin duasıyla oradaydım.

Allahüalem.

Yalnız Allah'ım bilir.

İşte aslında biz kendimize iyilik yapıyoruz, vasıta edildiğimiz her iyilikte.

Bu nefis, bu ego...

Muhakkak duymuşsunuzdur. Allah nefsi yaratmış ve nefsi BEN dedi diye binlerce kez ateşe atmış. Ama her seferinde o nefis BEN demiş BEN demiş BEN demiş...

İslam cihat dinidir... Bu doğru.

Ama cihat, Kuran'da özellikle seçilmiş özel bir kelimedir. Nefsinle cihat edersin, ilmini kullanarak, malını kullanarak cihat edersin. Gerekirse canını ortaya koyarak cihat edersin. Anlaşmalar imkânsızlaşıp, karşı taraf canına saldırdığında, mecbur kaldığında sen de cihat edersin.

Peygamberimiz kendisini defalarca reddeden Ebu Cehil'in kapısına gitmiştir. Konuşarak anlaşarak onu Allah'ın yoluna çağırmak ve kimsenin canına zarar gelmeden sulh ile Müslümanlığa davet etmek için. Savaşmak, kan dökmek hiçbir zaman tercihi olmamıştır. Hatta savaş kararlarını olabildiğince geciktirdiği için zaman zaman en yakın sahabelerinden birkaçı istişare etmiş konuşmuştur onunla.

Ama bakın peygamberimiz nasıl ifade etmiş. Tebük Seferi'nden dönüşte zafer kazanmışlar ama çok da yorgun düşmüş ashabı. Peygamberimiz zaferi kazandıktan sonra "Küçük cihattan büyük cihada dönüyoruz" demiş. (Aduni, Keşfu'l-Hafa, I, 425)

Peygamberimiz, en kalabalık ordusuyla katıldığı Tebük Seferi'ni "Küçük Cihat" olarak nitelendirmiş.

Ashabı şaşırmış ve "Ya Resulullah (sav), daha savaşımız yeni bitti. Nasıl güç yetiririz yeni bir savaşa?" deyince şöyle cevap vermiş: "Hakiki mücahit nefsine karşı cihat açan kimsedir..." (Tirmizi, Cihat, 2).

"En büyük cihat nefsimizle olandır..."

Zafer elde etmenin verdiği kibir ve gurur pusuda bekler insanı. Güçlü hissetmenin verdiği büyüklük hissi. Ve hiçbir savaş insanın nefsiyle olduğu kadar çetin olamaz. Çünkü insan başkalarına zalim olabilir ama kendine hep merhametlidir.

Mübarek devesinin üzerine binmiş ve boynunu bükerek girmiştir Mekke'ye. Kibirden uzak durmak ve hakiki kazananın Allah olduğunu unutmamak, benliğini beslememek için.

Kazanan Allah'tır bizlerse vasıta.

İnsanları güç kullanmaya ve kaba kuvvete iten tek şey "ilmi yetersizlik ve cehalettir". Bu yüzden de İslamiyet öncesi döneme Cahiliye Dönemi denir. İmana engel olan veya yanlış uygulamaların temeli, cehalettir.

İslam'da ilim yoluyla hakikati tebliğ etmek, İslam'a davete dayanma metoduna "ilim ve Kuran ile cihat etmek" denir.

Bedenleri ele geçirse de, hiçbir silahla gönülleri fethedemez insan. "İnsanları Rabbinin yoluna hikmetle ve güzel öğütlerle çağır ve onlarla olan mücadeleni en güzel şekilde yap..." (Nahl 125) "İlmen" gücü yetmeyen, hırsını "cebren" almak ister...

İlim denilince, Allah'a ve iman esaslarına ait ilimlerdir ilk düşündüğümüz ve İmam-ı Azam (en büyük imam) iman esaslarını anlatan kitabına "en büyük fıkıh" yani "en büyük ilim" demiştir.

"Artık kâfirlere (hakikat ilmini inkâr edenlere) itaat etme ve onunla (bu Kuran ile), onlarla büyük cihatla savaş..." (Furkan 52)

Allah burada resulüne büyük cihadı emrediyor. Bu vazifeyi yerine getirirken ve halkı İslam'a davet ederken tüm gücünü harcamasını ister. Savaş emri hicretten sonra gelmiştir ve pek çok diğer husus bu ayetin davet yönüyledir çünkü.

"Kıyamet gününde âlimlerin mürekkebi ile şehitlerin kanı tartılır, âlimlerin mürekkebi şehitlerin kanından ağır gelir..." (Süyuti, *el Câmiu's Sagir*, nr. 10026; İbni Abdilberr, *Câmiu Beyâni'l-İlm*, nr.139. Hasan-ı Basri diyenler de vardır.)

Allah ilmini öğrenen zaten kendini ve kâinatı kavramaya başlar.

Âlimin uykusu cahilin ibadetinden daha hayırlıdır derler.

"Her şeyin bir yolu var. Cennetin yolu ilimdir." (Muaz bin Cebel) "Kim bir ilim öğrenmek için bir yola süluk ederse Allah onu cennete giden yollardan birine dahil etmiş demektir. Melekler, ilim talibinden memnun olarak kanatlarını (üzerlerine) koyarlar. Semavat ve yerde olanlar ve hatta denizdeki balıklar, âlim için istiğfar ederler."

(Ahmed ibn Mace vb. rivayet etmiştir.)

Silahların bile menzili vardır. Oysaki kelimelerin, hakikatlerin ulaşacakları yerin ve zamanın ne sınırı ne de engeli olabilir.

Siz halka öğrettiğiniz ve okuyup okuttuğunuz kitaba uyun da Rabbinizi tanıyan ve O'na ibadet eden âlimler olun." (Âli İmran 79) Rabbani, Allah ilmiyle ve ibadetle uğraşmak suretiyle Allah'ı tanıyan, bilen demektir...

Dünyadaki tüm kötülüklerin temeli cehaletten kaynaklanır. Ebu Cehil cehaleti yüzünden İslam'ın düşmanı olarak işaret edilir... Allah'a ulaşmak isteyen öncelikle cehaletinin karanlığından ilmin nuruna ulaşmaya çalışmalıdır. Ve cihat için yola çıkan birinin yapacağı ilk şey, ilim yoluyla, görünenlerin hakikatini araştırmaktır. Bunu yapan âlim olan, Allah'ın isminin kendinde zuhuru ile zaten her yerde O'nu görmeye yavaş yavaş başlayacak ve merhamet duygusuyla vasi olan Allah tarafından sarılır ister istemez. Allahüalem...

Savaşmak anlamındaki "kıtal" kelimesine gelince: "Hoşunuza gitmediği halde, savaş hükmolundu. Sizin için hayır olan bir şeyden hoşlanmayabilir; sizin için şer olan bir şeyi sevebilirsiniz. Allah bilir, ne var ki siz bilmezsiniz..." (Bakara 216)

İslam dini bir cihat dinidir dendiğinde CİHAT kelime ve kavramı da anlaşılmadığı için hemen kan dökmek akla gelmekte ve aslında İslamiyet'te gerekmedikçe, nefsi müdafaa noktasına gelmedikçe tavsiye edilmeyen harp ve savaş fikri akıllara düşürülmektedir.

Kuran'da CİHAT insanın daha çok kendi özüne dönük, içedönük mücadelesini anlatır. Cihat CEHD kökünden gelir ve CEHD gayret etme, çabalama, mücadele etme demektir (cehdde karşılıklı bir sarf ediş var, bir taraf İslam aleyhinde, bir taraf İslam lehinde cehd sarf ediyor).

İşte bu yüzden peygamberimiz nefsinle cihad için "cihad-ü ekber" demiştir. Kolay mı, yıllar süren alışkanlıklarla, yanlış öğretilerle ve terbiye edilmemiş nefsinle uğraşmak?

Öte yandan harp, savaş anlamında Kuran'da kullanılan KITAL kelimesi vardır ve katele gibi fiil halleri geçer Kuran'da...

Yukarıdaki ayette de ifade edilense, Allah bir noktada savaşı yazdıysa -ki savaş insanda nahoş hisler oluşturan bir kelimedir- onda muhakkak ki bizim göremediğimiz bir hayır vardır ifadesi yer alır.

Yukarıdaki ayette savaşmak "kıtal" ile ifade ediliyor ve "katele", "öldürdü" demektir. Kıtal ise karşılıklı birbirini öldüresiye savaşmak demektir. Görüldüğü gibi kıtal, cihadın artık canla mücadele noktasına gelmesinin gereği doğmuş noktada oluşmuş özel bir şeklidir. Cehdleşme genel bir kavramken; artık cihadın ilimle, malla vb. gibi olurken canla olma noktasının ortaya çıktığı özel bir cihat şeklidir.

Gerektiği noktada artık farzdır. Savaşmak zaten bir saldırıyı SAV'mak kökünden gelir ve karşılıklı yapılan saldırılar karşısında bir tür savunmadır.

Müslümanlar öldürülmeye, zulümler aşırılaştığında Allahü Teâlâ savunma emri vermiştir. Zulme uğranıldığı için savaşılması yazılmıştır... Allah ehlinin nefsi ile cihadına göre savaşmak daha kolay olduğu için peygamberimiz kılıçla yapılan cihada "cihad-ı asgar" adını vermiştir...

Bir savaşta Hz. Ali kılıcını kaldırmış iken savaştığı inkârcının yüzüne tükürmesi sonucu, kılıcını indirmiş ve o kişiyi bırakmıştır. Allah'ın aslanı olarak nitelendirilen o güzel zat, "Niye başımı kesmedin ya Ali?" diyen inkârcıya, "Ben senin nefsinin arzu ve isteklerini yumuşak huyumun ve ilmimin kılıcıyla kestim, bak ne hale geldin?" der. Ve inkârcı orada Müslüman olur artık. O kılıç, Zülfikar, nefsi kurban eden kılıçtır ve Hz. Ali de bunun manasıdır.

Melekler, "Kan dökecek bir varlık mı yaratacaksın?" dediğinde Allah'a, Allah Âdem'e isimleri öğrettiğini ve onun meleklerin bilmediği şeyleri bildiğini söyler.

İşte tam burada düşündüğümüzde anlayabileceğimiz bir anlam da, cehaletten dolayı insanın kan dökmeye yönelebileceğidir, oysaki ilim öğretilmenin kan dökecek bir varlığı terbiyeyle kan dökmekten alıkoyması olabilir mi?

Mesnevi'den Bir Hikâye

Mesnevi'de anlatılan çok sevdiğim bir hikâye vardır...

Devrin sultanı, Moğollar ve Türkler arasında bir resim yarışması yapmış. Her iki tarafa da karşılıklı birer duvar verilmiş ve araya da birbirlerini görmemeleri için perde gerilmiş... Birbirlerinin ne yaptığını bilmeden iki taraf da resimlerini yapmaya koyulmuş. Moğollar o kadar güzel bir resim çizmişler ki... rengârenk, yeşil, mor, vurucu renklerle dolu. Renksel anlatımları kayda değermiş...

Öte taraftaki Türkler ise kendilerine verilen duvarı sadece yontmuşlar. Yontmuş, yontmuşlar...

Aradaki perdeyi kaldırma zamanı gelince çok ilginç bir şey olmuş... Moğolların o muhteşem renklerle yaptıkları resim Türklerin özenle yonttukları duvara yansımış...

O yontulmuş duvara yansıyan resim öyle güzel aksetmiş ki ortaya bir şaheser çıkmış.

Peygamberimiz o yontulmuş o pirüpak edilmiş, saflığa erişmiş ayna gibi Allah'ın hakikatini ve sonsuz manasını tüm kâinata aksettirmiştir. Ve Allah'ın bir an için bunu görmeyi murat etmesi de var olma sebebimizdir.

İşte yalnızca bir ayna olabilmek ve ondan ötesi bir şey olmadığını anlamak. Ve yontulmuş, tertemiz edilmiş bir ayna gibi sadece yansıtmak, ancak özünü bulmakla olur.

Özüne ulaşan "hak" ettiğiyle "halk" edildiğini anlar. Onun dışındaysa bir hükmü olmadığını...

V.
İSLAMİYET

Bilimsiz din kör, dinsiz bilim ise topaldır.
– Albert Einstein

Din Yoldur

Yüzyıllardır İslamiyet'in derinlerinde yatan "temel anlamlar" dimağlarımıza uzaklaştırıldı. Bizler de masum muyuz? Asla... Tabiri caizse "dünya dertlerimizle" bu hakikatleri araştırmaya sırt çevirmişliğimiz, dinin sadece bedensel ve maddi boyutlarını anladığımızı sanmakla yetinmişliğimiz ve bizlere empoze edilen, "Bilim başka şey, din başka şey!" inanışları kaybolan hayatlar ve mutsuzluklarımıza sebebiyet verdi...

Ya bilim ya da dini seçmeliyiz hissiyle, birinden birine yöneliş dışında, ikisinin farklı olduğu algısı bizlere başarıyla yansıtıldı.

Madde manadan, dünya ahiretten, insan insandan, din dinden ayrıldı...

Sonra ne oldu?

Tarihin tekerrüründe acılar ve kayıplarla yaşamış, kendi kendini helak etmiş toplumlar.

Şu anda ise bilim adı altında eğitim ve öğretim hayatlarımızda yıllardır bize dikte ettirilen pek çok "yanlış doğru" özellikle kuantum fiziğinin hayatımıza girmesiyle, Allah'ın âdeta "Yeter kendinize verdiğiniz acılar, hâlâ öğrenemediniz" demesiyle, yukarıda saydığım pek çok ayrım ister istemez hükmünü yitirmeye başladı ve yeni bilimsel keşiflerle özellikle son 300 yüzyıldır bilimin "değişmez" bazı temel ilkeleri altüst oldu.

Ancak nedense pek çok yeni bilimsel bulgu, halka direkt olarak açılmamaya devam ediliyor.

Bilimin nedenlerine açıklama getiremediği kanunlar daha da yüzeye çıktı. Oysa o açıklamalar dini anlayışlarda vardı.

Allah'ın kanunları (sünnetullah) bunlar olmalıydı. Öyle çoktu ki...

Bunca yıldır gerek medeniyetler, ülkeler ve insanlık adına bu temel ayrım içinde yapılmış pek çok şey tabiri caizse "elde patlayınca" dinin hakikatinde yatan temel öğretilerin, açıklanamayanlara yüzyıllar öncesinde getirdiği açıklamaların göz ardı edilemez varlığı gün yüzüne çıktı.

Kuran'da açıkça belirtilir ki, "Allah'ın yanındaki din İslam'dır." Bu yüzden "dinler" kelimesini kullanmak bile bana gerçekten tuhaf geliyor...

Din birçok kalıba sokulup bizlere sanki ayırt edici bir kavram gibi sunulsa da, aslında çok net bir şekilde kendini özetler.

Din kelimesi Arapça bir kelimedir ve "deyn" kelimesinden türediği kabul edilir. Deyn "yükümlülük, belli bir vakitte ödenmesi gereken borç" gibi anlamları içerir. Bununla beraber "örf/âdet, karşılık, mükâfat, itaat, hâkimiyet, hüküm, ferman" ve daha nice anlamlara da gelir.

Kur'an-ı Kerim'de din kelimesi, İslamiyet ve diğer inançları da ifade ederken kullanılmıştır. Ancak özel anlamda din kelimesiyle İslamiyet kastedilmiştir; İslam ve din kavramlarının aynı anlamda olduğu ve tüm peygamberlerin getirdiği dinin de İslam olduğu (Âli İmran 99 ve 85, Şûra 13) açıkça belirtilmiştir.

Bunun ötesinde ise Kuran'da din kelimesi, Allah ve kul bakımından farklı anlamları ifade eder ve Allah'ın "hükmü, hesaba çekmesi, hâkimiyeti" gibi pek çok anlam yanında kul açısındansa "teslimiyet, boyun eğme, ibadet" gibi kavramları kapsadığından, din temelde Allah ve kulu arasındaki ilişkiyi düzenleyen YOL'dur.

"Yol..."

Ben Allah'a inanıyorum ama dine inanmıyorum ya da dine de inanmıyorum diyen pek çok insanla tanıştım. Tabii ki herkesin kendi hayatı, kendi inançları ama inanıp inanmadığı şeyin aslında ne olduğunu bilmeden klişe bir sözle "dine inanmıyorum" demek de yine dinin ne olduğunu anlamadan "dindarım" demekle aynı şeydir benim için.

"Dine inanmıyorsunuz, ya da din böyle istiyor diyorsunuz. Tamam, anlıyorum, peki din ne demektir?" dediğimde, almam gereken bir cevap olmalı değil mi? Ama çoğunlukla sorularım yanıtsız kalıyordu, yanıt yoktu. Şu an beni okurken belki siz de bilmiyorsunuz, din ne demek diye araştırmamışsınızdır belki. Çünkü biz insanoğlu, bize sunulanı sorgusuzca öğütmeyi üretmeye tercih ederiz.

Din YOL demektir. YOL...

Kuran ki Arapçası tahrif edilmemiş tek ilahi, semavi kitaptır. Sadece bu konudaki ayete dayanarak söylediğim bir şey değil, bunu ancak Kuran'ı incelerseniz anlayabilirsiniz.

"İnned dine indeallahil İslam..." (Âli İmran 19) "Allah'ın indindeki din İslam'dır..."

YANİ, "Allah'ın YANINDAKİ yol (din) TESLİMİYET'tir."

Bu kavramı açıklamadan önce, neden Allah'ın yanındaki dinin İslam olduğuna bakalım.

Her ülkenin bir anayasası varken, neden kâinat ülkesinin sahibi, yöneticisi Allah'ın birden çok anayasası olsun ki?

Bu öyle bir anayasa ki aynı zamanda asla zamanın gerisinde kalmıyor, tam tersi tüm zaman dilimlerini, içerdiği mucizevi anlatım ve kelimelerle içinde yaşanan zamana göre kendi güncelliyor.

Yani bir kanun hükmünde kararname vs. çıkarmanız gerekmiyor. Araştırdığınızda tüm olasılıklar içinde, bu yüzden özel bir A'Rabca olan RAB-CA ile donatılmış.

Kuran'da anlatılan her peygamber, dönemlerinde halk ne üzerine gelişmekte ve ilgiliyse, o şey üzerinde en üstün ilimle gönderilmiştir ki halkın hemen ilgisini çekebilsin.

Hz. Musa döneminde "sihir", Hz. İsa döneminde "sağlık ve şifa", peygamberimiz dönemindeyse şiir ve söz... Ama bu nasıl bir söz ve nasıl da bilimsel ve şiirsel aynı anda, tarif etmek veya insan mahsulü olduğunu düşünmek mümkün değil.

Kuran'da pek çok ayette de bu ifade edilir.

Yunus Suresi 38. ayet: "Yoksa onu (Hz. Muhammed [sav]) uydurdu mu diyorlar? De ki: Eğer doğru söyleyenlerseniz, o takdirde Allah'tan başka gücünüzün yettiği kimseleri çağırın ve onun gibi bir sure getirin..."

Ha, ama İslamiyet'in "doğuştan kazanılan" bir şey olduğunu düşünüp sadece nüfus cüzdanında "Müslüman ya da İslam" yazdığı için kendini Müslüman sanan ve sırf bu yazdığı için kendini cennete gitmeye hak sahibi ve diğerlerini kâfir gören bir kesimin de olması gerçekten bu konunun özüyle anlaşılmadığını göstermeye yetiyor.

Bırakın Müslüman doğmuş olmayı, doğduğumuzda insan hükmünde bile değiliz! Her birimiz doğduğumuzda beşer hükmündeyiz ve "beşer" kelimesi öncelikle vücudumuzun dış yüzeyi yani etten kemikten olmamız anlamıyla verilmiş bir kavramdır.

Bunun yanında "beşer" kelimesi "müjde" anlamına gelen beşir kelimesiyle de akraba olup aynı zamanda "müjdeci" anlamını da ihtiva eder.

Peygamberimiz başta olmak üzere tüm peygamberler Kuran'da "beşer" olarak nitelendirilir.

İnsan olabilmek bir adaylık ve bir süreçtir. Bu süreç olumlu ya da olumsuza doğru yol alır... Kuran'da beşer genellikle olumlu bağlamda kullanılırken insan ise eleştirel anlamdaki kullanımlarda yer alır... Oysaki insan "halifetullah" olabilme özelliğine sahipken beşer ilahi isimlerin tamamını ortaya çıkarma yeteneğini haizdir, diye ifade edilir bazı açılımlarda...

Çok daha detaylı anlatımlarla sayfalarca anlatılabilecek ama yine de bitmeyecek bu konudan, bu bölüm altında şu an için anlamamız gerekenin beşer, insan ya da âdem olmanın aynı şey olmadığının işaret edildiğini anlıyorum. Allahüalem... Sadece Kuran'a dayanarak bu işareti yorumluyorum.

İncelerseniz Kuran'da hangi ayette beşer, hangi ayette âdem ve hangi ayette insan kelimesi kullanıldığını çok daha iyi kavrayabilirsiniz.

Meallerde bunlar birbirleri yerine yazılmış olsa da bizi eksik anlamaya itebilir.

Her birimizin kendini halife sanması zaten inanılır gibi değil. Dünya madem Allah'ın halifeleriyle dolu neden insanlık bu kadar berbat bir durumda? Bu sadece "aday" olmayı ifade ediştir... Keşke her birimiz "halifetullah" olabilsek...

Ancak sadece meallerle Kuran'ı değerlendirmenin nasıl da Kuran'ı gereği gibi anlamamıza engel olduğunu, pek çok mealde bu kavram ayrımlarına dikkat edilmesinin anlatımların, her bir kelimenin içeriğinin sınırsızlığında mümkün olmadığını, İslam'ı ve Kuran'ı gerçek anlamda değerlendirebilmek için yüzeydeki anlamları öncelikle Kuran'ın orijinal dilinden anlamaya çalışmamız ve sonrasında diğer anlamları anlamakta bir yol haritası edinmemizin neden gerekli olduğunu, kendi idrakimle gözler önüne sermeye çalışacağım...

Arapça bilmiyorsanız da bu dilin öncelikle bildiğimiz Arapça değil Kureyş lehçesinde özel bir lehçe ve Allah'ça olduğunu yeniden hatırlayın. Başladığımda ben de Arapça anlamıyordum ama öyle bir şey vardı ki ayetleri içimdeki sesle birleştiğimde anlamları yavaş yavaş bilincimde açığa çıkmaya başladı... Elbette gayret gerek ve sonu yok bunun... Küçücük idrakimle bile bu sonsuzluğu anlamak, Allah için "sonsuz" kelimesinin yetersizliğiyle yüzleştiriyor insanı...

Zaten diyorum ya bu kitabın "Ya sin" derken "Ey insan" dediğini bir kez anlamaya çalışarak okuduğunuzda, size "Ey insan" diye seslenen bir dış güç olduğunu ve o gücün sınırsız kudretinin bedeninize, iliklerinize kadar sizi tir tir titreterek inişini bire bir yaşayacaksınızdır.

Her çağda geçerli ve çağlar üstü bir kitap bu... Anlatımı hepimiz için her an geçerli. Bugün televizyonda kadınlara uygulanan şiddete ilişkin birçok haber vardı yine. Akıl almaz cinayetler ve saldırılar... Düşündüm Kuran yüzyıllar önce Mekke'de o çağ insanına gelmiş diyenleri... Doğmuş kız çocuklarını diri diri gömen Mekkelilerle şu anda pek çok annenin "kız çocuklarının" inanılmaz şekilde katledilmesi ya da şiddete maruz bırakılması da diri diri gömmek değildir de nedir? Çağların rakamları değişmiş ama içerikleri aynı. Bu yüzden ihtiyaç olan da aynı Mekke'nin o döneminde (bizde ve dünyada yaşanan bu dönemdeki gibi) maddiyatçılığın, adaletsizliğin, haksızlıkların, şiddetin kol gezdiğinde sulh ve selamet getiren Kuran ve Hz. Muhammed'in (sav) yeniden bu dönemde de hakkıyla hissedilmesi ve yaşatılması değil mi? Kuran kendi kendini açan bir kitap, siz yeter ki niyet ve gayret gösterin. Bu yüzden İslamiyet "niyet" dinidir ya... Niyet her kapıyı açar.

Ve bu Allah mahsulü kitabı anlamaya niyetlenip de, Allah'ın size öğretmesini dilediğinizde, şunu duyacaksınız: "Er Rahman allemel Kuran."

"O Rahman ki o Kuran'ı öğretti." (Rahman 1-2)

Allah size öğreteceğini söylüyor bu ayette. Hatta öğrettiğini. Bunu yaşayacaksınız inşallah.

Neden mi? Çünkü Allah vaadinden dönmez.

"Bu, Allah'ın vaadidir. Allah vaadinden dönmez. Velakin insanların çoğu bilmezler." (Rum 6) Evet, O vaadinden dönmez.

Bunu yaşarken de şunu düşüneceksiniz: "Artık siz, Rabbinizin hangi nimetlerini yalanlayabilirsiniz?" (Rahman 45)

Allah'ın kulu yeter ki istesin; isterse o kul yapayalnız bir yerde olsun, ilim isterse ona ilmi, ister biriyle ister başka yollarla ulaştıracağı anlatılır hep. "Allah malı istediğine, ilmi ise isteyene verir" hadisini duymuşsunuzdur muhakkak.

Bizler zenginlik için debeleniriz de, ilim için ne kadar gayret sarf ederiz?

Oysa nerede gayret varsa, orada hayret olur... Nerede zahmet varsa da orada Ahmed (Hz. Muhammed [sav]) vardır...

Özgür adında yılın yarısını yurtdışında, diğer yarısını Türkiye'de geçiren avukat bir arkadaşım var. Allah'a ve Peygamber'e inanmasına rağmen, ibadetlerini yerine getiren biri değil, ama gerçekten yardımsever bir insan ve çok iyi bir kalbi var. Hem de çok iyi...

Bir gün beni ofisimde ziyaret etmeye geldiğinde, sıkça yaptığımız gibi hakikat ve dinle ilgili bir sohbetimiz esnasında, "Deniz, sen huzurlusun, sığındığın bir şey var ama benim derdim bitmiyor ki Allah'a yöneleyim!" dedi.

Gülümsedim, hatta güldüm: "Sana dertsiz gibi mi görünüyorum?" dedim.

"Bilmem. Yani agresif değilsin, genelde hep gülümsüyorsun ve huzurlusun. Seni şikâyet ederken duymuyorum. Bilmiyorum ki belki namaz kılıyorsun, ibadet ediyorsun ondandır" dedi.

"Ne tür bir derdin var?" diye sordum merakla.

Ve bana son yıllarda maddi anlamda başına gelen beklenmedik sıkıntılarını anlattı.

"En ufak bir para kazansam on misli bir borç çıkıyor, ben de olmasa ailemde. Sürekli maddi sıkıntı çekiyorum. Şunlar olmasa belki ben de yöneleceğim Allah'a ama şu an bu nereden çıktığı belli olmayan maddi sorunlarla boğuşmam gerek. Ve bu da bende öfke sorununa neden oluyor, anladın mı? Bu yüzden sürekli asabi ve öfkeliyim. Çünkü ben bunları hak etmedim!"

Hepimiz yaşadığımız sıkıntıları hak etmediğimizi düşünmeye meyilliyizdir. Çünkü egomuz "dokunulmazdır". Hep başkaları hatalı, başkaları eksik, başkaları kötüdür, bizse pirüpak.

Oysaki başımıza gelen her şey bizim hayvani yönlerimizin evcilleştirilmesi, ehlileştirilmesi için özellikle seçilmiştir, aksi halde nasıl olgunlaşırdık ki?

Onun da neden maddi sıkıntı yaşadığını anlamıştım. Ve neden agresif olduğunu. Hepimiz zaaflarımızdan denenirdik. Aslında sıkıntıyı yaratan kendi maddi zaafları ve bağımlılıklarıydı ve ruhundaki manevi zaaflar çözülmedikçe o zaafların maddi âleme yansımaları da çözülmeyecekti.

Bizler maalesef dünya dertlerimizi çözüp, oğlumuzu sünnet ettirip, okutup, evlendirip öyle gideriz umreye, hacca. Evimiz ve ailemizdeki sorunları çözdükten sonra yönelmeye başlarız ibadete. Hep aynı hataları yaparız, oysaki aslında önce Allah'a yönelsek ve kendimizi o yolda ehlileştirmeye gayret etsek her bir sorun pılını pırtısını toplayıp teker teker bizden ayrılacaktır.

Bana döndü ve "Sen hiç kendini çaresiz hissetmez misin?" dedi. Ona şöyle söyledim: "Zaman zaman hissedecek gibi olduğum olmuştur, ama anlık. Sonra hemen Allah'ım derim, biliyorum sen hele ki kırık kalplerin, üzgün kalplerin hemen yardımına koşarsın. Buna sadece inanmam Özgür... İnanmak az gelir inanmanın ötesinde bilirim ki O benimle. Bilirim ki O vaadinden dönmez. Bilirim ki O tek dosttur. İstediğinde ulaşamadığın dost edindiklerin varken her an ulaşabileceğin gerçek bir dost var... Seninle her an konuşan bir Allah var... Seni her an duyan ve dikkate alan... Nasıl kendimi yalnız hisseder, nasıl çaresiz hissedebilirim ki? Bir soru sorsam, önümden geçen TIR'ın üstündeki yazıyla bile soruma cevap veren, her an her yerden benimle konuşan bir Allah... Canım sıkıldığında beni olmayacak birine aratıp bana o kişiden seslenip, acımı dindirecek bir mesajı ileten bir Allah... Kafam karıştığında Kuran'ı açtığımda, karşıma çıkan ayetlerden soruma direkt cevap veren bir Allah..."

Sonra, "Bak..." dedim ona. "Sana şu an anlamlı gelmese de bir şey yapmanı diliyorum Özgür. Sadece bir abdest al, sadece bedenini değil aklını ve kalbini temizleyen bir abdest... Ve Kuran'ı eline al.

İçinden durumunu geçir ve temiz bir niyetle Kuran'ı aç. Allah seninle oradan direkt olarak konuşur. Göreceksin, eğer sana Arapça şu an zor geliyorsa önce istersen *Mesnevi*'yle başla. *Mesnevi* de diğer Allah dostlarının kitapları gibi sonların bize taşıdığı Allah kelamı değil mi? Bugün git evine abdestini al, içinden Allah'a sorunu sor ve aç *Mesnevi*'yi inanarak yönel... Temiz bir kalple... Yaşayacaksın."

Ne kâhinim ne de üstün bir insan, tam tersi âciz bir kulum. Ama O sınırsız kudret ve merhamet sahibinin kendine yönelen kimseyi yarı yolda bırakmayacağını biliyordum. Ertesi gün, annemle odamızda oturup *Mesnevi*'yi karıştırırken telefonum çaldı...

Arayan Özgür'dü. Açtım, ağlıyordu...

"Deniz..." dedi sesi titreyerek. Gözlerim doldu, anneme baktım.

"Dediğini yaptım. Dün gece abdest aldım, *Mesnevi*'yi kitaplıktan indirdim. Allah'a sığındım ve sordum: Allah'ım maddi sorunlarım neden bitmiyor? Neden öfkem dinmiyor, ne yapmalıyım ben?"

Sonra sustu, sesi tıkanmıştı.

Bense sessizce onu dinliyordum, yanaklarımdan yaşlar süzülürken... "Ve çıkan sayfayı sana okuyorum" dedi Özgür.

Sayfada şunlar yazıyordu: "Mademki özgürüm, bu öfkem niye? Allah'ın rahmeti gazabından fazla değil mi ki, ben hâlâ öfkeliyim."

Ve devamında dünyaya kapılmış olmanın, maddi değerler peşinde sürüklenmenin bize vereceği zararı anlatan bir anlatımı bana okudu.

Karşılıklı ağladık.

Özel olarak kendi isminle sana seslenen bir Allah... Merhameti şefkati gör...

Bu yaşadığım olaylar gibi ve daha pek çok şey yaşarız her birimiz bu hayatta. Her birimiz yaşarız, çünkü her birimize her an merhamet yağmaktadır.

Bu kitapla da "hiç" olmaya ulaşma gayretindeki sıradan biri olarak üstüme düşeni yapmak istedim. Elbette ki takdir sizindir. Hepimiz aynı düşünmesek de, her birimiz en azından farklı düşünme yönleri geliştirmemize hizmet edebilirsek, zaten bütünsel amaca ulaşma yoluna çıkarız, çünkü Allah hepimizi farklılıklarımızla BİR'leştirmiştir zaten...

Kuran Çağlar Üstüdür

Kuran öyle muhteşem bir kitap ki, bir taraftan geçmişi bir taraftan yarını anlatırken bir taraftan da bugünü anlatır...

Okuyanıyla interaktif olarak iletişime geçen bu olağanüstü kitap düz bir Arapça değil Rab'ca olduğundan Arap ülkelerinde de Arapça meali açıklamalarıyla yer alır...

Kuran Allah'ın kullarını ayırt etmediğinin en büyük nişanıdır... Kim kalben temiz ve şartsız Allah'a yönelmek isterse Kuran kendini ona açar... Nasıl da müthiş bir adalet...

Siz Rabbinize güvenin ve emin olun O size okumayı bilmeseniz de okutur çünkü Kuran bu yüzden Rab'cadır ve bu yüzden belli kesimde insanlara değil her yönelene açık olarak yazılmıştır...

Ne tür bir sorunuz ne kadar saçma olduğunu düşündüğünüz bir dünyevi kaygıyla ilgili dahi olsa o niyetle oturup elinize alın Kuran'ı ve birdenbire Allah'ın size, kapınıza gelen karşı komşunuzdan, işe, okula ya da arkadaşınıza giderken bindiğiniz aracın içindeki bir yolcu teyzeden ya da karşınıza çıkan bir kitaptaki başlıktan nasıl da seslendiğini göreceksiniz...

Allah her an her yerde bizimle diyalog halinde, bizse O'nunla sadece sıkıştığımız ya da bir şey istediğimiz anlarda irtibata geçiyoruz... Sadece dua anlarımızda... Ama o yine de kapatmıyor kapılarını bize... Yüce bir merhametle cevaplıyor sorularımızı... Her an bizi kolluyor ve gözetiyor âdeta bir anne sevgisi ile...

Her yer O'nun işaretleriyle dolu ve her şey de O'nun işareti...

Ve bu muhteşem kitapla bize evreni ve bizi anlatıyor bir annenin çocuğuna, çocuğun onun anlattığını idrak edebilmesi için hayatın gerçeklerini masallar ve misallerle anlatması gibi...

Bu kitap sizi fethetmeye başladıkça elinizden düşüremeyeceksiniz... İçinde ilimden sanata, aşka, maceraya, adrenaline, gizeme, sırlara kadar o kadar çok şey var ki içine düşmek isteyeceksiniz... Allah'ın krallığının kapıları size açılırken Allah'a giden yolun kendi içinize giden yoldan geçmekte olduğunu fark edeceksiniz... Varım sanırken yokluğa düşüp sonra O'yum sanıp sonra yeniden yeniden yokluğunuzu yaşayacaksınız...

Bu kitap öyle bir kitap ki Allah kelamı hariç hiçbir şey bu kadar mucizevi anlatımı çağlar üstü bir değişmezlik ve sınırsız bir ilimle ihtiva edemez...

Mesela Allah bize Kalu Bela denilen ezeldeki buluşmada "Ben sizin Rabbiniz değil miyim?" dedi diye yorumlanan ayetler...

Bu ezelde olmuştur denir... "Sonra Allah Âdem'e isimleri öğretti ve melekler Âdem'e secde etti" der Kuran...

Bu olay ezelde olmuş ve bizler "unutan" manasındaki "insan" ismiyle adlandırılmış unutanlarız... Bu olayı çok düşündüm.

Ve bir gün şöyle bir şey oldu... "Allah Âdem'e isimleri öğretti..." Doğduğumuzdan beri Güneş'ten Ay'a, gezegenlere, yıldızlara, arabadan telefona, televizyona, ağaçtan köpeğe Allah'ın isimlerinin manalarını taşıyan varlıkları öğreniyoruz.

Bunu düşündüğüm gün Kuran'ın çağlar üstülüğünü ve nasıl da zamanların her dönemini barındırdığını düşünüyordum.

İşte o an durdum.

"Allah Âdem'e isimleri öğretti..."

Geçmiş zaman Allah katında geçmişti... Bizim katımızda değil... Buna zaman anlatımı içinde değindik...

O zaman... bizim tarafımızdan bakınca belki de Allah Âdem'e isimleri öğretiyordu...

Yani...

Belki de... evet evet...

Bize Allah'ımız "şu anda" isimleri öğretiyordu ve biz henüz yaratılmamıştık!

Peygamberimizin bu dünyanın "rüya" olduğu ifadesi belki de bununla bağlantılıydı...

Belki de henüz yaratılmamıştık... Kendimizin provasındaydık... Kozamızın içinde kelebek olabilmemiz için büyütülüyorduk belki de...

Ve veya belki de yaratılmıştık ve isimler ezelde öğretilmişti... Belki biriydi belki de HEPSİ...

Hem evet ve hem de hayırdı... İbnü'l Arabî Hazretleri'nin hikâyesindeki gibi "evet ile hayır"... Bugüne dek yaşadıklarımdan öğrendiğim şey bu iki kelimedir...

Mucize bu değil de nedir ki? Allahüalem... Allahüekber...

TEVHİD VE YARATILIŞ

Şimdi İslamiyet'teki en temel ve esas anlayış ve o olmadan hakikatiyle "mümin" olunamayan anlayışa gelelim: TEVHİD...

Şunu da not etmek isterim, pek çok hatanla ve yanlış idraklerle yine de "Müslümanım" demek "Müminim (iman edenim)" demekten daha kolaydır. Asıl hedef mümin olan bir Müslüman olabilme yolunda ilerlemektir, çünkü iki kavram birbirine bağlı olmakla beraber ancak bire bir aynı şey değildir.

Bu bölümün sonunda buna ait kısa bir izah bulabilirsiniz.

Önce, Peygamberimizin hadislerinde yaratılış konusu sorulduğunda, verdiği cevaplardan birkaçını paylaşıyorum.

En çok hadis rivayet eden sahabelerden olan Cabir bin Abdullah'ın anlattığına göre, onun şu sorusu üzerine peygamberimizin verdiği cevap şu şekildedir:

"Ey Allah'ın resulü! Allah'ın her şeyden önce ilk yarattığı şeyi bana söyler misiniz?" diye sordum. Şöyle cevapladı:

Burada peygamberimizin verdiği cevaptan önce bir konuya değinmek istiyorum.

Zaten konu bu, bizden başka mesele yok. Biz "başka insanlar var" ve bunlar üzerinden deneniyoruz gibi görsek de temelde sadece O ve sen varsın. Burada diğer herkes Allah'ın seninle, seni olgunlaştırmak için seçtiği ve ikinizin diyaloğu için seçtiği Allah "vasıtalarından" öte bir şey değil. Bu imandır, yani ikiliktir. Allah ve sen varsın inancı. Allah çokluk yerine ikiliğe en azından izin vermiştir. Ancak İslamiyet'teki asıl hedef "ikandır" yani "yakin" olmak. Bu kavram Allah'ta yok olup (fenafillah) Allah'la var olmak (bekabillah) ve kendindekinin de O olduğunu anlamak ve böyle yaşamaktır temelde. Yani tekliktir.

Kuran'da Fetih Suresi başta olmak üzere pek çok ayette anlatılan "yakin" konusunu ileride detaylı inceleyeceğiz ve neleri ne kadar yanlış anladığımızı sizinle beraber irdeleyeceğiz Allah'ın izniyle...

Kuran ve İslamiyet'i anlamak için anlamamız gereken ilk şey, peygamberimizin hadislerine ya da Kuran ayetlerine olsun şahsi, müstakil aklınıza dayanarak "Bu da nesi!" dememek.

Aklımızı aradan çıkararak bakmalıyız, çünkü herkesin aklı kendi algılarıyla ve şartlanmalarıyla sınırlıdır. Bunu yapabilirsek Kuran zaten bizinle konuşacak ve kendini açacaktır. Muhakkak hayatımızda yanıldığımız şeyler olmuştur değil mi? Her şeyin doğrusunu da bizim akıllarımız biliyor değil, değil mi?

Güven, niyet, sabır ve teslimiyet istenen budur. Sadece bunu başarabilirsek biz, fazla bir şey yapmadan tüm kâinatın bizimle konuştuğunu aslında hep konuşmakta olduğunu ve bize yardım etiğini anlarız...

Kendimden biliyorum, bizler dinlemeyi sevmiyoruz. Gerçekten. Aslında tüm mesele söylemek yerine dinlemek olduğu için sanırım, Mevlânâ, "Bişnev" yani "Dinle" diye başlamış *Mesnevi*'ye. "Oku" emriyle başlayan bir kitabı ancak "Dinle" diyerek anlatabileceğini ifade eder gibi.

Bir Allah dostunun dediği gibi "Allah ile aramızdaki tek engel şahsi aklımızdır. Çıkarırsak aradan kalır Yaradan."

Evet konumuza dönersek, yaratılış, varoluşla ilgili Hz. Cabir'in bu sorusu karşısında Allah Resulü (sav) şöyle cevap vermiştir:

"Ey Cabir! Her şeyden önce Allah'ın ilk yarattığı şey senin peygamberinin nurudur. O nur, Allah'ın kudretiyle O'nun dilediği yerlerde dolaşıp duruyordu. O vakit daha hiçbir şey yoktu. Ne Levh, ne kalem, ne cennet, ne ateş/cehennem vardı. Ne melek, ne gök, ne yer, ne güneş, ne ay, ne cin ve ne de insan vardı.

Allah mahlukları yaratmak istediği vakit, bu nuru dört parçaya ayırdı.

Birinci parçasından kalemi, ikinci parçasından Levh'i (Levh-i Mahfuz), üçüncü parçasından Arş'ı yarattı. Dördüncü parçayı ayrıca dört parçaya böldü:

Birinci parçadan Hamele-i Arş'ı (Arş'ın taşıyıcılarını), ikinci parçadan Kürsi'yi, üçüncü parçadan diğer melekleri yarattı.

Dördüncü kısmı tekrar dört parçaya böldü: Birinci parçadan gökleri, ikinci parçadan yerleri, üçüncü parçadan cennet ve cehennemi yarattı.

Sonra dördüncü parçayı yine dörde böldü:

Birinci parçadan müminlerin basiret nurunu/iman şuurunu, ikinci parçadan –marifetullahtan ibaret olan– kalplerinin nurunu, üçüncü parçadan tevhidden ibaret olan ünsiyet nurunu (La ilahe illallah Muhammedün Resulullah nurunu) yarattı." (Bkz. Acluni, I/265-266).

Allah Resulü (sav) bir başka hadiste de şöyle ifade etmiştir: "Allah, seni kendi nurumdan, diğer şeyleri de senin nurundan yarattım, buyurdu."[35]

---

35 Ahmed, Musned, IV-127; Hâkim, Mustedrak, II-600/4175; İbni Hibban, El İhsan, XIV-312/6404; el-Leknevi, el-Asaru'l-Merfu'a, s.42-43; Kastalani, Mevahibu'lLedunniye: 1/6; Krş. Acluni, Keşfu'l Hafa, C.1, 262265-266.

Şimdi özetlemek gerekirse, bu hadislerden de anlaşılıyor ki İslamiyet'te şöyle anlatılıyor:

Allah önce peygamberimizi kendi nurundan yarattı. Onu öyle çok sevdi ki sonra onun nurundan bütün kâinatı yarattı.

Peki, Kuran'da da sıkça duyduğumuz "nur" ne demektir? Nur kelimesi, ışık, ışıma (kozmik ışık) anlamına gelir. Ses bölümünde anlatmıştık. Işık ne idi? İLİM. Çünkü her enerji ilimdir. İşte Allah nuru da "ilmullah" yani "Allah ilmidir" ve her şeyin aslı ilimden ibarettir. Hayat da ilimle, nurla vardır.

Arapçada ZLM kökünden gelen, hak ve adalete aykırı davranmak anlamının yanında "zulma" yani "kararma, karanlık, siyah ve karanlık olma" kelimeleriyle eş kökenli olan bu sözcük ve zalimin de "karanlıkta kalan" anlamında olduğu düşünülürse, CHL kökünden gelen Arapçada "cahila" denilen "cahil" kelimesi ise "bilmedi" demektir.

İşte cahil diye nitelendirilen insanlar, her ilmin aslı olan Allah ilminin nurundan mahrum, karanlıkta kalmış olanlar anlamındadır.

İşte bu yüzden de zalimin en büyük zulmü kendinedir. Kuran'da "Nefsinize zulmettiniz, kendinize zulmettiniz" gibi anlatımlar bu yüzdendir. Zulüm kelimesinde kullanılan hakka aykırılık aslında her insanda var olan tek gerçeklik ve ilim olan Hakk'a yani onu var eden ve varoluşunun sebebi olan hakkıyla yaşamasının gereği olan Allah'ın ondaki ismi, esmasına aykırılıktır.

Kişi Allah'ın kendinde var ettiği baskın esmaların gereğini Allah yolunda ifa ettiğinde hakikatine kavuşacaktır.

Bunu yapmadıkça da kendi içinde saklı hazinesini dışarı çıkarmadığı ve yansıtamadığı için, kendi ışığından ve kendi varoluş ilminden mahrum kalmış bir hayat içinde mutsuzluğa ve acıya mahkûm olacaktır.

Bu ana kuraldır. İnsanlar dışında hiçbir varlık birbirine benzemeye çalışmaz doğada. İnek horoz gibi davranmaz.

Hepsi kendi varoluş sebeplerini açığa çıkarmak suretiyle vazgeçilmez olurlar. Amaç da budur, her birimizin varoluş sebebimizle Allah yolunda yol almamız ve bize bu yönde hizmet veren kâinatı anlamamız.

Bu yönde davranmadıkça tabiri caizse, kendi yüzümüzden "dayak yeriz" kâinattan.

Horoz olmaya çalışan bir inek ne horoz olabilir ne inek. Ne takdir görür ne kabul.

Bu yüzden de insanların müstakil akıllarıyla, sürü psikolojisiyle ister trend ister moda adı altında, gerek beden gerek akıl ve faaliyet olarak, birbirlerine dünyevi sistemdeki aldatıcı beğeniler neticesi özenme ve benzeme çabaları onların kendi kendinin starları olmalarını engelleyecektir.

Konumuzdan uzaklaşmadan muhteşem hakikate dönelim. Allah'ın nurundan var edilen peygamberimiz ve O'nun nurundan var edilen bu kâinat anlayışıyla anlamamız gereken, her şeyin temelde Allah'a ait bir görüntü, bir ışık, yani ilim olduğudur. Her birimiz ve her şeyin...

Ve birden gelen her şey bu yüzden de bir tek o bütüne bağlıdır, aynı bir vücut gibi. İçindeki tüm organlar birbirleriyle bağlantılı ve birbirleriyle etkileşir durumdadır.

Tasavvufta anlatılan vahdet-i vücut, yani "vücut birliği" de aslında bunu ifade eder.

Bu birlik ve teklik öyle kuvvetlidir ki, domino efekt gibi, bu aradaki bağ sebebiyle her birimizin günahı ya da sevabı yüzünden, tüm kâinat etkilendiğinden bizim dışımızdaki diğer her bir varlığın bizden davacı olması ya da duacı olması sözkonusudur.

Çünkü bilmesek de hepimiz birbirimizle bağlı ve birleşiğiz.

Allah ilminde net bir şekilde anlatılan bu konu, son yıllardaki bilimsel gelişmeler sayesinde hepimizin bir enerji alanıyla nasıl da bağlı olduğumuz ispatlanmış durumdadır.

Oysaki bilimin son yıllarda ispatladığı bu konu yüzyıllar önce Kuran'da zaten söylenmişti.

Hepimiz aynı nurdan yani ışık ve ilimden gelmiş ışık parçacıklarıyız.

Saçılmış o nurdan birer parça.

Tek bir kaynaktan saçılmışlığımız, hepimizi ayrıldık sansak da birbirimize bağlıyor...

Bu kavrayışa ise İslamiyet'te kısaca TEVHİD deniliyor ve peygamberimiz bunu anlamamızın İslami anlayış için esas olduğunu bizlere açıklıyordu.

En büyük zikirlerden biri olan "La ilahe illallah" bunu anlatıyor... La ilahe... İlah yok... Sen de yoksun... İlla... Sadece... Allah...

Allah var...

Gördüğün her şey O'nun nuru. Var sandığın, tapındığın her şey, başta kendin. Yani sen de yoksun, anla işte. O'nun sende gizlenmiş nuru var.

Sen o nuru fark etmeyip dünyaya yönelirsen o potansiyelin olsa da için boşalır, dünya üstüne çıkar ve kömür olursun. Oysa aynı potansiyeli içinde arayıp da onu ehlileştirirsen bir gün aynı maddelerden oluşsan da kömür olmaktan kurtulur elmas olursun.

Ne kimseye kızabilir, ne kimseye sitem edebilir ne de kimseyi ötekileştiremezsin. Hepsi Allah'ın nurundan saçılmıştır çünkü. Hepsinde Allah'ı görürsün.

Allah Resulü'nün (sav) "İslamiyet nedir?" sorusuna sahabeleri "İslamiyet namazdır, oruçtur, zekâttır" gibi cevaplar verdiğinde, onların da doğru olduğunu ama İslamiyet'in, temel anlayışı olan tevhidle beraber doğru olduklarını izah ettiği anlatılır...

Peki "tevhid" ne demektir?

TEVHİD, kısaca her yerde ve her şeyde Allah'ı görmek, Allah'ı BİR'lemek demektir.

Peygamberimiz bu kavramı açmak ve hepimizin tek kaynaktan geldiğini ve temelde birbirimize bağlı olduğumuz anlatmak için, "İman etmedikçe cennete giremezsiniz. Birbirinizi sevmedikçe gerçekten iman etmiş olamazsınız" (Müslim, Ebu Davud, Tirmizi) dediğinde noktayı koymuştur aslında.

"Hep birlikte Allah'ın ipine (İslam'a) sımsıkı yapışın; parçalanmayın. Allah'ın size olan nimetini hatırlayın: Hani siz birbirinize düşman kişiler idiniz de O, gönüllerinizi birleştirmişti ve O'nun nimeti sayesinde kardeş kimseler olmuştunuz. Yine siz bir ateş çukurunun tam kenarında iken oradan da sizi O kurtarmıştı. İşte Allah size ayetlerini böyle açıklar ki doğru yolu bulasınız." (Âli İmran 103)

Ve içinde ihlas kelimesi geçmemesine rağmen (buna ileride diğer kitaplarımızda sure incelemelerinde değineceğim inşallah) "İhlas" adı verilen "Kul Hu" suresinin bir kez okunması ve olabildiğince idrak edilmeye çalışılmasının dahi, tüm Kuran'ın o anda üçte birini okumuş gibi olduğunu söyleyen peygamberimiz, bu suredeki tevhid anlayışının Kuran'da ne büyük ve esas bir oluşum olduğunu ifade etmiştir bizlere.

Önceden de belirttiğim gibi peygamberimiz ümmi yani ilimlerin anasıdır, tek hakikat ilmi olan "Hakikati Muhammediye" ilminin anasıdır.

Allah'tan aldığı nuru sınırsız ilimle ona ayna olmuş ve ondan da kâinata yansımıştır.

Aslında aynı, kendi ışığı olmayan ama güneşten aldığı ışığı yansıtan ay gibi.

Bu yüzden Kuran'da Güneş aynı zamanda Allah'ın manasını, ilahi hakikati ve ilmini, Ay ise peygamberimizin manasını ifade eder.

Hatta derin ilim sahibiyken Mevlânâ Hazretleri'ne gelip bildiklerini unutmasını söyleyen ŞEMS, Güneş demektir. Aslında Allah ilmini taşıyan bir zatın da bir ifadesi olduğu için, Şems denilmiştir ona.

Kuran'da, her kelimeyi bırakın, her harf ayettir, işarettir ve her harf bile bambaşka anlamlar taşır ve başka manaları da sembolize eder. (Hatta tarihte mesela Osmanlı'da, incelediğinizde şehzade gömlekleri gibi isimler verilmiş, ister kaftan olsun ister diğer kıyafetlerde ayet yani işaretlerin sembolleri olan harf ya da resimler gerek yalın gerek rakamlarla olmak üzere o ayetlerin korumasına mazhar olmak için işleme ya da baskı olarak kullanılmıştır. Bu çok ilginç bir mesele... Ayet işaret olduğu için ve harfler de ayet olduğundan bunların taşınması dahi olumsuz enerji ve güçlere karşı âdeta bir zırhtır... Huruf-u Mukattaa (ayrı ayrı yazılmış bitişik olmayan harfler demektir) da denilen (Elif Lam Mim, Ta Ha) gibi harflerin sırlarından bahsedilir.

İşte okuma yazma bilmiyordu ümmi idi dediğimiz peygamberimizin, ümmiliği aslında yukarıda anlattığımız sınırsız ilimdir... Bu yüzden ümmi sadece "okuma yazma bilmemesi" şartlandırılmasıyla onun cahil olduğunu düşünmeye çalışanlara bu Allah'ın bir ironisi ve esprisi âdeta...

Çok cahil vardır okumuş yazmış. Biliyorsunuz, şeytanın ilk ismi Azazil'di. Bu da bir ayet ve işarettir anlamak isteyene.

Hakikat ilmi bilmediği sürece, ne kadar bilgi sahibi olursa olsun, herkes cahildir. Yüzyıllarca inanılan bilimsel veri ve dayanakların, bir başka deneyde değişmesi ve altüst olması da Allah'ın bu cilvesinden olmasın...

Peygamberimizin okuma yazma bilmemesinin Allah'ın hikmeti olduğu ve oradaki sınırsız ilmin dışarı çıkmasına engel olmadığını göstermenin yanında diğer "dinlerden" (aslında diğer dinler denilen kavramlar İslamiyet'in o mertebelerdeki öğretilerinden öte bir şey değildir) alıntı yapıyor denmesin düşüncesini de barındırdığı ifade edilir.

"Kendilerine Tevrat yüklenip de (Tevrat'ın hükümleri okunup da), sonra onu taşımayanların (onunla amel etmeyenlerin) hali, ciltlerle kitap taşıyan merkebin hali gibidir.

Allah'ın ayetlerini yalanlayan toplumun durumu ne kötü. Ve Allah, zalimler kavmini hidayete erdirmez." (Cuma 5)

Tevrat'a atıfla kitaptan bilgileri olan, ancak bildikleriyle ilimleriyle faaliyet göstermeyenlere, amel etmeyenlere "üstü kitap yüklü merkep" benzetmesi yapılır. Onlar sadece bilgi taşırlar, o bilginin dönüşmesi gereken HAL'i değil. Bu yüzden "eşek" tasviriyle nitelendirilmişlerdir ki bu bizlere de yönelik bir eleştiridir.

Bilgi yaşanmaya başlayıp da HAL'e dönüp de "bilgi bankalığı" "bilgelikle" sonuçlanmadıkça, yükten başka bir şey değildir.

Bu yüzden Allah Resulü (sav), "Faydasız ilimden Allah'a sığınırım" demiştir. "İlmiyle amel etme" gibi terimler de bu anlatımlara destek paralel anlatımlardır.

Laftaki ilim değil hazmedilmiş laftan hale dönmüş ilimdir aranan. Ve her ilmin temeli de hakikat ilmidir.

Zaten çoğumuzun temel problemi budur; genellikle "dilde" Müslümanızdır "kalpte" değil.

Kuran'da ve tasavvufta bahsedilen "ledün ilmi" yani "Allah'ın yanındaki, indindeki din (yol)" olan "ledün ilmini" isteyelim dualarımızda bu yüzden.

Allah ilmi, ilmi ledünü anlamaya başlayan, gerçekten yaşamaya başlar. Başkalarının değil kendi hayatı ve varoluş sebebini idrak etmeye ve onu faaliyete geçirmeye ve parlamaya başlar. Aynı bir yıldız gibi. Zaten hepimiz bir yıldızız.

(Hadid "HDD" kelimesi hiddetten türetilmiş bir sıfat olmakla beraber öfkeli, şiddetli, kızgın, keskin anlamlarını da ihtiva eder. Bir diğer anlamıysa DEMİR'dir.)

Allah ilmini anlamaya çalışan düz ilim sahibi Musa, bu yüzden ledün ilmi sahibi Hızır ile dost olmak ve öğrenmek ister.

İslamiyet'te, tasavvufta bolca duyduğumuz bir terimdir ledün ilmi.

İstememiz gereken bir ilimdir, aslında içimizde vardır da, mesele onu kazıyarak bulup dışarı çıkarmak. Aynı bir defineyi arayarak kazıyarak bulmamız gibi. Ama bu define bu hazine, başka yerlerde değil, aynı *Simyacı*'daki gibi bahçemizde yani "gönlümüzde" gizlidir.

Türkçede "katında, yanında, nezdinde" kelimeleriyle özdeşleştirmeye çalıştığımız "ind" kavramının ardından gelen bir kavramdır ledün kelimesi. İlmi ledünse "Allah'ın yanındaki, nezdindeki ilim" anlamındadır ve insanlara ilham edilen ilahi bilgiler, içe doğan hakikatler anlamına da gelir.

Bu ilme ulaşmak için âlim olmak yetmez, Allah'ın yanındaki dine ulaşmak için O'nun yanına ulaşmak gerekir. Bu konuya değinmiştik... Damladan denize ulaşmak... ya da O'na ulaşmışların ilminden nasiplenmek. İşte İslamiyet'in hakikatini anlamak için "Allah dostları" dediğimiz "erenler" diye tabir edilen yani "Allah'a eren, O'na yaşarken kavuşma amacımızı gerçekleştiren" zatların kitaplarını okumamız, bizi kulun yanında anlam itibariyle tahrif edilen dine değil, Allah'ın yanındaki hakiki ilme götürür.

Hızır gibi Allah'ın yanından bilgi alan, Allah'a dost olan huzuru bulur ve her an hazır olur. Çünkü artık o her şeyi kuşatan, zaman ve mekân ötesine ait Allah ilminden nasiplenmeye başlamıştır.

İşte cennetteki KEVSER ırmağının da (kevser; bol hayır, bereket, kesilmez soy ve sop, ümmet, cennette bulunan bir ırmak veya havuz, çokluk anlamına gelen kesret kökünde aynı kökten geldiği söylenir "çok idi" anlamında, risalet, Kuran, ilim, şefaat makamı gibi kavramları da kapsar) Allah ilmini temsil ettiği söylenir. O ilme yönelen sonsuz ilimle karşılaşmış demektir.

Hatta namazlarımızda da okuduğumuz Kevser Suresi çok ilginçtir. Peygamberimizin oğulları vefat etmişti. Ona kökü kesik anlamında hakaretler ediliyordu.

Diyorum ya, dünya anlayışları çok acı. Bir insanı zengin ve ebedi kılan kan bağı ve soyu değil ilim bağı, can bağı ve soyudur. Ve bu yüzden, hatta hayır yapan insanların "amel defteri" denen iyi kötü faaliyetlerinin kaydedildiği defterlerinin hayır bölümü açık kalmaya devam edecektir derler.

Çünkü o kişi vasıtasıyla ilim ve hayra kavuşan herkesin ona kattığı sevap devam edecektir. Bizler mal ve evlatlarla soyumuz devam eder sanırız, dünyevi aldatma perdesinde. Oysaki soy ilim ve hayırla daimiyet kazanır.

İşte peygamberimiz bu yüzden sonsuzdur ve hükmü hep devam etmektedir, çünkü onun soyu hakiki ilim ve İslam evlatlarıdır.

Eğer evladınız olmamışsa bunu düşünün. Buna emin olun. Kan bağı değil can bağıyla Allah yolunda yetiştirdiğiniz herkes sizin soyunuz olur.

Dünya gözlüğü, yakını uzak uzağı yakın gösterir. Zaten bu imtihan için buradayız. Değerler yer değiştirmiş, bunu fark ettiğimiz gün Kuran'ın "köle" tabir ettiği halimizden kurtulacağız.

Sadece Allah'a köle olan kâinata efendi olur. Yoksa başka insanların ve sistemlerin kölesi olmaktan öteye gidemez ve hürriyetine kavuşamaz.

Şimdi Allah Resulü'nün (sav) anlattığı TEVHİD konusunu yeni verilerle bilimle özdeşleştirelim...

Tevhid kavramına ve hepimizin BİR oluşumuzla ilgili tüm bu bilgileri birleştirirsek, kuantum fiziğinden de bildiğimize göre her unsur aslidir ve her biri eşittir ve birinin eksikliğinde mekanizma işlemez.

Kuran'da Âdem yeryüzüne gönderilmeden önce, onun yaşayabilmesi için Allah tarafından her şeyin yerli yerine konulduğu anlatılıyordu.

Herhangi bir tesadüfe yer vermeden her ince detay dahi düşünülmüştü.

O kadar çok şey var ki bu konuda söylenebilecek, güneşin dünyaya olan uzaklığının bile tam kararında olması ve sonumuz olabilecek güneşin hayat kaynağımız olma ölçüsü, muhteşem bir tasarım ve aklın imzasıdır...

"Hayy" olan Allah'a mahsus HAY'atın mahiyetini tam olarak anlamasak da hayat kâinatın özeti gibidir.

Hayvan deyip geçeriz. Oysa o Allah'ın "HAYY" isminin AN'daki tecellisidir...

Hayy-v-an dır o...

Artık dünyada bilimadamları tarafından ilmi tespitlerle ispatlanmaktadır ki, hayat tesadüflerden ibaret değildir. Tam aksi her detayıyla hesaplanmıştır.

Bu Enam Suresi'nin 59. ayetinde muhteşem bir şekilde özetlenmiştir:

"Ve gaybın anahtarları, O'nun yanındadır. O'nu O'ndan başkası bilmez. Ve denizde ve karada ne varsa bilir. O bilmeksizin, bir yaprak dahi düşmez. Yerin karanlıkları içinde hiçbir yaş ve kuru bir dane yoktur ki, Kitab-ı Mübin'de bulunmasın..."

İşte Kuran yeryüzüyle insan bedenini özdeşleştirirken, insan bedeninde olan yardımlaşmanın aslında yeryüzünde de olduğunu ve buna yönelmemiz gerektiğini de anlatır tevhid. Kuran evrende savaşmanın değil yardımlaşmanın esas olduğunu anlatır ve aslında tevhid anlayışını anladığımız zaman yardım eden ve edilenin de ta kendimiz olduğunu fark ederiz.

İşte amaç "ben" olmak değil "biz" olmaktır.

Kişisel gelişim, ben çıkayım da kim ne yaparsa yapsın, bana dokunmayan yılan kırk yıl yaşasın der...

Ruhsal gelişimse, hem kişisel hem bütünsel gelişimi kapsar. Amaç tanrısallaşmak değil Allah'ta bir olmaktır.

Ve işte tüm bu sebeplerle temelde tek vücut olduğumuzdan, başkasına verdiğimiz zararla aslında kendimize zarar veriyoruz...

Zilzal Suresi 7-8. ayetler:

"Artık kim zerre kadar hayır işlerse onu görür. Ve kim zerre kadar şer işlerse onu görür."

Bu bir zincirlemedir, bir hareketimizle tüm evren ve en başta da kendimiz zarar görmeye başlarız. Çünkü yapılan her hareketin nötrlenmesi için karşı bir hareket oluşmalıdır. O dönüş de bizzat enerjinin kaynağına yani bize olacaktır.

Bir şelaleden aşağı doğru su akarken yukarı doğru o suyun saf ışık enerjisi akmaktadır. Biz göremediğimiz için kavrayamadığımız bu olay tüm enerji kaynak ve hareketleri için böyledir.

Salgılanan her tür enerji, salgılandığı kaynağa geri dönecektir. Eğer olumsuzsa aynı oranda, olumluysa katbekat artarak. Bu Allah'ın merhametidir.

"O buyurmadı mı, bana bir adım atana ben on adım atarım. Bana yürüyerek gelene ben koşarak gelirim."

"Öyleyse huzura çıkmaya izin yoktur ümitsizliğine düşme ve aşkı seç ki bütün peygamberler de öyle yapmıştır" der Mevlânâ.

Bu muhabbet, sevgi üzerine kurulmuş kâinatın lisanını anlamak bir zaruret ve korku kaynağı değil aslında aşk kaynağı ve zevktir.

Bu yüzden dinde zorlama yoktur. İbadet adı altında yapılanlar yük değil bir kavuşma, buluşma, sevme, sevilme, sığınma ve güvenme duygusudur.

Kâinatta her şey insana hizmettedir; hava, su, güneş ve yıldızlar... Her şey. Ve insanda da bu böyledir. Bir yerimiz acıdığında, yaralandığımızda, tüm bedenimiz irademiz dışında orayı iyileştirmek için canla başla seferber olur. Kontrolümüz dışında. Biz fark bile etmeden.

Bedenimiz kâinattır, evrendir. Evrenin numunesidir. Bu yüzden, "Ne varsa âlemde hepsi âdemde" denir. İşte tüm bu sebeplerle bilelim ki bize biri zarar verdiğinde tüm kâinat bize yardıma koşacaktır. Bu gayriihtiyari olacaktır, çünkü biz her birimiz bir evren ve aynı zamanda da evren bedeninin cüzi bir parçasıyız. Kanadığımız yere evrenin tüm varlıkları biz bilmeden pansuman olacaktır...

Varlığımız için güneş, ay ve gezegenlerin hepsi görevlerini eksiksiz yerine getirmektedir.

Ruhaniyetleri çeşitli sebeplerle bozmuş insanlar ve bazı hayvanlar üzerine kurulan "güçlü zayıfı yok eder" felsefesini yıllarca bize dayatmalarına rağmen, dünyanın geldiği noktada bunun doğru olmadığı ve dünyayı kötüye götürdüğü ve hakikatin de bu olmadığı artık bilimsel olarak da ispatlanmıştır.

İnsanların birbirlerine zarar vermeleri tüm dinlerde yasaktır. "Müminler merhamette bir vücut gibidir. Vücudun bir yeri rahatsız olunca, bütün vücut, rahatsız olduğu gibi, Müslümanlar da birbirine acımalıdır!" (Buhari)

Peygamber efendimiz, "Merhametli, şefkatli olmayan, acımayan imanlı olmaz" buyurunca, Eshab-ı kiram, "Ya Resulullah (sav), hepimiz merhametliyiz, şefkatliyiz" dediler. Onlara, "Sadece insanlara değil, bütün mahlukata merhametli olmak gerekir" buyurdu. (Taberani)

"Karıncadan file kadar bütün canlılar Allah'ın ailesidir. Burada susuyorlar, hesap günü konuşacaklar." (Mevlânâ)

Oysa dünya öğretileri insanları bölmek, ayırmak ve kimini yüceltmek kimini ezmek üzere.

Adaletsizlikleri Allah'a ait görmek gerçekten kendini sıyırmaya çalışmanın bir yolu. Hem Allah'ı inkâr edip hem de adaletsizlik olarak gördüklerini, O'na ithaf etmek nasıl bir paradoks, nasıl bir çifte standarttır.

Bir ihtiyaç sahibi görüp de "Ay! Allah yardımcısı olsun!" diyenlere şaşırmak gerek. Duyarlı görünen duyarsızlık!

Yahu Allah niye yardımcısı olacak, Allah sana niye verdi? Sen Allah adına yardımcı olacaksın...

Allah'ın sana verdiğini, senin vasıtanla Allah o kuluna gönderiyor.

O'nun esmaları saçılmış her varlığa. Onlar birbirlerine destek olacaklar. Kâbe'de Kâbe'yi aradan çıkardığında herkes birbirine secde ediyor gibi görünür değil mi?

Neden? Çünkü her biri Allah'ın esmalarını taşır ve her biri birbirine bu yüzden boyun eğer. Allah isimlerinin vücut bulmuş, elbise giydirilmiş halidir her biri. Başka bir varlıkları yoktur ki...

Kaf Suresi 16. ayette, "Ve and olsun ki insanı biz yarattık. Ve nefsinin ona ne vesveseler vereceğini biliriz. Ve biz, ona şahdamarından daha yakınız" diyen Allah'ı kendimizden ayırıp, kendimize varlık vermek ve kendimizi ilahlaştırmak, Allah'ı da gökte bir makamda düşünüp gökten yardım inmesini beklemek... Ne değişik!

Bakın bu ayet çok önemli. Allah zatıyla, bizzat konuştuğu ayetlerde BEN der. Ama esmasıyla faaliyet gösterdiği ayetlerde BİZ der. Bu hem tevazuu hem de esmalarının çokluğunu kastetmesiyle de ilişkilendirilebilir.

Kuran'da Allah'ın BİZ diye seslendiği yerlerde şunu anlarız: Allah esmalarıyla yeryüzünde faaliyet görür. Her varlık O'nun esmalarının yansımasıdır. Melekten cine, insana, hayvana ve bitkiye değin...

"Biz daha yakınız" demek, SEN'deki esmasını yani senin Rabbini kastetmesidir diyebiliriz. O senin Rabbin ve Rabbül âlemin yani Rablerin de Rabbidir. Tüm Esma'ların da Rabbidir...

Kâinat, O'nun varlığının farklı mertebelerde beden bulan varlıklardan oluşan bir oluşumdan başka bir şey olmadığına göre "Allah yardım etsin" deyip elini eteğini çekmek olayı doğru kavramamaktır.

Sen Allah'ın yardım gönderen elisin zaten. O eli kullansana...

Allah yardım etsin!

Düşünmüyoruz. Hem bir yandan dünyadaki haksızlıklar için Allah'ı sorumlu tutuyoruz hem de "İşin Allah'a mı kaldı, bırakılır mı ya böyle?" diyoruz!

Maalesef kötü haber. Hepimiz olan biten adaletsizliklerden sorumluyuz.

"Haksızlık karşısında susan dilsiz şeytandır" ifadesini sadece kelimeye yakinen bakarak düşünsek bile anlardık aslında.

Adaletsizlik anlamında kullandığımız HAK'sızlık adı üstünde, Allah'tan mahrumiyettir. Hak sözcüğünün hem Allah'ın esmalarına verilen isim olması hem de adaleti temsil etmesi hiç mi bir şey uyandırmıyor bizde?

Bizlere yıllarca ezberletilmeye çalışılan, bu dünyada kuvvetli olan yaşar, zayıflarsa yok olmaya mahkûmdur felsefi bakışı, dünyanın geldiği nokta itibariyle artık geçerliliğini yitirmiştir. Bu inanış hayvanlar âleminden insanlar âlemine, hatta şirketsel yapılanmalardan ülkesel boyutlara kadar geçerliliğini yitirmeye başlamıştır.

En güçlü ülke ekonomileri, en büyük şirketler ve kurdukları yıkılmaz sanılan büyüğün küçüğü yeme sistemleri tek tek krize girmiştir.

Güçlü hayvanlar bile korunmaya alındığı halde sayıları azalmakta ve zayıf olanlarsa çoklukla yaşamakta. Dinozorlar, balinalar gibi. Büyük balığın küçük balığı yemesi kuralı, bilimadamları tarafından çelimsiz ve hasta olanların bu elemeye maruz kaldığı tezi ile savunulmaya başlamıştır. Doğal seleksiyondaysa adalet ve hikmet sırları devam etmektedir ve temelde yaşama devam edebilme kapasitesinde olamayanlar elenmektedir.[36]

---

36 Cenab-ı Hakk'ın 2 sıfatından 2 şeriatı ve 2 kanunu meydana gelmiştir:

1. İrade Sıfatı: Tekvini Şeriat-kâinat kanunlarındaki adalet ve hikmet.
2. Kelam sıfatından gelen Teşrii Şeriat'tır. Yani Kur'an-ı Kerim'de belirtilen ve insanların uyması gereken kurallar manzumesidir. Bu kanunlarda da yine adalet, hikmet ve şefkat esastır. *(Risale-i Nur)*

İşte İslamiyet'te bu yardımlaşma temeldir. Temelde TEVHİD ve BİRLİK olduğu için yardımlaşma tavsiye edilir. Hem ibadet kavramıyla hem de törensel hallerle.

Mesela etimolojik olarak "z-k-y" kökünden türeyen zekât kelimesi, sözlükte "artmak, çoğalmak, bereket, temiz olmak, iyi, düzgün, uygun ve verimli olmak" gibi anlamlara gelen zekâtla bu yardımlaşma "farz" adı altında yapılması "kural" haline getirilip vicdani seçimlere bırakılmamıştır. Ve sık şekilde ifa edilmesi ne kadar önemlidir ki, ayetlerde genellikle namaz gibi temel ve her gün defalarca yerine getirilen bir ibadet ile beraber anılır...

"Hem namazı tam kılın, zekâtı verin." (Bakara 43)

"O namaz kılanlar, zekât verenler, Allah'a ve ahirete hakkıyla iman edenler var ya, işte onlara yarın büyük mükâfat vereceğiz." (Nisa 162)

"Onlar zekâtı ifa ederler." (Müminun 4)

Zekât ile ilgili bir hadis-i şerifte "Zekât İslam'ın kantarası, yani köprüsüdür" denilmiştir.

Bunu ilk araştırıp da karşımda gördüğümde hayretle ilk aklıma gelen şu oldu:

"Hayat yardımlaşmadır mücadele değil..." (Said-i Nursi Hazretleri)

İşte bir Allah dostu yıllarca teoriler üretilip de, yıllar sonra hakikati anlaşılan ilmi bir konuda çok daha önceden Allah ilmiyle konuyu özetlemiştir...

"Acaba kâinatın umumunda görülen o yardımlaşma cilvesinden olan yiyeceklerdeki atomların, pür şevk ile beden hücrelerinin beslenmeleri için koşmaları nasıl cidaldir? Nasıl bir çarpışmaktır? Belki o imdat ve o koşmak, Kerim bir Rabb'in emriyle bir yardımlaşmadır." (Lem'alar, 118)

"Çok ağlayınız" diyen peygamberimizi her geçen gün daha iyi anlamaya başladıkça, bu karşıma çıkan bilgilerle ister istemez daha çok ağlıyorum...

Kelimeler üzerinden giderek başladığım bu araştırmalarda kendi kelimelerimin yetersiz kaldığı yerdeyim...

Ne denir ki... Sübhanallah.

BAKARA, NUR VE TEVHİD BAĞLANTISI

Şu an itibariyle geçtiğimiz bölüme bağlı kalarak size bazı tespitlerimden kaynaklanan düşüncelerimi sunacağım... Hiçbiri afaki olmayıp hepsi kelime etimolojisi, kavram ve kaynaklara dayanmaktadır...

Kuran'da BAKARA Suresi vardır.

Surenin ismine dikkatli baktığımızda BAK ve ARA kelimelerinin de hikmetle saklandığını görebiliriz.

Bizim için bu sure Kuran'ın mucizevi tüm diğer sureleri gibi o kadar çok anlam taşıyor ki, hepimiz idrakimizce bir şeyler almaya çalışıyoruz.

Yapım itibariyle kelimelere çok ehemmiyet göstermeye çalışırım. Allah'ın nasip edip de bana yazdırdığı ve besteletti̇ği şarkılarımda da muhakkak farklı kelimeler kullanmayı ve onlarla tabiri caizse "oyunlar" yapmayı severim.

Bakara Suresi'nin kelime anlamını ve mahiyetini araştırdığınızdaysa hayretinize hayret katılıyor...

Allah kelimelerin manalarındaki sırların perdelerini tek tek kaldırmaya başladığında Kuran'ı "eski bir uygarlığa gelmiş, abdesti temizlik için verilmiş" gibi kıt anlayışlarla değerlendirmenin ne kadar da cahil bir anlayış ve büyük haksızlık olduğunu fark ediyorsunuz...

Kuran bana *Alice Harikalar Diyarında*'yı hatırlatıyor. Kitabın içine girdiğiniz an itibariyle kitap âdeta sizi yutuyor ve bir yolculuğa başlıyorsunuz.

Kendinizden kendi hakikatinize bir yolculuk.

İşte buna, bizlerin Allah'a ulaşmak için yaptığımız bu yolculuğa "seyru süluk" deniyor. Hakk'a ulaşmanın yolu kendi içine yolculuk etmekten geçiyor.

"Seyru süluk" deniyor. "İzlenen yol..."

Ve o yolda inanılmaz merhalelerden, mucizevi, cezbedici hallerden ve diyarlardan geçiyor insan.

Aynı Alice Harikalar Diyarında gibi...

Deniz Harikalar Diyarında...

Din kelimesinin, tarikattaki "tarik" kelimesinin, süluk kelimesinin ve sırat kelimesinin hep farklı farklı yönleriyle bir "yol" anlamı içermesi tesadüf olmasa gerek.

Hak yolcusu Hakk'a varınca eren, ermiş oluyor. Vuslatı olmuş, Hakk'a kavuşmuş. Ve temel esassa Allah'a ulaşmaktır...

Namaz kelimesi Farsça bir kelimedir.

Kuran'da aslen tekil hali ile "salat" ve çoğul hali ile "salavat" olarak kullanılan ve dillerimize "namaz" olarak geçmiş bu kelime ve kavramın beraberce içeriğine ve anlamlarına bakalım:

Arapça sözlükleri incelediğimizde kelimenin kök anlamında, meyletmek, yönelmek, erişmek, ulaşmak, bağlantı, bağlantı kurmak, destek, desteklemek, (desteklemek için) dayamak-yaslamak, canlıyı dik tutan omurga ve uyluk kemikleri, düz sırt, omurga gibi anlamlara rastlıyoruz...

Bunun daha da detayları var ancak birkaç nokta üzerinde durmak suretiyle bu geniş konuyu bölümümüz dahilindeki konularla sınırlayacağız...

Meyletmek, yönelmek, ulaşmak, bağlantı kurmak ne kadar da özel anlatımlar... Günde en az beş vakit Allah'a yöneldiğimizi, ulaştığımızı, O'nunla bağlantı kurduğumuzu söylüyoruz aslında namaz vakti geldi dediğimizde... Bu yüzden "salat" kelimesini kullanmak ve bu anlamı hissetmeye çalışmak yönelişimizi daha anlamlı hale getiriyor... Sıradan bir tabir gibi kullandığımız namazın anlamının bile farkında değilken en azından kelimenin aslı olan "salat" söylerken bizi daha fazla düşündürüyor...

Burada değinmeden geçemeyeceğim bir konu var... O da salat kelimesinin "omurga ve uyluk kemikleri" ile ilgili açılımı... Bu kelimede gizlenmiş bu iki kemik kitabımızın ilerleyen bölümlerinde namaz mevzuuna değindiğimizde daha da dikkatiniz çekecek ve bu kelimenin omurga ve uyluk kemiklerini de kastediyor olması hepimizi şaşırtacak...

Omurga 33 omurdan (kemikten) oluşuyor ve bilinç yükselişinde ileriki bölümlerde titreşimle ilgili bağı ile ilginizi çekeceğine inandığım sırlar barındırıyor...

Bunun yanında salat kelimesinin manalarından "uyluk" kemiği bize başka sırların kapısını aralıyor...

Kuran'da Hz. Yakup'tan bahis vardır... Hz. Yusuf 'un da babası olan Yakup Aleyhisselam... Yakup kelimesi (İbranice Yakubo) "sonra gelen, yerine geçen" anlamına gelir ve "topuk" kelimesi kökünden gelmektedir...

Şimdi gelelim Yakup ve uyluk kemiğine ilişkin bir anlatıma... Tevrat'a dayalı bir anlatımda Yakup'un bir melekle güreşmesi anlatılır... Buradaki örtülü anlamlara girmeden konuyla ilgimizi kaybetmemek adına devam ediyorum... Bu anlatımda, meleğin Yakup'u yenemeyeceğini anlaması ve onun uyluk kemiğine başının çarpması anlatılır... Yakup'un da melekle güreşirken uyluk kemiğinin çıktığı ve bu nedenle İsraillilerin bugün bile uyluk kemiğinin üzerindeki siniri yemedikleri belirtilir... Çünkü Yakup'un uyluk kemiğinin başındaki sinire çarpıldığı ifade edilir... (Tevrat, Yaratılış 32).

Eiffel Kulesi'nin bile mimarı Maurice Koechlin'in ünlü kulenin projesini çizerken, uyluk kemiğinden etkilenmesi ilginçtir... Boru şeklindeki uyluk kemiği özellikleri itibariyle vücudun en hafif ve dirençli kemiği bu zarif yapısına rağmen sağlam mimarisiyle Eiffel Kulesi'ne bile örnek olmuştur...

Tabii bu kadarla kaldığını düşünmüyorum... Bu kadar ünlü bir yapıya örnek olan bu durumun altında bir sembolizm veya işaret aramamak bence çok gerçekçi olmaz.

İnsan beyni ve evrimi ve vücuttaki enerji dağılımı incelemelerinde beyinle beraber uyluk kemiğinin de adının geçmesi beni oldukça şaşırttı...

"Salat" kelimesinin anlamlarından biri olan uyluk kemiği ve onun üzerindeki siniri yapıdan namaz esnasında çeşitli hareketlerimizle elektromanyetik enerji ürettiğimizi ve ruhsal bedenimizi aktive etmeye çalıştığımızı bildiğim için büyük bir anlam içeriyordu...

Hele ki secde halinde Yakup'un ismiyle akraba olan topuktan başlayıp omurilikten geçen bu elektriksel devrenin beyinde ve üçüncü göz bölgesi iki kaş arasında secdeyle tamamlanması buradaki elektriksel aktivasyon meselesini daha fazla irdelemem gerektiğini düşündürdü bana...

Topuktan başlayıp uyluk kemiğine, oradan kuyruksokumu ve omurga üzerinden beyne yürüyen bu sinir ağı, bir anlamı da BAĞ-LANMAK olan salat kelimesi için oldukça anlamlıydı...

Kişisel bilgisayarımızı Allah'a bağlamak adına bazı hareketlerin bedendeki belli bölgeleri aktive etmek suretiyle elektromanyetik bir AĞ ve alan oluşturulmaya çalışıldığı hissimse daha da yoğunlaştı...

Şimdi tekrar konumuza dönersek, salat, eğer Allah'ın salavatından bahsediyorsak, O'nun kuluna yönelmesi, onu kollaması, temizlemesi vb. gibi durumları anlattığımızı söyleyebiliriz... Peygamberimizin salavatı, O'na yönelmiş ümmetine destek olması, şahitlik etmesi, bağışlanmalarını dilemesi ile destek olması, meleklerin salavatına gelince, kulun Allah'a ve Peygamber'e yönelişlerine destek olmaları, onun söz ve fiillerini tasdik etmeleri ve onun için mağfiret dilemeleridir...

Kulun salavatı, Allah'a dua, tövbe istiğfar, hamd gibi yönelişleridir örneklersek...

Bizler örnek olarak peygamberimize salat-u selam okumayı oturduğumuz yerde sadece lafzen o yöndeki duaları tekrarlamak sanmaktayız. Oysa sizlerin de görebileceğiniz gibi desteklemek anlamıyla da yer alan salat kelimesi müminlerin peygamberimizin davetine yönelmek, o yönde gerek nefsi cihatlar gerekse ilim yaymak yolunda onun dua ve dileklerine üzerine düştüğünce destek olmaya çalışmak, onun vahyettiği ayetleri uygulamak, yaymak için elinden geleni yapmalarını kasteder...

Tahiyyat "ves salavati lillahi" ihlaslı tüm yönelişlerimiz yalnız Allah'adır.

Salli ve barikte ise Allah'tan Muhammed'e ve ümmetine yönelip onları desteklemesi, bağışlaması duasında bulunulur ve bu yolda da bu niyazın kabulü için yükümlülüklerini de ifa sözü verilir...

"Namaz müminin miracıdır" demiş ya peygamberimiz...

Günde beş vakit Allah'a ulaşma olarak ifade edilen ama aslen "daimi namaz" olarak da adlandırılan ama aslı "daimi ulaşma" anlamını taşıyan hal, her an Allah ile beraber olma amacı Kuran'da bize, bizler anlamasak da anlatılıyor.

Allah dostları yapayalnızken bile her an O'nunla oldukları için edep içinde oturur, yer içer yaşarlar diye anlatılır...

Namaz konusu ilerleyen bölümlerde daha da ilginç şekilde karşımıza çıkacak inşallah, şimdi tekrar konumuza dönmek istiyorum. Bakara Suresi'nin değil her ayetini her kelimesini tek tek tartışmak ve tefekkür etmek gerek, ama şu an bu surenin özündeki başka bir konuya değineceğim...

Bakara kelimesi "inek, sığır cinsi, buzağı" anlamına gelmektedir. *Fringe* diye dünya çapında fenomen olmuş bir dizide, dahi bir profesörün bir ineği laboratuvarına getirmesi ve ineğin DNA'sının insan için dâhiyane şeyler sakladığını söylemesi beni çok etkilemişti.

Dizide bilimsel anlatımların Kuran'da karşılıklarının olması, bu konuyu araştırmaya itmişti beni.

En mühimi Kuran'da "Bakara" ve anlam olarak da "inek (ya da sığır cinsi hayvanlar)" adıyla adlandırılan bir surenin olması, bu surenin peygamberimizin anlatımıyla pek çok derinlikleri haiz olduğunun anlaşılması ve bir dervişin de "inek, boğa, sığır" gibi bir kelime ve anlatımla sembolize edilmesi bu konuyu araştırmama yol açtı.

Allah yolundaki bir dervişin bir inek, boğa ile sembolize edilerek, bir dervişin etini, sütünü, evladını, gücünü ve postunu dahi insanlığın hizmetine sunabilme özelliğini ve anlamını kavramam çok vakit almadı.

Bu açılım idrakime geldiğinde teyzemle beraber bir çiftlikteydik... Orada bir inek ve yavrusunu gördük. O yavrunun annesine bakışlarını... Bir annenin evladını yitirmesi tarifi zor ve büyük bir acıdır. Anneannem iki evladını kaybetmiş bir kadın olduğu için biliyorum... O inek ve yavrusuna baktık. Gözlerimiz doldu. Şimdi dönüp "İyi de inek hayvan yahu!" diyeceksiniz belki de, ama unutmayın insanların bir kısmının hayvandan aşağı idrakte olduğu Kuran'da bile ifade edilmiştir... "Onlar hayvandan da aşağıdır" (Araf 179) ayeti onları aşağılamak için değildir... Bazı insan suretindekilerin hayvan idrakinden dahi aşağıda olduğunu anlatır... Yoksa Allah "sessiz kullarım" dediği hayvanlara öyle değer verir ki...

İneklere dönecek olursak ne muhteşem hayvanlardır... Bir parça otla doyan bu varlık insanlık için tüm varlığıyla hizmettedir.

Sure "suret" demektir demiştik. Suret nedir? Beden bulmuş manalar. Bedenler. Ayetse bu bedenlerin içeriklerine ilişkin anlatım, simge ve işaretler.

Hani deriz ya, "Şu arkadaşım aradı bu bir işaret olmalı." İşte Allah da suretler üzerinden öyle işaretler veriyor ki, o sınırsız anlam zenginliği içinde hayrete düşmemeniz imkânsızdır.

Daha sonra Peygamber'in bir hadisi aklıma geldi: "Dünya öküzle (boğa) balığın üstündedir..."

Bu hadise ilişkin o kadar çok anlatım vardı ki, kimi anlatımlarda da Boğa burcu ve Balık burcu devirleriyle ilgili açıklanmıştı ve eminim daha çok açılımı vardır...

Peygamberimizin dünya tasvirindeki "öküz, boğa" tabiri kafamda elbette ki Bakara Suresi'yle çağrışım yaptı.

İnek zaten en eski uygarlıklardan olan Hindistan'da da kutsiyet atfedilmesinden dolayı dikkatimi çekiyordu.

Bu yüzden eski uygarlıklarda inek, boğa, öküz tabirlerini incelemeye başladım.

Beni gerçekten en çok şaşırtansa, 10 binlerce yıllık uygarlıklarda bile boğa ve inek figürleri ve boğa tasvirlerinin fazlasıyla ön planda olmasıydı.

Hindistan –ki çok eski bir uygarlık olmasına rağmen– ve onun dışında pek çok uygarlıkta boğa ve inek figürleri ve onlara atfedilen kutsiyetleri görünce, gerçekten heyecan ve merakım gittikçe daha da artmaya başladı.

Boğa sembolü gerek medeniyet başlangıcı, tarımsal başlangıçlar ve toprakla gelen güç kavramı, üretkenlik gibi anlayışlarla beraber insan bakımından da aslında "üretken ve yüksek medeni bir bilinci" ifade ediyordu.

Kuran'da Bakara Suresi'ndeki anlamıyla daha dikkatli baktığımdaysa bunun "dervişteki bilinç" ve idrakinin üretken hale gelmesi ve yükselmesi olduğunu ve aydınlanmasını sembolize ettiğini fark etmeye başladım.

Eski uygarlıklarda o uygarlığı yönetenlerin başlarına taktıkları boynuzlu başlık ya da taçlarsa, bilgelik kavramının boynuz sembolüyle ifade edilmeye çalışıldığını düşündürdü.

Hatta Anadolu'da dokuz bin yıl önce yerleşim yeri olmuş Orta Anadolu'da bulunan Çatalhöyük'te yapılan kazılar sonucu bulunan duvar resimlerinde ve yerleşim yerlerinin kutsal alanlarında kullanılmış boğa sembolü, bir de Antik Mısır'da tanrı ve tanrıça olarak bir inek ve boğayla karşıma çıktığında parçalar yerine oturmaya başladı. Bunların boynuzları arasındaki güneş ise bana Şems manasıyla çağrışım yaptı.

Boğa bir şekilde Bakara Suresi'nde derviş ve aydınlamış kişi, bilge timsali idi. Allah'a varma yolunda özellikleri anlatılıyordu.

Toprağa yani dünya ve mülke fazla bağlı olmaması kastıyla "boyunduruğa koşulup toprak sürmemiş, toprak sulamada kullanılmamış" olması, alacalı (karışık, safiyetten uzak) olmaması (Bakara 71) gibi...

Bir buzağı üzerinden dervişin dünyaya ve mülke bağımlı olmayan bir anlayıştan gelmesi, ne çok genç ne çok yaşlı olmaması -ki idrakinin olgunlaşmasıyla ilgili sanırım- öte yandan peygamberimizin hep kullandığı "Dünle aynı düşünüyorsan ziyandasın" ifadesindeki gibi kendini ve bilincini aynı yerde tekrarlayan değil (dolap beygiri gibi değil) ama geliştiren olması gereği ifade ediliyordu...

Şimdi konumuza dönelim, Bakara...

Putperest kavimler de dahil, Mezopotamya'da yaşamış Akad, Asur, Babil tanrıları olarak sembolize edilen boğa ve boynuz sembolüne ithaf edilen kutsiyet gerçekten çok enteresandır.

Tevrat ve İncil tahrif edilmiş kitaplardır ancak içerdikleri ve tahrifatın sınırlı olduğu bazı anlatımlar, Kuran'daki bazı anlatımlarla benzerlik taşır. Tevrat ve İncil'in aslını ise Kuran'da Tevrat ve İncil'den bahseden ayetlerde bulabileceğimiz söylenir...

Taha Suresi'nde konumuz olan Bakara'ya ilişkin bir hikâye anlatılır... Taha Suresi 90-95 ve devamındaki ayetlerde, Hz. Musa'nın yokluğunda Samiri adlı bir şahsın bir buzağı heykeli yapması ve İsrailoğullarının Hz. Musa'nın yokluğunda Harun'a rağmen onu ilah edinmeleri anlatılır.

Kuran'da, Bakara Suresi'nde ve Tevrat'ta da benzer bir bölüm vardır. Bu buzağı heykeli hikâyesi gerçekten çok ilginç anlatımlar içerir. Onun gizemlerine bir çalışmamda inşallah yer vereceğim.

Kuran'da inek, sığır, boğa gibi Zülkarneyn tabir edilen ve mertebesi açıklanamayan bir şahıstan bahsedilir. Muhakkak duymuşsunuzdur Yecüc ve Mecüc anlatımını ve Zülkarneyn'in onları kapattığı ve üzerlerine set çektiği anlatımını...

Burada dikkat çekmek istediğim Arapça olan Zülkarneyn kelimesinde, ZÜ yani "çift, malik, eş", KARN ise boynuz (kurun: çağ, boynuz anlamı da var, kerenle aynı kök) anlamları yanında, Zülkarneyn çift boynuzluluk anlamıyla yine beni Bakara anlatımına ve dünyanın öküz, boğa ve balık üzerinde olduğu hadisine götürüyordu...

Bu sefer KARN'ın diğer anlamalarını araştırmaya başladım. Ve gerçekten çok şaşırdım:

Karn bir taraftan da, "perçem, tepe, zaman, güneş, iki şey arasında bağlantı, mantıki birliktelik, eşleşme, delil" anlamlarına da geliyordu.

Perçem ve güneş bana Allah'ın manasının bizdeki varlığının âdeta dışarı çıktığı yer kavramını düşündürmeye başladı. Nitekim "alınlarındaki secde izi, nur ve biz onları o gün perçemlerinden yakalarız" gibi ifadeler beni boynuz ve güneş ve nur kavramlarını beraber irdelemem konusunda yönlendirdi.

Şimdi ayete bakın...

Alak Suresi 15. ayet: "Hayır, eğer o gerçekten vazgeçmezse, mutlaka biz, onu perçeminden (alnından) yakalarız (sürükleriz)."

Hayat enerjimizin merkezi epifiz bezimiz olabilir mi?

Zülkarneyn ise adında Yecüc ve Mecüc olayının anlatıldığı bölümde geçen bu zat, "iki boynuz sahibi" olarak da tabir edilen kelime anlamıyla nitelendirilen ve aynı zamanda iki zamanın da sahibi olarak ifade edilen bir şahıstır. Karneyn yani iki boynuzun iki tanesi anlamındadır.

Kehf 83-84. ayetler: "Ve sana Zülkarneyn'den sorarlar. De ki: Ondan bahsederek size tilavet edeceğim (açıklayacağım)... Muhakkak ki biz, onu yeryüzünde kuvvetlendirdik (destekledik). Ve ona sebep olan her şeyden verdik."

Burada düalite ile ilgili de tefekkür edilebilir ama şu an konudan sapmamak adına devam ediyorum.

Bunun üzerine Samiri anlatımının biraz farkla Tevrat'taki anlatımını incelemeye başladığımda Zülkarneyn'deki "boynuz" anlamına gelen karn kelimesine çok benzer ve büyük ihtimalle köktaş olan "keren" kelimesiyle karşılaştım.

İbranicede boynuz olan "keren"[37] kelimesinin kökü krn, koran kelimesiyle aynı kökten geliyor ve PARLAMAK, IŞILDAMAK anlamına geliyordu!

---

37 Belirtmeden geçemeyeceğim... farkındalığımıza bir "işaret" daha bırakmak adına. Keren, Kuran, KRN, KARN kelimeleri ile dünyaca ünlü CERN (krn) ve deneyleri (Avrupa Nükleer Araştırma Merkezi anlamına gelen Fransızca "Conseil Européen pour la Recherche Nucléaire" sözcüklerinin kısaltmasıdır görünüşte ama ne tesadüftür ki "cern" yani boynuz anlamıyla da örtüşür!) ilişkisini ve yapılmak istenilenin görünen ötesindeki çabasını bir Kelt tanrısı olan, kelime olarak "Boynuzlu Tanrı" anlamına gelen CERNnunnos'u da, CERN'de deneyin yapıldığı kampusta bulunan Hint tanrısı Şiva'nın iki metrelik heykelini sembolize ettiklerini ve bilimsel bir deney ile sembolik ilişkisini de araştırarak fark edebilirsiniz...

CERN'in logosundaki halkalar ve ucundaki çıkıntıların neyi sembolize edebileceğini sorgulamamız ve 9 Nisan tarihinde dünyaca ünlü kuramsal fizik profesörü Michio Kaku'nun enteresan açıklamalarını da ("Büyük Hadron Çarpıştırıcısı, Tanrı'nın beynini okumamıza müsaade edebilir!") bu farkındalıkla okumamız gözlerimizdeki perdeleri daha da çok açmamızı sağlayabilir...

Bu kelimelerin Kuran kelimesiyle benzerliğiyse aklıma o muhteşem ayet ve hadisleri getirdi...

Kuran kelimesi "toplamak, okumak, bir araya getirmek, kıraat" gibi anlamları içerir.

Pek çok İslami anlatımda pek çok anlamının yanında, Kuran'ın isimlerinden biri de NUR olarak belirtiliyordu! Ve nurun anlamlarından biri de, etrafı AYDINLATAN ve görmeye yardım eden IŞIK'tı. (İbn Faris, *Mu'cemu Mekayis'l-Luga*, 368; Rağıb, Müfredat, 508)

Bize her iki dünya için de bir kılavuz olan Kuran, insana yol gösteren maddi-manevi bir ışık ve hatta lamba olarak ifade ediliyordu... "Ey insanlar! İşte size Rabbinizden bir delil geldi, size apaçık bir nur indirdik." (Nisa 4/174)

Kuran'ın bizlerin aydınlanmamızdaki rolü her iki âlemde de sürekli olacaktır.

Hz. Peygamber, Kuran'ın ahirette bizlere bir nur olarak indirildiğini şu şekilde ifade etmiştir: "Her kim Allah'ın kitabından bir ayet öğrenirse, o öğrendiği kıyamet günü kendisine bir nur olacaktır." (Darimi, 2/444)

Nur Suresi 35: "Allah, göklerin ve yerin nurudur. O'nun nuru, içinde misbah (lamba) bulunan kandil (ışık saçan bir

---

Hatta daha da ileri gidip 19 Ekim 2009 Posta gazetesinde şu başlıklı yazıya bakmanızı rica edeceğim Gelecekten gelenler Dünyamızı koruyor, (http://www.posta.com.tr/dunya/HaberDetay/Gelecekten_gelenler_dunyamizi_koruyor.htm?ArticleID=4286) Aynı haber Dünya çapında bazı medya organlarında da yer bulmuş... Evet bilimkurgu sandıklarımız kurgu değil hakikat mı yoksa? Gösterilenin ardında Perdeler arkasında neler oluyor... Biz nelerle uğraşıyoruz? Gözümüzün önündeki Hazineyi incelemek yerine Hazineyi nerelerde arıyoruz?

Şimdilik bu kadar değineceğim... Ve ekleyeceğim; Kuran müthiş bir kitap ve müthiş bir gizem... Müthiş! Sanal tartışmalar yerine büyük çalışmalarla şeytani güçlerin farkında olup bizim olmadıklarımızı artık ortaya çıkarma zamanı değil mi?! Sana gösterileni değil, senden gizleneni ara... (Hamza Yardımcıoğlu, Serhat Ahmet Tan, Olgun Aydoğdu'ya ve yine algı manipülasyonuyla ilgili idrak açılımlarımız için "Zaman Yolcusu" programı ve Erhan Altunay'a sonsuz teşekkürler.)

kaynak) gibidir. Misbah, sırça (cam) içindedir. Sırça (cam), inci gibi (parlayan) yıldız gibidir. Doğuda ve batıda bulunmayan mübarek bir ağacın yağından yakılır. Onun yağı, ona ateş değmese de kendi kendine ışık verir. Nur üzerine nurdur. Allah dilediğini nuruna hidayet eder (ulaştırır). Ve Allah, insanlara örnekler verir. Ve Allah, her şeyi en iyi bilendir."

İşte boynuz, parlamak, ışık ve nur arasındaki bu bağ yavaş yavaş idrakime bir şeyler düşürmeye başladı. Sonra öküz, boğa, Boğa burcu ifadesinin hangi kelimeyle anıldığını araştırmaya koyuldum. Karşıma çıkan kelime ise SEVR'di. "Sevr" kelimesini incelemeye aldığımızda çok ilginç başka bir şeyle karşılaşıyorsunuz...

Peygamberimiz Medine'ye hicret ettiğinde, varış yolunda, müşrikleri atlatmak için, Hz. Ebubekir'le içinde saklandığı, girişini örümcek ağı ve güvercin yuvasıyla Allah'ın kapattığı mağaranın ve dağın adıydı! Pek çok dağ ve tepeden oluşuyordu.

Hatta bu örümcek ve güvercin yuvasının mucizevi şekilde mağaranın girişini kapattığında, kendisi için endişelenen Hz. Ebu Bekir'e, "Ey Ebubekir! İki kişinin üçüncüsü Allah olursa sen ne olacağını zannediyorsun?" diyerek ona teskinde bulunmuştu.

Peygamberimizin hicret yolunda sığındığı mağaranın adının Sevr'in bir anlamının da "öküz" olması, anlattığım bağlantılarla gittikçe ilginçleşmeye başladı...

Şimdi gelelim asıl meseleye, "Sorularla İslamiyet" adlı İslami sitede bu konu çok güzel şekilde açıklanmış ve aşağıda bunu alıntı yapıyorum...

Peygamber efendimizin "Dünya öküzle balığın üstündedir" sözünden, şu manalar anlaşılabilir.

• Cenab-ı Hak, yarattığı her mahluk için bir melek vazifelendirmektedir. Bunlara "müekkel melekler" diyoruz. Dünyanın da iki tane müekkel meleği vardır ki, bunların isimleri

Sevr ve Hut'tur. Yani "öküz" ve "balık". Bu durumda hadis "Dünya öküz ve balık isimli iki meleğin idaresindedir" anlamına gelmektedir.

• On dört asır önce, yani peygamberimizin ve sahabelerinin yaşadığı asırda en önemli iki geçim kaynağı, çiftçilikle denizcilikti. Bu şimdi de kısmen böyledir. Ziraatın sembolü öküz, denizciliğin sembolü ise balıktır. Nasıl ki "Bir devlet neyin üzerindedir?" sorusuna, "Kılıç ve kalem üzerindedir" diye cevap verilir. Yani bir devletin devamı, "asker kuvvetine, ilim ve adalete" bağlıdır. İşte peygamberimiz "Dünya öküzle balığın üstündedir" hadisiyle bu hakikate parmak basmış, insanların geçiminde, yani dünya hayatının devamında, en mühim iki kaynağı gayet beliğ bir tarzda ifade etmiştir.

• Bilindiği gibi, tekniğin henüz yeterince gelişmediği devirlerde dünyanın durduğuna, güneşin döndüğüne inanılırdı. Halbuki zamanla bunun tersinin olduğu kesin olarak anlaşıldı. Eski bilgilere inanan insanlara bu gerçeği doğrudan doğruya anlatmak kolay değildi. Böyle yapılsaydı, belki de insanlar İslam nurundan istifade edemeyeceklerdi. Resul-ü Ekrem (sav), bir edebi sanat yaparak cevap vermiş ve o asrın insanlarını tatmin etmiştir.

Şöyle ki: Dünya, güneşin etrafında dönerken hayali on iki menzilden geçer. Biz bunlara "burçlar" diyoruz. Bu burçlardan ikisinin adı Öküz ve Balık'tır. Peygamber efendimize ayrı ayrı zamanlarda dünyanın ne üstünde durduğu sorulmuş. O da, "Birinci defasında 'öküzün', ikinci defasında 'balığın' üstünde duruyor" diye buyurmuştur. Bu cevaplarıyla, sual vakitlerinde dünyanın Öküz ve Balık burçlarından geçmekte olduğunu beyan etmiş, bu münasebetle de dünyanın döndüğünü, on dört asır önceden haber vermiştir.

Mecazlı ve kinayeli bir sözle üç büyük hakikati ve bilemediğimiz başka gerçekleri en güzel şekilde dile getirmekle; hem o devirdeki hem de kıyamete kadar gelecek muhatapları tatmin etmek fevkalade bir başarıdır.

Hut yani balığa gelince, Musa ve Hızır kıssasında da geçen balık beni çok düşündürdü. Öte yandan balçıkla bağlantılı bir kelime olduğunu öğrendiğimdeyse, parçalar yerine oturmaya başladı...

Musa ve Harun hikâyesi ve Samiri'nin buzağısını düşündüğümde, 1513'te ünlü Musa heykelini yapan Michelangelo'nun neden o heykelde Musa'ya iki boynuz yapmış olduğunu anlamaya başlamıştım. Bu heykelin özellikleri yanında bu anlatım, onun bu derece ünlü olmasında pay sahibiydi.

Pek çok ayette Kuran'ın da nur olduğu belirtiliyor.

Bakara Suresi'ne atıfta bulunarak anlattığımız, Hindistan'da kutsal sayılan ineği de düşününce Hint kutsal metinlerinin yazılmasında kullanılan Sanskritçede boynuzun ne demek olduğunu araştırmak isteyip de karşıma çıkmasıyla yine boynuz anlamına gelen "usya" kelimesini araştırıp onun da hem "ışıldamak" ve hem de "parlamak" anlamına geldiğini gördüm! Hele tüm bu düşüncelerimin Göbeklitepe belgeselinde karşıma çıkması ve yeni bilgiler de üzerine katması en azından beni tasdik ediyordu.

Kafamda gerçekten şimşekler çakıyordu...

Hatta şimşek deyince, peygamberimizin Miraç'a çıkışında Hazreti Peygamber'in Mescid-i Haram'dan (Mekke'den) Beyt-i Makdis'e (Mescid-i Aksa'ya -Kudüs) ata benzer beyaz bir cennet bineği olan Burak ile gelmesi (en uzak mescit anlamına gelen Mescid-i Aksa, Beyt-i Makdis olarak ifade edilen anlatımlar mevcuttur) geldi aklıma...

Tasavvufta, "Burak aşkı sembolize eder" diye de tarif edilen burak ne demektir?

Burak, Arapça "yıldırım, şimşek, parıldamak, ışıldamak" anlamlarına gelen "berk" kelimesinden türetilmiştir.

Peygamberimizin yatağının sıcaklığının dahi bozulmadan uruc etmesi yani yükselmesi (merdiven) anlamlarını da ifade eden Miraç'a yükselişi ve orada aracısız şekilde zaman, mekân ve cihetin olmadığı ifade edilen katta Allah ile aracısız görüşmesinin ifade edildiği olaydır İslamiyet'te Miraç anlatımı.

Karşıma çıkan her anlatımda, bilinç seviyesinin yükselmesinin çeşitli işaretlerle bize Kuran ve Peygamber tarafından anlatıldığını fark ettim.

"Namaz müminin miracıdır" diyor peygamberimiz... Miraç'tan önce kalbinin Cebrail tarafından yarılıp zemzemle yıkandığı anlatılır... Namazdaki bilinç yükselişimizden önce temizlenmemiz, tövbelerle arınmamız gereği vurgulanır gibi âdeta...

Oysaki bizler o kadar materyalist hale gelmiştik ki, her anlamı sadece şahıs ve eşyalara has kılmak ve aslında o şahıs ve eşyalar ardında bize verilmek istenen asıl mesajı almamakta direniyorduk.

Bakara, boynuz, boğa ifadeleriyle bilinç ve bilinç yükselişinin ve nurlanma ve aydınlanmanın anlatıldığını düşünmeye başladım.

Dervişler, peygamberler ve bilgeler hep bu sembollerle anlatılıyordu.

Kuran zaten baştan başlamak üzere bize "oku, idrak et, aklını kullan, bilincini yükselt, karanlıktan kurtul, nura kavuş, narını yani ateşini nura çevir" gibi işaretsel anlatımlarla bunu tavsiye ediyor hissim yoğunlaştı.

Işıktı, yine ışıktı (kozmik ışık). Nur, her yer her şey nur ve Allah'ın ilmiydi.

Aydınlanma ve nurlanma aslında hep bu kavramı anlatıyordu. Allah'ın ilmine kavuşma yolu kendi bilincimizde yatıyordu. Miracımız da öyle, çünkü tüm evren katman katman bilincimize gizlenmiş gibiydi.

Her şey rüya gibi beynimizde olup bitiyor. Saatler sürmüş bir rüyanın, bir anlık olduğunu anlayıp uyandığımız an gibi.

Bu dünyadaki rüyayı da, aynı gece uyurken gördüğümüz rüya gibi yaşıyorduk. Bu yüzden bilincimizin uykusundan uyanmalıydık. Hakikatimize ermek için ayağa kalkmalıydık.

Bizler önce temizlenip sonra nurlanma yolunda çalışmalıydık. Gölgesi olmayan, saf nur olan peygamberimiz bize bunu anlatıyordu; sınırsız bir ilimle kurtuluşa ermemizin yollarını...

Hz. İsa portrelerinde gördüğümüz hareler, hatta çizgi filmlerde bile meleklerin başında dahi resmedilen hareler... kararan kalpler kavramı... Her yerden beynimi sarmaya başladı.

Başka bir portrede gördüğüm ve şaşkınlıkla ilk kez fark ederek baktığım temizlenmiş ve parlayan, kalbi parlayan etrafından ışık saçan Mesih İsa...

Ve bu kadar önemli olan Bakara Suresi.

Surenin sonundaki Rabbena ayetlerini, peygamberimizce olabildiğince çok okumamız tavsiyesi...

Ve artık anlamıştım ki boğa tüm kadim öğretilerde ışıldamak, parlamak sembolü olarak kullanılmıştır. Hatta Bakara Suresi'nde, bulunması istenen bir bakara tarifi vardı ki hiç alacası olmamalıydı, pasparlak olmalıydı. Ne kadar temizlenirsen o kadar ayna olabiliyordun, sendeki Allah esmasına...

Temizlenerek parlayan, yansıtan bir ayna olmak. Tasavvufta anlatıldığı gibi.

Bakara 69: "Bu sefer dediler ki: Rabbine yalvar da onun rengini bize bildirsin. Allah diyor ki: O, bakanların içini açan, zevk veren parlak sarı bir inek olacaktır."

Bakara 71: "Musa dedi ki: Muhakkak ki O (Allah), buyuruyor ki, o mutlaka boyunduruk altına alınmamış bir inektir. Toprağı sürmez, ekin sulamaz, salmadır, onda alaca (leke) yoktur. Dediler ki: İşte şimdi hakikati getirdin (tam tarifini yaptın). Bunun üzerine onu (o vasıfta olan ineği bulup) kestiler. Ve az kalsın bunu yapmayacaklardı."

Kuran'da her mana her harf muhakkak bir sembolle işaret edilmiştir, ama sayısız manası vardır... Ne varsa âlemde hepsi âdemde.

Âdemde düsturumuzla, vücudumuzda özellikle bilincimizi yönlendiren özellikle beynimizde ve bedenimizde, boynuza benzeyen ne vardı onu incelemek istedim.

SUR, "seslenmek, boru, üflenince ses çıkaran boynuz" anlamlarına gelir. Kıyametin kopuşunu belirtmek ve kıyamet koptuktan sonra bütün insanların mahşer yerinde toplanmalarını sağlamak üzere dirilmelerini sağlamak için İsrafil tarafından üfürülecek olan boruya denilir. Bir hadiste Sur'un, kendisine üflenen bir boru ve boynuz olduğunu haber vermişlerdir (Tirmizi). Ancak mahiyeti bildiğimiz bir boru değildir...

Kıyamette üflenmesi ile ilgili araştırma yaparken içkulağımızın şeklinin boynuza benzediğini hayretle fark etmek, beni bundan böyle anlatımlarda sembolün bedenle özdeşleştiği yeri de araştırmaya itti. Hayret üstüne hayretle, hipofiz ve epifiz bezimize kilitlendim.

Bir sinir ağı olan ve doğrudan kendisi hormon üretmeyen ama oluşma merkezi olan limbik sistemin en önemli bölümlerinden biri olan hipotalamus, tüm bu işlevlerini, nohut büyüklüğündeki hipofiz denilen ve temel görevi hipotalamustan aldığı kimyasal salgıların direktifi ile gereken hormonları salgılayan beze yaptırır.

Hipotalamus ve beynin yarı kesitine baktığınızda bir boynuz şekli görmemeniz mümkün değil. Hatta ötesinde onun hemen altındaki epifiz bezini bir nokta gibi gördüğünüzde, bismillahirrahmanirrahimin başındaki B harfinin bir boynuz şekline benzemesi ve altındaki noktanın da epifizi işaret etmesi gayet olasıdır.

Hatta peygamberimizin "Dünya öküz ve balık üzerindedir" ifadesinde balığın şekli ile epifize benzediğini de düşünmemek mümkün değil. Göze de benzetilen epifiz âdeta bir öküzün altındaki balık şekliyle aslında dünyanın bizim beynimizden ve bilincimizden başka bir yerde olmadığı söylenmiş olabilir.

Bu düşünceyi bilimsel bir bulguyla Kuran ayetlerinin nasıl bir paralellikte olduğunu göstererek, ifade etmek istiyorum.

Devam edersek, Hz. Ali'nin "Kuran'ın sırrı Fatiha'da, Fatiha'nın sırrı bismillahta; bismillahın sırrı da B harfindedir. Ben, B'nin altındaki noktayım" diye işaret ettiği bu sır, anlam olarak, pek çok şekilde açıklanmaktadır.

Tasavvufta bir anlamıyla B harfi "kabir" yani "bedenimizi" ifade eder.

Hz. Ali ise "B harfinin altındaki nokta benim" diyerek, kendi üzerinden insanın mahiyetini anlatır.

Bizler etten ve kemikten, bizi sınırlayan bir yapıya, âdeta bir kutuya konmuş, sınırsız bir kudret olan Allah'a ait isimlerden oluşuyoruz.

Her birimiz O'nun esmalarını farklı ağırlıklarda taşırken, her birimiz aslında kendi gerçekliğimizi gerçekleştirebilsek, birer deha ve yetenek abidesiyiz.

Kendimizin ne olduğunu fark etmedikçe bu beden bize kabirdir ve âdeta yaşarken ölü hükmünde kalıyoruz.

Bu yüzden fiziken ölmeden önce, bilincimizle uyanmamız yani kıyam etmemiz ve ölmeden önce yokluğumuzu fark ederek ölmek ve bizdeki varlığın sadece Allah'a ait isimler olduğunu bilincimize yaşatarak, Allah'la "baki" olma sırrına erişmemiz gerekir.

İdrakimizde önce kendi gerçekliğimizi ve varoluş sebebimizi bilmemiz, bizim özgürleşmemiz anlamını taşır.

Aksi halde Kuran'da anlatılan köle hükmünde kalırız. Biz varoluşumuzu, gerçekliğimizi hakikatimizle buluşturamazsak, sanal bir perde olan bu dünya ve âlemde isteklerimize kavuşamaz ve sistemin kölesi olmaya devam ederiz.

Konudan sapmadan devam ediyorum.

Besmeledeki B harfine bakarsanız, Arapçada boynuz şekline benzediği ve B'nin altındaki noktayım ifadesinde B harfinin boynuz sembolü olduğu yani Zülkarneyn çift boynuzluluktur ve sembolüyle altındaki noktayı ifade eder.

ب

Çift boynuz durumunu beyninin sağ ve sol lobu ve tüm nöronlarını kullanabilen bir kişi olarak da düşünebiliriz... Zülkarneyn'e ilişkin anlatımımızda ilginç bir açılımımız olacak bu konuda...

Bundan da hipotalamus ile beynin iç yapısına atıfla, burun kökünün hemen arkasındaki epifiz bezimizin kastedilmiş olabileceği, "hayat enerjisi ve aydınlanmanın" diğer tüm öğretilerde bu bezle de sembolize edildiğini ifade eden anlatımlar vardır.

Ben de "Namaz" bölümünde bu konuya atıfta bulunacağım. Kafatasımızda boynuza benzeyen hipotalamusun, hemen burnumuzun kökü arkasındaki ve "Namaz" bölümünde önemini anlatmaya çalışacağım epifiz bezinin de o B'nin altındaki nokta olduğunu kastettiği de söylenir!

Zülkarneyn'in özellikleri anlatıldığında bunun nasıl bir mertebe olduğunu da sanırım anlayabileceğiz, ama şu an temel konudan çıkmadan, devam etmek istiyorum.

Hz. Ali, "B'nin altındaki noktayım" der. Besmeledeki B harfi boynuzdur. Zülkarneyn yani "çift boynuzlu olma durumudur" ve altında bir nokta vardır.

Kuran'da (ve kadim öğretilerde de) 33 de sembolik sayılardan biridir. Neden namazlarımız üzerine belli zikirleri 33'er tane çektiğimiz, neden kıyamette kalktığımızda 33 yaşında olacağımız hep merak konum olmuştur.

Bunun da omurgamız ve onun elektriksel sistemi ile ilgisi olmalı, çünkü omurgamız 33'e bölünmüştür.

Tüm bu çalışmalar esnasında anladığım çok önemli olan bir şey de, omurgamız içinde vücudumuz boyunca uzanan omuriliğimizin[38] oluştuğu dorsal horn yani boynuz ismi verilen bir kesit gördüğümde ise, tüm parçalar yerli yerine oturmaya başladı.

Tabii ki sınırsız bir ilimden aldığımız bir damla bile olmayan bir bilgidir bu. Ve her şeyin doğrusunu elbette yalnızca Allah bilir.

Ancak "Ses" bölümünde de belirttiğimiz gibi, kâinatta var olan ses esası ve ilişkisi bu seslerle oluşturulan titreşim ve rezonanslarla harekete geçirilen sinir yapıları ve ağlarının belli sayıdaki zikir ve özel seçilmiş frekanslar içeren bu kelimelerle, binlerce anlamı yanında, bizlerdeki ruh yapımızın oluşturduğu yaşam enerjimizi keşfetmemiz ve onu doğru kullanmak suretiyle "madde-fizik" beden değil "nur-ışık beden" halimize geri dönmemizi sağlamak için verilmiş reçeteler düşüncesindeyim.

Omurgamız, hipotalamus ve epifizi de içine koyduğumuzda hayat enerjisi olan yaşam enerjisini, bizim kurtuluş aracımız olan "bilinç" için kullanılan bu enerji, omurga kökünde uyuyan bir yılan gibi olan bilinç titreşimini yükseltmek isteyen insanlar da bunu görmüşlerdir...

---

38 Omurilik: Omurganın içinde vücut boyunca uzanır. Omurilikte ventral kök, dorsal kök ve yan boynuz bulunur. Ventral kök motor nöronlarının çıktığı, dorsal kök duyu nöronlarının omuriliğe girdiği yerdir. Yan boynuzdan otonom sinir sistemine ait sinirler çıkar. Omurilik refleks merkezidir. Beyne gelen ve çıkan impulsları iletir.

Otonom Sinir Sistemi: İsteğimiz dışında çalışan tüm iç organlara sinirler gönderir ve miyelinsizdirler. Omurilik, omurilik soğanı ve hipotalamustaki merkezlerce kontrol edilir. Otonom sinir sisteminde birbirine zıt çalışan sempatik ve parasempatik sinirler bulunur.

Sempatik sinirler organizma zor durumda kaldığında devreye girer. Sindirim ile ilgili olayları yavaşlattığı halde diğer olayları hızlandırır. Parasempatik sinirler ise sindirim sistemi hariç iç organların çalışmasını yavaşlatır.

"Ben babam İbrahim'in duası, kardeşim İsa'nın müjdesi, annemin ise rüyasıyım. O, bana hamile iken Şam saraylarını aydınlatan bir nurun kendisinden çıktığını görmüştü..." (Hz. Muhammed [sav])

Harflerin başlangıcı olan ALFA "a" harfinin gelişimini görüp de araştırmaya başladığımda ve okuduğumdaysa gerçekten gözyaşlarımı tutamadım.

Bu kadar cahil olduğumu bilmiyordum...

Alef, öküz demekti. Alfa da "elif" kelimesi de oradan gelmekteydi. Öküz ise ÖK-ÜS yani "Allah'ın adamı" yani "peygamber" anlamını taşıyordu... İşte bu yüzden Bakara Suresi'nde bir dervişte olması gereken özellikler bu misal ve sembollerle anlatılmıştı. Hatta Oğuz Türklerindeki Oğuz kelimesi de Ök-Üs kelimelerinin yumuşatılmış haliydi.

Her harf başlı başına bir ifade ve işaretti. İşte Allah'ın muhteşem kelam sıfatı ve nurunu verdiği kalem ile kâinat, her şeyiyle harfinden kelimesine kadar, Allah'ı anıyor ve anlatıyordu: "Her eşya bir harf olmuş/ Hem zarf hem mazruf olmuş/ Acem ilim sarf olmuş/ Bir nokta bin söz oldu..." (Hilmi Dede Baba) "(Bunun üzerine Musa) asasını bıraktı, birden o asa büyük bir yılan olarak göründü..." (Araf 107)

"Ve elini (göğsünden) çekip çıkardığı zaman bakanlar, onun (elinin) beyaz olduğunu (gördüler)..." (Araf 108)

"Elini de (koynundan) çıkardı; o da seyredenlere bembeyaz görünen (nur saçan) bir şey oluvermiş." (Şuara 33)

Musa'nın yere bıraktığı asanın büyük bir yılana dönüşerek, büyücülerin asalarının dönüştüğü yılanları yemesi benzetmesi, omurgamızda kuyruksokumundan gelen bu alanine aydınlanmamız için uyandırılması, kıyam etmesi gereken bölge olması sembolünü de ifade ediyor olabilir miydi?

Evren kelimesinin pek çok anlamı yanında aynı zamanda "büyük yılan" demek olduğunu da söylersem, belki bir şeyler oluşacaktır bizde de.

Allah, O'na aracısız hitap ettiği için Kelimullah dedi Musa'ya... Allah'ın kelimesini duyan oldu.

Allah'ın verdiği ilim, uyanış ve kelamla, hakiki bilincinin ayaklanmasıyla Musa diğer sanal gerçeklikleri hakkın hakiki gerçekliğiyle yutulmasını, hükümsüz kalmasını firavuna ve kâhinlere izletti...

"Sonra Musa asasını attı. İşte o zaman, o Musa'nın asası onların uydurdukları şeyleri yutuyordu." (Şuara 45)

Asanın yılana dönüşmesinin anlatıldığı ayetinin üzerine, bembeyaz nura dönmüş elinin ifade edildiği ayetin gelmesi, aydınlanmanın işaretlerinin bizlere verilmesi için olabilir miydi?

Biz Allah'ın nurunu saçtığı bu kâinat ve yeryüzünden, yani âdeta "ana trafodan" ne kadar beslenirsek o kadar çok ışıyacak ve ışık saçacağız ve o kadar ulaşım ağımız genişleyecek, diye tefekkür edebilir miydik...

Peygamberimizin –ki tamamen nurdur– gölgesi yoktur denmesi, onun safi nurluğundan kaynaklı olabilir miydi?

Temizlenmiş anlamındaki Mesih İsa...

Temizlemek anlamındaki zekât, tezkiye.

Birkaç kez göğsü yarıldığı (İnşirah Suresi) anlatılan peygamberimizin, tertemiz haliyle nura dönmesi ve Allah'tan aldığı ışığını kâinata yayması...

"Biz senin göğsünü açıp genişletmedik mi?" (İnşirah 1)

Allah'ın (ilahi hakikatin) manasının güneş (Şems), peygamberimizin nurunun O'ndan alınmasından dolayı da Ay yani Kamer'le sembolize edilmesi ve bizlere Allah'ın nuru ve ışığını yansıtması tüm bu kavramların bağlantısını bize göstermiyor muydu...

Yukarıda anlatılan hadiste de belirtilen ve Kuran'da da bahsedilen Allah'ın nurunun bölünmesinde peygamberimizin (sav) tasvir ettiği basiret nuru, yani üçüncü göz nuru, iman nuru, kalp nuru... Tüm bunlar bizim aslında ışık (kozmik) parçacıkları olan varlıklar olduğumuzu ve ateşle karışmış ışığımızı, enerjimizi İLİM olan NUR'a döndürür ve ne kadar yükseltirsek ana kaynak olan Allah'ımıza o kadar hızlı ve güvenli döneceğiz. Aksi halde saf ışık ve nur olmadıkça, nar yani ateş ve nefsani yönümüzün nardan nura dönmesi için bir işlemden geçmemiz gerekeceğini ve ancak o acılı işlemden sonra temizlendiğimiz oranda ve sürede sırat denilen o acılı yoldan temizlenerek geçmek suretiyle ancak geldiğimiz safi ışık ve nur olan ana kaynağa dönebileceğimiz anlatılıyor olabilir miydi?

Peygamberimizin bol bol tefekkür edip, gecelerini geçirdiği yer olan Hira Dağı'nın bir adının da Harra ve Cebeli Nur yani Nur Dağı olması da mı tesadüftü?

Allah peygamberimizi nurundan yani ışığından yaratmış. Peygamberimizin nurundan ve ışığından da bizleri yaratmış.

Her birimiz o fotonuz. Mekânla da mesafeyle de ayrıldık sansak da biriz... Birbirimizden etkileniriz ve birbirimizi etkileriz. Bu yüzden de birbirimizi sevmedikçe cennetimize ve huzurumuza kavuşamayacağız.

Koptuğumuz nurdan karanlığa düştük. Balçığa düşmüş ışığımıza yeniden kavuşmadan, temizlenip aydınlanmak için uğraşmalıyız geri çağrılmadan önce.

Nerden geldiğimizi, kendimizdeki hakikatin varlığını hatırlamaktır amacımız.

Işıktan geldik ateşle karıştık. Aslın olan ışıktan geldin, o zaman beden içinde hapsolmuş ışığına geri dönmen gerek.

Başkasının acısıyla acılanman, başkasının sevinciyle sevinmen gerek. Çünkü sen bedenselliğinde hapsolmuş sansan da temelde bundan etkilenmektesin.

Allah kâinatı "Habibim" dediği peygamberimiz için yarattı. Onun nurundan da bizi. Yani kâinat sevgi uğruna var edildi, rekabet uğruna değil.

Savaşmak değil yardımlaşmaktı anahtar. Çünkü yaralayan ve yara alan aynıydı.

Sevgi enerjisi ışıktı. Herkes er geç ona kavuşacaktı.

Hepimiz önce kendimizi anlamalıydık, böylece de varoluş kaynağımız olan Yaradan'ı...

Hepimiz aynı kaynaktandık. Teklikten...

Bu yüzden herkes birbirini sevmedikçe, hakiki iman etmiş olmayacaktı...

Yaratılışın amacı geldiğin ışığa, geldiğin birliğe kemalatınla geri dönmendi.

Yaradan dendi O'na... Yarattı dendi bizi...

Yaratmak kelimesinin etimolojisiyse, araştırmalarım sonucu beni benden aldı.

Sanki tüm bu anlatılanları tasdiklerken bir kelimede özetler gibi: "Yaratmak" kelimesinin hakiki anlamı nedir biliyor musunuz?

"Parlamak, ışık saçmak."[39]

---

39 Türk mitleri, destanları, efsaneleri ve halk inanışlarında geçen ışıkla ve onun yaratma gücüyle ilgili örnekler son derece fazladır (bkz. Önal 2007). Burada bunların tamamını vermek çalışmanın kapsamını aşacaktır. Ancak şurası malumdur ki Türklerin yaratılış eylemine bakışları, onu algılayışları Türkçeye de yansımıştır ve kanaatimizce "yarat" fiili bu bakışın sonucu olarak dildeki yerini almıştır. Yarat, "halk etmek" fiili bizce yara, "yararlı, uygun olmak" veyahut yar, "uçurum" kelimelerinden türememiştir. Kelimenin kökü "parlamak, ışık saçmak" anlamına gelen ve türevleriyle Türkçede pek çok yeni kelimenin ortaya çıktığı "ya" fiili olmalıdır. Yapısı ya-r+a "parlamak," "t" yarat biçimindedir. *Turkish Studies International Periodical For The Languages, Literature and History of Turkish.*

Yarat, Yaratmak, Halk Etmek Fiilinin Etimolojisi, Galip GÜNER

TEVHİD, MATRIX VE FİZİKÇİLER

Bu dünya bir dağdır
Yaptıklarımızsa ses.
Ses yankılanır
Yine bize geri gelir.
– Mevlânâ

Nobel ödüllü Alman fizikçi Max Planck "Bütün maddenin kaynağı, hakikati ve varoluşu atom parçacıklarını titreştiren ve ufak bir güneş sistemi gibi onları bir arada tutan, üstün bir güce dayanır... Bu gücün arkasındaysa büyük bir bilinç ve zekâ içeren bir akıl olduğunu kabul etmeliyiz. İşte bu akıl tüm maddenin matrix'idir..." der.

Ve aynı zamanda Planck, maddenin "gördüğümüz şekilde" var olmadığını ifade eder.

Bu anlatım Kuran'la verilen bilgilerle inanılmaz derecede örtüşen bir anlatım...

Nasıl mı?

Artık bilimsel olarak kanıtlanmış olan şu ki, biz "eşyaları" "hakiki" halleriyle görmüyoruz. Beynimiz algıları aracılığıyla o eşyayı kendi "yorumu" suretiyle "okuyor" yani algılıyor.

Bu Planck'ın ve artık pek çok fizikçinin söylediği bir şey. Biz eşyayı algıladığımız şekliyle yorumluyor ve onu öyle görüyoruz. Ancak eşyanın hakikati o şekilde değil.

Mesela bir elmayı algılayabilmemiz için beynimizde suret olarak bir elma algısı var. Dışarıda o eşyanın enerjisel yapısını beynimiz kendi bilgi tabanındaki elma bilgisiyle eşleştirip elmanın resmini beynimiz içinde oluşturuyor.

Algıladığımız her şey böyle. İnsanların dahi bütün resmini görmediğimizi ve beynimizin bu resmi tanımladığını biliyor muyuz?

Şimdi Planck'ın bu anlatımını bağlayacağım yer şu:

Tasavvufta anlatılır ki Allah'ın RAHMAN ismi, esmaların hakiki hallerinin olduğu isimdir.

Bu anlatım Planck'ın anlatımıyla aynı, çünkü biz eşyaların "Rahim" isminden dışarı çıkmış haliyle muhatabız.

Bu da şuna benziyor; aynaya baktığımızda biz 3-boyutlu olmamıza rağmen, yansımamız bizizdir ama o yansıma "aslımız" değildir, değil mi? Dokunsak hissetmez, ısısı yoktur, yumuşaklığı yoktur vs...

Ama bizim varlığımızın yansımasıdır.

Yani aynaya baktığımızda kendimizi gördüğümüzü sanırız ama asıl kendimiz aynadaki akis değildir, sadece bir yansımadır...

O yansımanın üzerine bir daha bir başka aynadaki yansımasını düşünün... İşte o ikinci yansıma da bizim dünyada muhatap olduğumuz görüntülerdir.

Bu dünya suretlerin, akislerin yansımasıdır. Asılları değil "gölgelerinin gölgeleri" ile muhatabız eşyaların.

Bu yüzden tasavvufta "gölge" tabiri çok kullanılır.

Her şeyin "özü, zatı, esası, kaynağı, zihin dışı varlık" "ayn" demektir. Ayan ise bu kelimenin çoğuludur.

Ayan-ı sabite kavramı esmaların, ilahi isimlerin gölgeleri olarak nitelendirilir. İşte ayan-ı sabitenin gölgesi de eşyadır.

Arapçada "ayn" göz de demektir... Ayna diye tabir edilen bu dünya ise âdeta AY-NA "gördük", "ayın" göz, görmek "na" ise Arapçada biz eki olduğuna göre, bu dünya bir aynadır dediğimizde âdeta "gör-dük" der gibiyiz dünyayı...

"Sen bu cisimden ibaret değilsin, gözden ibaretsin. Canı görsen cisimden vazgeçersin." (*Mesnevi*, VI, 811)

İnsan büyük âlem ve küçük âlem olan kâinatta aslında bir göz gibidir... Yukarıdaki şekle bakın...

Ne kadar muhteşem değil mi?

İşte eşyaya döndüğümüzde, "suret" diye muhatap olduğumuz eşyaların aslı Allah'ın ilminden ve esmalarından gelir.

Mesela bir elma, Allah'ın o eşyanın mahiyetini oluşturan isimlerinin örnek olarak Mün'im isminin gölgesi olabilir. Ortada bir sanat eseri varsa Sani isminden görülür. Sureti elma, ağaç, kuş şeklinde olmasına rağmen aslı hakikati Allah'ın isimlerinden oluşur her eşyanın.

İşte rahmaniyet isim ve sıfatların gerçek yüzleriyle oluştuğu mertebeyi kapsar.

Rahim ismi ise, tecellilerin birimsel manadaki açığa çıkış halleridir. Aynı bir ana rahminden açığa çıkmış bebek gibi.

Bizim gölgenin gölgesi olmak suretiyle, varlık âleminde "birimsel" olarak açığa çıkmamız Rahim ismiyle olmaktadır ve bunu Planck'ın sözleriyle eşleştirdiğimizde onun bire bir bilimsel olarak Kuran'da halihazırda yazan bu anlatımı anlattığını görüyoruz... "Eşyaları oldukları gibi görmüyoruz (öz yani hakiki halleri rahmaniyette) ama tüm maddenin açığa çıkmalarının arkasındaki kaynak evrenin matrix'idir" diyor Planck...

Evrenin matrix'i tabiriyle ifade edilen kavramı anlamak için, size yorumsuz olarak çıkan sözlük anlamlarını veriyorum:

Matrix (çoğul): matris, kalıp, dölyatağı, kaide ve RAHİM.

Bu bilimsel tanım nasıl da bire bir Allah'ın Rahim sıfatını bu yönüyle anlatıyor!

Bununla beraber "sayısal dizilimin" nasıl da kâinattaki her varlığın oluşumundaki ilim olabileceğini önceden de paylaşmıştık.

Evet Planck'ın da anlattığı matrix tanımı aslında İslami gerçek anlatımıyla bire bir örtüşüyor. Varlıkların birimsel manada açığa yani varlık âlemine çıkışları Rahim ismiyle gerçekleşiyor.

İşte bu akıl tüm maddenin matrix'idir, yani "rahmidir" diyor Planck!

Allah'ın isimlerini varlık âlemine çıkaran isim ve sıfatı.

Matrix kelimesi "mater" yani "anne" ve "rahim" kelimesi anlamını taşıyor. Hatta tıpta matris, evrenin numunesi olan insan bedenindeki hayat veren enerjiyi de ifade ediyor...

İşte tüm varlıkların arkasındaki bu bilinç Rahim ismiydi. Hepimize "Ailemsiniz" diyen "Rahim" ismiyle kendini niteleyen ve bir anne şefkatiyle bizi seven sarmalayan Allah...

Bizler O'nun rahminde, aynı bir çocuğun annesinin rahminde yüzdüğü gibi yüzmekteydik... Etrafımız O'nun isim ve sıfatlarıyla doluydu ve biz farkında olmasak bile O bizi annenin bebeğini koruyup kolladığı gibi kolluyor ve bebeğin bunun farkında olmadığı gibi bizler de farkında olmadan varlığımızı sürdürdüğümüzü sanıyorduk...

Planck alternatif görüşe ve dinlere karşı çok hoşgörülü birisiydi. Sembollerle alay ettiği için ateistleri eleştirmişti. Çünkü aşırı dindar kişiler için bazı semboller çok önemliydi ve o bunun önemini vurguladı. Max Planck 1944 yılında şu sözleri dile getirdi: "Bilime hayatımı adamış bir adam olarak ben, atomlar hakkında yaptığım bu kadar araştırma sonucunda şunu söyleyebilirim ki öyle bir varlık yok. Bizim de maddenin arkasında bilinçli ve akıllı bir aklın varlığını kabul etmemiz gerekir." Planck hayal gücü kuvvetli ve inançlı bir bilim insanı kabul edilir. Buradaki inanç "hipotez üzerinde çalışma" ile benzer özelliği taşımaktadır. Örneğin nedensellik ilkesi doğru ya da yanlıştır, burada bir inanç eylemi vardı. Ve şunları söylemiştir: "Dinde ve bilimde Tanrı inancı gerekebilir. İnananlar için Tanrı bir başlangıçtır. Fizikçiler için her şeyin sonundadır." Daha sonraki yaşamında Planck Tanrı'nın olduğunu gözlemleyip ve deist olduğu hatta bir rivayete göre ölümünden altı ay önce Katolik olduğunu açıkladığı söylenir.

Dünya fizikçilerini ve araştırmalarını okuduğunuzda Kuran ve tasavvufi anlatımlara ilişkin bilginiz az çok varsa, dünya fizikçilerinin gerek madde gerek enerjiye ait yeni keşiflerinin nasıl da hakikat ilmiyle örtüştüğünü görürsünüz.

Mesela yine beni çok etkileyen bir anlatım da, yine bir fizikçi olan Wheeler'dan gelmişti.

Bir Amerikalı teorik fizikçi olan; nükleer füzyon kuramının mimarlarından ve kara deliklere de adını veren John Archibald Wheeler, deneyleri sonucunda edindiği bilgiyle evrenin "tamamlanmamış" olduğunu ve bizlerinse evreni "gözlemlememiz" ve etrafımızla sürekli etkileşim halinde olmamızdan dolayı gördüğümüz gerçekliği oluşturmakta bu sebeple de bu oluşumda katılımcı olduğumuzu söyler.

T. E. Bearden ve diğer bazı bilimsel düşünürler, gerçekliğimizin oluşumunda zihnimiz, bilincimiz ve niyetimizin önemini vurgulamaktadır. Niyetin gücüne dikkat çekmektedir. İşte bu anlatımlar da "niyet dini" olarak ifade edilen İslamiyet'in anlatımıyla bire bir örtüşmektedir.

Fiilleri yaratan Allah niyetlerimize bakar... Ve niyetlerimizse kaderimize sebebiyet verir... İşte bu da "gerçekliğimiz" olur...

İç içe geçmiş labirent gibi boyutlar içinde yapılan seçimlerle oluşan ilmi alanlara ilişkin gerçeklikler...

Yukarıda belirtilmiş bilimadamlarına ait bu anlatımlar beni derinden vurdu.

Çünkü Fetih Suresi 27. ayette işaret edilen hakikat, bir bilimadamı tarafından da teyit edilmiş oluyordu...

"Lekad sadakallhu resulehur ru'ya bil hak (hakkı)..."

"And olsun ki Allah, resulüne rüyasını Hak olarak doğruladı." "İnsanlar uykudadır, ölünce uyanırlar..." (Hz. Muhammed [sav]) "Dünya hayatı bir rüyadan ibarettir. Dünyada servet sahibi olmak rüyada define bulmaya benzer. Dünya malı nesilden nesile aktarılır ama hep dünyada kalır." (Mevlânâ)

Ve son yıllarda dünya bilimadamlarının ve özellikle fizikçilerin bas bas bağırdığı gerçek:

"Maddesel (fiziksel) dünya bir illüzyon, hayat ise bir rüyadır..." Evet şimdi Fetih Suresi'nin 27. ayetine geri dönelim. Allah Resulü'nün (sav) Mekke fethinden önce gördüğü bir rüya ile bu fethin müjdesini önceden (Hudeybiye'ye gelmeden önce) verdiği anlatılıyor.

Tabii bu ayetin ilk zahiri anlamı... Şimdi rüya kelimesine ve "bil hakkı" anlatımına yeniden bakarak bilimsel verilerle nasıl gizli bir anlamın o dönemde anlatıldığını görelim... Rüya kelimesi köklerinden başlayalım.

Ar ray:

1. görüş, görme yetisi.

2. kanı, ar ra, gördü, algıladı, bir görüşü benimsedi.

Arapça sözcük, "gördü, algıladı, bir görüşü benimsedi" fiilinin mastarıdır.

Yine etimolojik sözlüğe baktığımızda, hayal: ar, imgelem, zihinsel görüntü, gövdeden ayrılmış ruh, hayal etti...

Rüya, rüyetle aynı kökten gelir. Yalnız, şöyle bir ayrım yapılır ki, "rüya" için manevi yolla görmek gibidir, denir. (Uyku ve ona benzer bir durum da buna dahildir.) Rüyet ise "uyanık olmak ve bu esnada şahit olmak" yani gözlemlemektir. Tasavvufta hakiki rüyanın Levhi Mahfuz'da olan biteni, kalbimizin aynasında görünmesi olduğuna ilişkin anlatımlar da vardır.

Bunu anlatırken şunu hatırlayalım, peygamberimize, "O zaman gece uyurken gördüğümüz rüya nedir?" dendiğinde, "O da rüya içinde rüyadır" demiştir...

İlk zahiri anlatımda Allah Resulü'nün (sav) uyuduğunda gördüğü rüya olarak bu açıklama gelmekte.

Ancak daha köklerine inen batıni, gizli anlatım peşine düşüldüğünde şu da karşımıza çıkmıyor mu:

"And olsun ki Allah Resulü'nün (sav) kanısını doğruladı..." Evet, peygamberimiz insanlık âleminde bu dünyanın aslında bir rüya olduğunu söyleyen ilk insan ve ilk peygamberdir.

Bunu şöyle düşünün: Uyurken rüya gördüğümüzde her şey nasıl da gerçektir değil mi? Heyecanlanırız, ağlarız, güleriz. Gördüğümüz herkes var gibidir ve canlıdır. Onu yaşarken mümkün değil anlamayız.

İşte dünya hayatı da bundan farksızdır. Birini gece beynimizde görürüz, diğerini uyanık olduğumuzu sandığımız gündüz vaktinde görürüz. Herkes ve her şey o kadar gerçektir ki...

Ama insan beyni biliyorsunuz koştuğunu düşünmek suretiyle bedeninde koşmanın sonucu oluşan etkiler, acı çektiğini düşündüğünde bedeninde yanma olabilen bir yapıya sahip. Her gerçeklik atfettiğimiz olay aslında bir hayaldir. Gövdeden ayrılan ruh gibi.

Diğer tüm peygamberler dünyanın maddi varlığı ve gerçekliği üzerinden anlatımda bulunmuşken, peygamberimizin bilimin daha yeni keşfettiği ve aslında gördüğümüz her şeyin bir rüya, bir hayal olduğu kanısını ve "bil Hakk'ı" hakikatin de bu olduğunu hak ile ifade ettiğini görebiliyoruz...

"Ben gizli bir hazine idim, bilinmekliğimi murat ettim... Halkı yarattım, nimetlerimi onlara sevdirdim. Böylece beni bildiler." (Hadisi Kutsi, Acluni)

O'nun isimlerinin beden bulmasıyla, O'nun sadece bir AN'da bu hali görmesi ve gözlemlemesi, bu sonsuz âlemin ve milyarlarca yıllık zaman diliminin var olmasına yetmiştir...

Hayal kelimesine dikkat ederseniz, "gövdeden ayrılan ruh" anlamındadır... Yani?

Bizler Nefesi Rahmani'nin oluşumlarıyız. "Allah ruhumdan üfledim, nezdimden bir ruh..." gibi ifadelerle tek vücut olan birliğinden, yukarıdaki anlatımdaki gibi gövdeden ayrılan ruh "algımızı" da bize açıklamış oluyor âdeta...

Bizler gövdeden ayrıldığı kanısında olan ruhlarız. Ancak bu bir hayaldir...

Tüm bu kâinat, Allah'ın gizli hazinesinin bir anlık dışa taşımıyla Allah'ın olan biten her şeyi görmesi, izlemesidir.

Bir "gözlemci" olarak, evren var diyen fizikçiler bu ayeti bize detaylandırmışlar sanki...

Tekrar Wheeler'a dönersek:

Deneyleri sonucunda edindiği bilgiyle evrenin tamamlanmamış olduğunu ve bizlerin evreni gözlemlememiz, etrafımızla sürekli etkileşim halinde olmamızdan dolayı gördüğümüz gerçekliği oluşturmakta ve bu yüzden katılımcı olduğumuzu anlatmıştır.

Bunu şöyle düşünün, bir ağaçtan yere elma düşse ve biz orada olmadığımız için görmesek, duymasak o olay bizim için yok hükmündedir, değil mi? İşte gözlemciyle varlık bulan olay anlatımı bunun gibidir...

Şimdi konuyu bağlayacağımız yere gelelim.

Said-i Nursi Hazretleri, "Gözler ruhun penceresidir" der... Evet.

Ve biz artık "Rab" bölümünde de anlattığımız gibi biliyoruz ki bizden gören, aslında Allah'ın bizdeki esmalarından öte bir varlık değil... Ona da evet...

Yani gören ruh Allah'a ait. İşte bir anlık rüya görme hali mesele. Yoksa Allah'la ilgili rüya tabiri uyumanın ötesinde görmekle ilgilidir... Gövdeden ayrıldığı sanısındaki ruhun, bir anlık gözlemiyle oluşuyor her şey...

O ruhun beden giymiş hali ise Âdem'dir... Her birimiz Âdem'in bir parçasıyız. Hepimiz toplamda "bir" insanız...

"İşte bundan dolayı (Tevrat'ta) İsrailoğullarına şöyle yazdık: Kim bir kişiyi, bir kişi karşılığında olmaksızın veya yeryüzünde bir fesada karşılık olmaksızın öldürürse, muhakkak ki o bütün insanları öldürmüş gibidir. Kim de (bir kişinin hayatını kurtarmak suretiyle) yaşatırsa bütün insanları yaşatmış gibi olur. Ve and olsun ki resullerimiz onlara apaçık deliller ile geldi. Sonra da, şüphesiz onlardan birçoğu, bundan sonra gerçekten yeryüzünde aşırı giden müsrifler oldular..." (Maide 32)

Bu ayet de bizi tasdik ediyor.

Şimdi gelelim bir insanın bu bağlamda aynı zamanda neyi ihtiva ettiğine...

İnsan kelimesinin anlamlarından birkaçını ilgili konularla bağlantılı başlıklarda paylaşmıştık.

Gelelim "insan" kelimesinin bir başka anlamına...

İnsan kelimesinin Arapçadaki karşılıklarından birinin "gözbebeği" olduğunu öğrendiğimde ne yaptım biliyor musunuz?

Ağladım... ağladım...

Ne yapılır ki başka böyle bir ilim, haşmet karşısında?

İnsan-ul ayn...

Anlatımın muhteşemliğine bakın. Bu hem Allah'ın bizleri anne şefkatiyle sevmesini anlatır, hatta afişe eder, bizi gözü gibi sakınmasını hem de bizi ve evreni bizden görmesini... Bir ben var ki benden içeri...

Ariflerin hemen hepsinin insanı tanımlarken, insanın kâinatın gözbebeği olduğunu ifade etmelerinin altındaki derinliğin anlamı bu olmalı...

Bu nasıl bir zevktir Allah'ım!

Allah esmaları bizden görüyor. Biz Allah esmalarını âdeta gözbebeği gibi algılıyorduk...

İşte evren de bu gözlemci katılımıyla şekilleniyor. Ve o yaratan da olduğuna göre, katılımcı bir anlamda, var edişe katkı sağlıyordu. Katılımcı olan bizdeki esmalardır. Bizden gören de onlar. Var edişe katkısı olan da onlar. Sonuç itibariyle zaten Tek'in enstrümanları onlar...

Allah'ın isimlerinin bizden görmesi gibi bir anlamla öyle vurucuydu ki. Allah insandan görüyor ve inceliyordu ki bu Allah'ın esmaları ile iş görmesi öğretisine ve âdetine uygundu.

Said-i Nursi Bediüzzaman Hazretleri, "Göz öyle bir hassedir ki, ruh bu âlemi o pencereden seyreder" diyerek, gözün önemini ifade etmiştir.

İşte tüm bunlarla beraber toparlayacak olursak, "Allah kendi nurundan peygamberimizi ve onun nurundan da bizleri halk etti" anlatımı, Einstein'ın görelilik teorisine de destek vermiştir. Wheeler'ın kariyerinin özeti olarak anlatılan şu fiziki açıklamayla bir kez daha açık ediliyordu.

Wheeler, kariyerini 3'e bölerek şöyle ifade etmişti:

• Her şey parçacıktı; nötron, proton gibi temel parçacıklar... (Hepimiz saçılmış nurlar, bir anlamda yukarıdaki fotonuz anlatımını hatırlayalım.)

• Her şey alandır. (Bu parçacıkların oluşturduğu alanlar.)

• Ve her şey bilgidir...

İşte bu 3. maddeyi de gördüğümde artık fena olmuştum. Çok fenayız deriz bazen, özellikle Allah ilmiyle uğraşırken. Bir gün bana söyletilen bu sözün anlamını dikkatle düşününce fark ettim ki, Allah ilminin ucundan biraz anlamakla dahi "fena" yani "yokluğuna" doğru yol alıyor insan...

Allah bunu kısaca peygamberimize şöyle özetlettiriyordu:

"Allah Resulü'nü (sav) kendi nurundan, tüm kâinatı da onun nurundan var etti. Nur ise "ilmullah" yani Allah ilmidir.

Bu Wheeler'ın, yıllar süren çalışmaları sonucunda vardığı anlatımla aynıydı.

"Bizler sadece yakın ve buradayı değil aynı zamanda uzak ve öncekini de varlığa getirmekte katılımcıyız."

"O, evveldir (ilktir) ve ahirdir (sondur), zahirdir (alametleri tüm varlıklarda görünendir) ve batındır (gizli olandır). Ve O, her şeyi en iyi bilendir..." (Hadid 3)

"Bu durumda, bizler evrene ait bir şeyi uzak geçmişten getirmekte katılımcıysak, uzak geçmişte ne olduğuna ilişkin bir açıklamamızda daha fazlasına neden ihtiyacımız olsun ki?"

Martin Redfernsa, Wheeler'la yaptığı bir söyleşi sonrasında bu yöndeki düşüncelerini şu şekilde ifade etmişti:

"Eğer Wheeler haklıysa, o durumda biz ve diğer bilinçler kâinatı gözlemliyoruz ve bu şekilde var ediyoruz veya en azından kâinatı yaratanı aşikâr ediyoruz..."

Wheeler: "Her şey bilgidir..."

"O Allah ki, yedi kat gökleri ve yerden de onların misli kadarını (yedi kat yerleri) yarattı. Allah'ın her şeye kadir olduğunu ve Allah'ın her şeyi ilmi ile kuşattığını bilmeniz için emir, gökler ve yerler arasında devamlı iner."

Kitabımın editörlüğünü yapan
Devrim Yalkut'a
teşekkürler...

Serinin bütün kitapları:

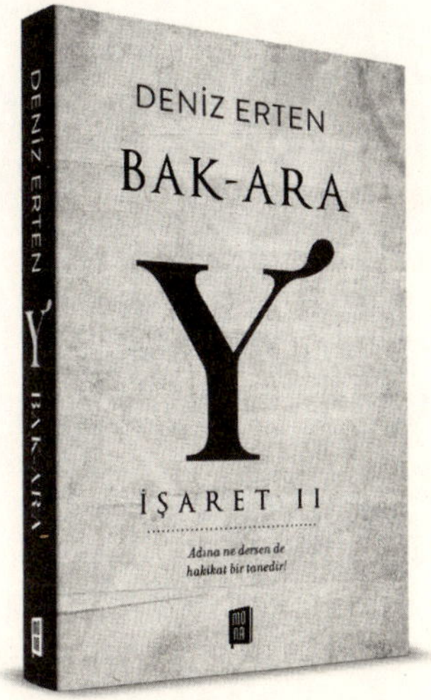

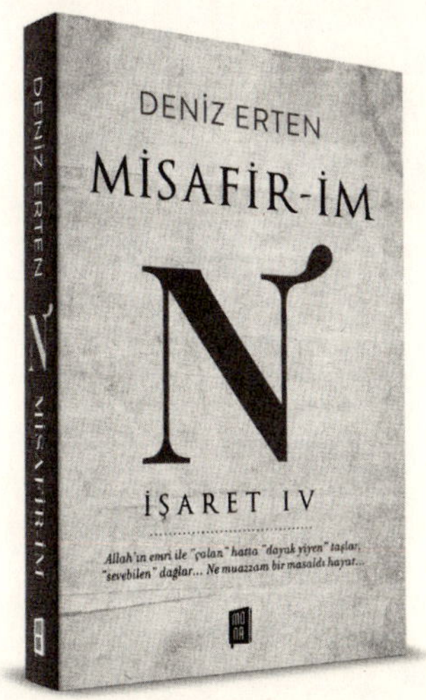